湖北省社科基金后期资助项目（HBSK2022YB434）

「诠释学视阈下的花之安儒耶互释研究」结项成果

晚清汉学家花之安儒学诠释研究

罗志祥 著

武汉大学出版社

图书在版编目(CIP)数据

晚清汉学家花之安儒学诠释研究/罗志祥著.—武汉:武汉大学出版社,2023.12
ISBN 978-7-307-23986-9

Ⅰ.晚… Ⅱ.罗… Ⅲ.①花之安(1839—1899)—哲学思想—研究②儒学—研究 Ⅳ.B979.951.6

中国国家版本馆 CIP 数据核字(2023)第 176873 号

责任编辑:邓 喆   责任校对:汪欣怡   版式设计:马 佳

出版发行:**武汉大学出版社** (430072 武昌 珞珈山)
   (电子邮箱:cbs22@ whu.edu.cn 网址:www.wdp.com.cn)
印刷:武汉邮科印务有限公司
开本:720×1000 1/16 印张:13.5 字数:201千字 插页:1
版次:2023 年 12 月第 1 版 2023 年 12 月第 1 次印刷
ISBN 978-7-307-23986-9 定价:65.00 元

序

在学术史上，对儒学乃至整个中国传统文化的诠释，历来有不同的视角，而罗志祥同志的这部书稿，主要以晚清时期德国来华传教士花之安的相关著述为例，向我们展示了当时传教士中的汉学家们如何从一种他者的视角来诠释儒学，并对其中涉及的一系列理论和现实问题作出了较深入的思考。兼具传教士与汉学家的双重身份的花之安，是活跃于近代中国宗教界和学术界的一个特殊群体的代表。他们来华的目的不仅仅是传教，还往往会深度参与当时中国的政治、哲学、宗教、文化、医疗、教育等活动。他们在与中国知识分子和社会各阶层的交往中，不可避免地会常常涉及如何诠释中国传统文化尤其是儒学的问题。他们以西方视角诠释了中国传统文化的同时，也以这种诠释映射了西方现实。对他们的相关著述的研究，不仅有助于深化对那个时代"东学西传"与"西学东渐"两大潮流的认识，而且有助于通过推进东西方文化之间的交流和对话，来探讨如何以"他者"更能理解和更易接受的视角来展现中国文化的独特魅力和价值。

这部书是罗志祥副教授在其博士学位论文《诠释学视阈下的花之安儒耶互释研究》的基础上进一步深入研究的成果。作为这篇学位论文的指导教师，我深感他推进此项研究之不易。花之安在西方学界虽有"19世纪最高深的汉学家"之誉，但迄今为止，我国学界对其关注度不高，相关研究亦较匮乏。例如，这部书稿所论述和引用的部分花之安论著，在国内学界似乎还是首次提及。之所以有这种现象，或因花之安的大部分中英文著作均深藏国外图书馆，在国内搜集查考这些著作和其他相关研究资料的难度相对较大。此外，要深入研究这种兼具传教士身份的西方汉学家的思想著述，不仅需要熟悉其涉及的宗教、伦理和哲学等不同领域的问题，而且需要对中西宗教文化传统的相似与差异有深刻认识。

罗志祥攻读博士学位的时间不长。在我近年来指导的博士毕业生中，他似乎是唯一没有延期的，但他从多年前就开始致力于中西宗教和文化的比较研究。其硕士学位论文就与此相关，在参加工作后和攻读博士期间，又陆续发表过十多篇与之相关的学术论文，并主持过相关的省级和校级研究项目。他的相关成果在学术界产生了一定影响，如他的一篇博士学位资格论文（《亚里士多德与孔子的羞耻观比较》）曾被《新华文摘》2021 年第 22 期转载，其博士论文也被纳入 2022 年度"湖北省社科基金后期资助项目"。可以说，是多年来的学术积淀和这些前期成果，为他顺利完成这部书稿打下了基础。

在我看来，罗志祥的这部书稿的学术价值至少还有以下两点。

首先，为探讨当代儒学研究中的某些深层次问题提供了新的研究思路。例如，书稿中涉及的儒学宗教性问题，一直是备受国内外学界关注的热点问题，而部分学者围绕该问题产生的争议，其实在一定程度上源于他们各自的文化背景和信仰差异及其导致的研究视野的局限。因此，如果研究者能够以更加开放包容的态度去看待他人的相关论点，无疑有助于促进这一领域的研究进展乃至在该问题上达成更多的学界共识。这就要求我们在探讨上述问题以及花之安等西方汉学家的相关诠释时，要尽可能避免各种形式的宗教排他论和文化优越论，并以一种相对"超然"的态度来观照儒学以及基督宗教等其他宗教。这部书的可贵之处在于，没有将诠释学理论定义为一种纯粹以本土话语来理解和言说自身文化的方法，而是能够以一种比较客观的态度指出：虽然每个学者对儒学的理解都不可避免地带有某些源自其自身文化或特定宗教信仰的"前理解"乃至"成见"，但我们必须承认，文化是多元的，跨文化的理解与对话是必须的。

其次，为促进当代宗教对话和文化交流的可行路径提供了理论借鉴。当今世界的各大宗教在信仰层面的对话虽然困难重重举步维艰，但它们在文化层面和生存体验层面的对话却相对更容易取得突破性进展。而兼具传教士和汉学家的双重身份的花之安对儒学的诠释及其在此基础上展开的"儒耶互释",是一种从文化层面的对话逐步过渡到宗教信仰层面的对话的积极探索。各种宗教和文化之间的对话和交流是当今世界的时代潮流,而如何在保持自身独特性的同时对他者保持最大程度的理解和善意,是当代宗教对话和文化交流的永恒课题,其相关研究既具有理论意义,更有现实意义。就此而论,花之安的儒耶互释思想不仅为促进不同宗教和文化之间的对话交流提供了理论借鉴,而且为我们研究近代西方传教士和汉学家对儒学的认知态度及其诠释方法提供了一个有意义的案例,也为当代诠释学研究提供了一个纵向与横向、宏观与微观的研究个案。

罗志祥的这部书能够在其母校武汉大学出版社出版,使我深感欣慰,但我认为,这部书不应是该项研究的终点,而应成为新的研究的起点。在衷心祝贺罗志祥的研究小有成就并顺利付梓的同时,我也殷切希望他能够在日后的工作和研究中,继续为推进对西方传教士和汉学家的研究作出新的贡献。

是为序。

徐　弢

2023 年 2 月于武汉大学哲学学院

目　　录

导　言

第一节　花之安著述与国内外研究现状

一、花之安来华与著述

对于汉学家的研究并不是一个新鲜的课题。国内外从政治、经济、科技、文化、宗教、思想、翻译、历史、考证等角度开展的研究汗牛充栋。汉学家对于中学西传，西学东渐，中西文化的沟通，作出了不可磨灭的贡献。特别是晚清的汉学家，深度参与了晚清社会的政治、经济、军事、教育、医疗和宗教活动，与近代中国的社会转型与思想变革紧密联系。晚清汉学家值得深入的研究，原因在于，这段时间正好处于时代分割线上，承前启后，对近代中国社会影响深远。

德国传教士汉学家中最有名望的当属明末清初的耶稣会士汤若望，他历经明末清初，为崇祯、顺治两朝的钦天监监正。为崇祯朝修订历书，铸造火炮，保护《崇祯历书》，完成多部天文著作。在清朝，深受顺治帝宠信，被称为"玛法"（满语，可敬的爷爷）。顺治帝还曾经为汤若望所建的天主堂赐碑，盛赞汤若望。明清汉学家中，从利玛窦至死都没见到皇帝面，到汤若望受到如此之高的评价，这可以说是传教士汉学家在中国得到的最高礼遇。不过与之相比，那些对中国近代史产生影响，但名声并不显赫的其他传教士汉学家也值得关注。

花之安（Ernst Faber, 1839—1899），德国传教士，曾先后在德国巴门神学院学习神学，在巴塞尔大学和图宾根大学研习格致学。1864年加入礼贤会，1865年受礼贤会派遣来到香港，学习中文。不久，进入广东传教。1880年，花之安退出礼贤会。1885年，加入德国同善会，1886年，搬到上海，1888年，德国占领青岛，花之安搬到青岛，1899年9月，因为痢疾，病逝于此。他被认为是19世纪中国学最重要的学者之一，在比较宗教、历史和植物学等不同领域出版了大量中、英、德著作。花之安在儒学方面著述颇丰，是西方比较宗教领域的主要专家之一。

花之安潜心研究中国典籍，著书立说。他的著作共分两大类。第一，德英文著作，主要有《儒学汇纂》（德文版1872，英文版1875）、《孟子的学说》（德文版1877，英文版1881）、《从历史角度看中国》（1895德文版，1897英文版）、《中国耶教的实践问题》（英文版1897）、《中国宗教学导论》（德文版1873，英文版1879）、《中国著名男士名录》（英文版1889）、《中国著名女士名录》（英文版1890）、《欧洲使徒保罗——亚洲传教工作指南》（英文版1891）、《中国经学中的植物学》（英文版1892）等。第二，中文著作。《德国学校论略》（1873）、《教化议》（1875）、《马可讲义》（1877）、《明心图》（1879）、《自西徂东》（1884）、《玩索圣史》（1892）、《性海渊源》（1893），《路加衍义》（1894）、《经学不厌精》（1896—1898）。这些著作分为三类。第一类是通过中西文明的比较，得出耶教文明的优势，为中国社会指明方向，如《德国学校论略》《教化议》《自西徂东》《经学不厌精》。第二类是宗教宣传著作，如《马可讲义》《路加衍义》《玩索圣史》。《马可讲义》《路加衍义》分别是对《马可福音》和《路加福音》的诠释性读物。《玩索圣史》介绍了圣经中从摩西到雅各、约瑟的故事。第三类是花之安对中国古代经典的翻译和诠释，如《中国著名男子名录》《中国著名女子名录》《孟子的思想》《中国宗教学导论》《从历史角度看中国》《儒教汇纂》。

在这些著述中，以《自西徂东》影响最大。1898年光绪帝订阅的129种西文书目中，排在第一的就是《自西徂东》。《自西徂东》对当时的康有为提出在中国推行西方政治制度产生了影响。《德国学校论略》更成为康有为上奏光绪皇帝《请开学校折》中的依据之一。湖广总督张之洞将花之安《经学不厌精》里论述的经学列为学校教育最为紧要的科目，并且在提倡新政和引进西式学校中都有反映。学贯中西的大儒辜鸿铭在香港与花之安结识，两人经常一起相互切磋，互相论辩。辜鸿铭称赞花之安，"当今所有的汉学家都倾向于把广东的安之花牧师摆在首位。我们并不认为安之花先生的工作比其他人的著作更具有学术价值或文学价值，但是我们发现，他写下的每一个句子都表明他对文学和哲学原则的把握，而在当今的其他任何学者当中是很难发现的"①。

　　花之安在中国主要做了几件事，"传道教学施医"，特别是他"储药施诊、于眼目一科，称圣手焉"。② 在广东期间，"粤人咸称道之"③。他的同善会同门安保罗称赞他"卓识博览、名满人寰、著书宏富"④。花之安在中国传教、生活长达三十余年，以其对中国文化的研究获得"汉学家"的称号，加拿大长老会汉学家季理斐在《基督新教在华传教百年史（1807—1907）》中称他为"19世纪最高深的汉学家"⑤。广学会称他为"教会中伟大的才子"⑥。1888年，德国耶拿大学授予其"神学博士"（Doctor of Theology）荣誉头衔，授词称："耶拿大学授予花之安博士以神学博士的荣誉、权利和优待。花之安博士作为华人基督福音的成功传道者，正直、勇敢和忠诚的人，杰出的作家，无愧于跻身早期基督文明的辩护者行列，他还是列子、孟子和墨子的德文翻译者，中国宗教研究的英文作者，马可和路加福音的中文诠释者，进行中西习俗与法律比较的先驱者，以基督观点对待儒

　　① 辜鸿铭：《中国人的精神》，生活·读书·新知三联书店，2010年，第95页。
　　② ［英］李理斐：《吊花之安先生词》，《中西教会报》，1900年6月，第63页。
　　③ ［德］安保罗：《经学不厌精遗篇》，上海华美书店，1903年，序。
　　④ ［德］安保罗：《经学不厌精遗篇》，上海华美书店，1903年，序。
　　⑤ 黎难秋：《花之安》，载林煌天主编《中国翻译词典》，湖北教育出版社，1997年，第292页。
　　⑥ 《评传花之安先生》，《明灯道声非常时期合刊》，1939年6月，第14页。

学的批评者。"①

在众多传教士汉学家中，花之安的名气不如明清之际的利玛窦，晚清汉学家如理雅各，以及他的德国同门汤若望、卫礼贤。原因在于，他并没有走上层传教路线，虽提出政治观点却远离政治，没有与王公贵族大臣结识，更不用说与皇帝结交，也没有什么著名信徒。这造成的一个问题是，对他的研究，可以佐证的材料有限。但是观其著作的通达，词章、义理、文采、深度，对中国儒学、文明的认识十分深刻。

花之安反对列强对中国的鸦片贸易，对清政府的腐败进行了猛烈抨击，这在传教士汉学家中是十分少见的。他对政治、教育、道德、自然、宗教、科学等都提出了看法。"花之安有一颗悲天悯人之心，有一颗善待他人之心，实在是比后来那些为'殖民者'的汉学家高明多了，也确实体现了基督文明的真谛所在。"②

花之安对儒学的诠释是与汉学家所处的时代、社会环境、个人经历密不可分的。研究花之安对儒学思想的诠释，能够为研究近代汉学家在中国的活动提供一个新的视角。本书通过诠释学的方法来研究，通过纵向、横向比较，力图研究花之安儒学诠释背后的因素，研究传教士汉学家对中国经典的诠释。

二、花之安研究概述

根据笔者在中国知网以及国外几个大的数据库的检索，目前国内外对花之安的所有研究可以分为几类：

对花之安生平和著作的介绍性论文。中国耶教史研究专家顾长声所著

---

① Pastor P. Kranz, *The Works of Rev. Ernst Faber, Dr. Theol A Champion of the Faith a Pioneer of Christianity Literature in China* (Shanghai American Presbyterian Mission Press, 1904), p. viii.

② 叶隽：《主体的迁变——从德国汉学家到留德学人群》，上海外语教育出版社，2008年，第41页。

《传教士与近代中国》(上海人民出版社,1981 年),是新中国成立后国内最早对花之安进行介绍的著作。在第六章第三节里,指出花之安是继林乐知之后第二个鼓吹"孔子加耶稣"的汉学家。"孔子加耶稣"这个范式被后面众多研究者所引用。顾长声编著的另一本专著《从马礼逊到司徒雷登——来华新教传教士评传》(上海人民出版社,1985 年)也对花之安的生平和著述进行了简述。上海社科院熊月之所著《西学东渐与晚清社会》(上海人民出版社,1994 年)对花之安的《自西徂东》一书进行了介绍,指出本书是"欧产仁义礼智信"。宋庆龄陵园管理处文史研究室朱玖琳的《德国汉学家花之安与中西文化交流》(《近代中国(第六辑)》1996)对花之安的生平和贡献进行了介绍,这是国内较早对花之安进行介绍的期刊论文。中国社科院外国文学所叶隽的《德国视野里的"基督福音与中国心灵"——从花之安到卫礼贤》(《国际汉学》2007 年第 4 期)对花之安等德国传教士的生平、传教思路、对中国的意义进行了介绍,认为花之安、卫礼贤对中西方交流的作用在于他们能够融入中国社会中。金陵协和神学院严锡禹的《花之安及其《马可讲义》(一)》(《天风》2020 年第 5 期)、《花之安及其《马可讲义》(二)》(《天风》2020 年第 6 期)、《花之安及其《马可讲义》(三)》(《天风》2020 年第 7 期)对花之安的生平和《马可讲义》进行了介绍。新西兰国立尤尼坦理工学院宫宏宇所撰《传教士与晚清时的中西音乐交流——花之安与他的〈中国音乐理论〉》(《黄钟(武汉音乐学院学报)》2010 年第 1 期)一文对花之安的《中国音乐理论》进行了介绍,分析了花之安对中国音乐西传所作的贡献。巴黎美国大学(The American University of Paris)历史系助理教授ALBERT WU 在"Ernst Faber and the Consequences of Failure:A Study of a Nineteenth-Century German Missionary in China"(Central European History,2014(47))一文中指出花之安在去世前对传教使命感到失望,论述了花之安适应中国南方气候的困难,学习普通话和粤语时遇到的挫折,以及对皈依耶教的人少的挫败感。以色列希伯来大学东亚系的 Gad C. Isay 在"Religious Obligation Transformed and into Intercultural Agency:Ernst Faber's Mission in China"(Monumenta Serica,2016(1))这篇文章中认为花之安在中国传教的本质是从宗教使者成为了文化使者。

对花之安传教思想和传教策略进行论述的论文。北京大学历史系张硕的博士论文《花之安在华传教活动及其思想研究》(2007 年),后来被改编成专著《汉学家花之安(Ernst Faber)思想研究》(知识产权出版社,2013 年)。这是国内研究花之安思想的第一部专著,也是目前为止唯一一部专著。作者从历史的角度对花之安的生平、著述、世界观、宗教观、文化观、中国政治经济观进行了考证和论述,对花之安的耶教普世化和儒学全球化的努力进行了赞扬。但是德国波昂大学东方及亚洲研究所汉学系博士候选人胡健斌的《花之安在华传教活动及其思想研究书评》(《汉学研究》2018 年第 4 期)一文对张硕的花之安研究专著进行了批评。作者认为张硕的研究存在问题,如忽略几乎所有花之安非华文著作,对西学有着负面的评价。中国社会科学院外国文学研究所叶隽在《主体的迁变——从德国汉学家到留德学人群》(上海外语教育出版社,2008 年)一书的第二章第二节"'自西徂东'之后的'基督福音'——花之安的传教思路与中国意义"中,对花之安在中国的传教路线和政策进行了论述,阐明了对中国的意义和影响。北京师范大学周颖的硕士论文《花之安传教策略初探》(2006 年)认为花之安的传教策略集中在两方面,一是现实问题,即关注中国教育和社会问题;二是文化问题,即倡导"孔子加耶稣"。作者认为花之安的传教策略虽然以宣传耶教义为主,但客观上推动了中国近现代变革和中西文化交流。

对花之安儒学观和对中西文化贡献进行论述的论文。鲁东大学历史文化学院胡瑞琴根据硕士论文改编的专著《晚清传教士与儒学经典研究》(齐鲁书社,2011 年)第二章"花之安与经学不厌精",对《经学不厌精》的写作背景、历史价值以及花之安的天伦、地伦、人伦思想进行了论述,认为《经学不厌精》是耶儒圣典和经典的一次高级对话,对于经学研究具有重大的现实意义。北京师范大学汉语文化学院的孙立峰的《近代中德关系史论》(商务印书馆,2014 年)在第二部分"19 世纪德国新教汉学家的跨文化接触和感知"中,对花之安的中国研究进行了论述,认为花之安的中国研究是建立在西方文化优越论和"耶教中心主义之上"的，对儒教文化持有根深蒂固的偏见，并不想与中国文化进行平等的交流，而是要对中国文化进行渗透和改造，是一种文化帝国主义。湖南大学柳英英的硕士论文《花之安的儒学观初探》（2009年）对花之安的儒学的上帝、人性和五伦进行了考证和论述，对花之安的儒学观进行了总体评价，认为花之安的儒学观具有近代西方色彩。北京第二外国语学院华俊颖的硕士论文《从异域学角度看花之安对中国文化的研究——以〈自西徂东〉〈经学不厌精·十三经考理〉和〈从历史的角度看中国〉（China in historischer Beleuchtung）为例》（2009年），从异域学的角度，从这三部作品，对花之安的中国文化观进行了论证和评价。南京大学廖峥妍的硕士论文《利玛窦、花之安对儒学"仁""孝"思想的解读——从〈天主实义〉〈自西徂东〉〈经学不厌精〉展开》（2013年），从著作入手，对利玛窦与花之安的对儒学"仁""孝"思想理解的异同进行了比较，并指出这种异同是时代局限所致。中国海洋大学人文社会科学研究院孙立新的《评德国新教传教士花之安的中国研究》（《史学月刊》2003年第2期），对花之安用中文写作传教读物和将中国经典翻译成英文和德文，介绍到西方的活动进行了总体评价，认为花之安的中国研究是为传教服务的。华东师范大学历史学系严匡禧在《近代外国汉学家对中国的影响——以花之安和〈自西徂东〉一书为中心》（《历史教学问题》2004年第6期）一文中对花之安的《自西徂东》进行了介绍，研究了其对中国近代发展的影响。陕西师范大学的杨远征所撰《〈马可讲义〉：耶教与中国文化的对立与融合》（《西安电子科技大学学报（社会科学版）》2012年第1期）对花之安《马可讲义》的以儒释耶、耶儒互释进行了分析，认为花之安使中西文化得到了会通，《马可讲义》是花之安"孔子加耶稣"思想的最好体现。鲁东大学历史文化学院胡瑞琴的《〈经学不厌精〉：中西方经学研究的融汇和交流》（《孔子研究》2015年第1期）认为花之安的研究方法融合中西经学，将中西文化进行了全面的比较，《经学不厌精》是中西经学交流史上的一部重要文献。胡瑞琴还在《近代西方视野下儒学经典中的"格物致知"思想——以德国传教士花之安为例》（《鲁东大学学报（哲学社会科学版）》2017年第3期）一文中对花之安作品中的儒学经典中涉及的格物思想进行了探析。北京师范大学历史学院黄丹阳的《汉学家对中国晚清社会的双重影响——以花之安和《自西徂东》为例》(《法制与社会》2012 年第 8 期)介绍了花之安的《自西徂东》,分析了耶教传教的在中国晚清社会产生的文化帝国主义和文化桥梁的双重作用。香港中文大学王志希的《晚清中国的马可福音诠释与使用——以花之安〈马可讲义〉为中心》(《建道学刊》2014 年第 4 期)认为花之安的《马可讲义》因应晚清中国的社会文化处境,诠释和超越了《马可福音》。北京外国语大学中国语言文学学院韩振华在《"他乡有夫子"——十九世纪新教汉学家的《孟子》诠释》(《浙江工商大学学报》2014 年第 3 期)一文中指出花之安对孟子的翻译和诠释,经历了从人性到伦理到国家治理的逻辑思路,准确地把握了孟子思想的关键,但是作者也认为花之安沾染了殖民主义的气息。中山大学历史系陈喆的《释古与疑古:19 世纪西方汉学界的"古史辨"》(《史林》2015 年第 4 期)对花之安在《儒教汇纂》和《史前中国》中对中国信史的研究进行了讨论,认为花之安对中国上古史的界定可能不准确。美国夏威夷大学汉学家、哲学家、神学家费乐仁(Lauren Pfister)是现代国外研究花之安的最多的汉学家。他的论文《适应主义传教护教观之"孟子模式"——在理雅各、何进善及花之安的中文作品中识别福音派新教话语中的跨文化关联》(《基督教文化学刊》2011 年第 26 辑)认为花之安的《性海渊源》使用了"孟子模式",即人性本善,儒学与耶教在人性上有重合之处。《花之安笔下的传统儒学教义及孝道礼仪》(《汉风》2017 年第 1 期)讨论了花之安在《教务杂志》上的 9 篇关于孝道的文章,以此来探讨花之安如何通过传统教义对"谏净"问题进行总结及评价,以及如何通过与儒学学者的辩论,发现"孝"与其他儒学美德或形而上概念之间的联系。

对花之安教育观、伦理观和社会管理思想进行论述的论文。浙江大学教育系肖朗的《花之安〈德国学校论略〉初探》(《华东师范大学学报(教育科学)版)》2000 年第 5 期)认为花之安在《德国学校论略》里对德国的普通教育和专门教育进行了全面介绍,并分析其对中国的三级学校教育体制、义务教育以及高等教育发展带来的深刻影响。肖朗的另一篇文章《晚清汉学家对西方教育的论述与中国教育早期现代化》(《华南师范大学学报(社会科学版)》2005 年第 3 期)对花之安的《德国学校论略》的意义进行了论述,认为它是晚清西方教育的开山之作。南开大学马克思主义教育学院徐曼在《论西方伦理学在中国早期传播的特点及影响》(《河南大学学报社科版》2008 年第 5 期)中提及花之安等传教士的宗教著作带有伦理思想,为西方伦理学在中国的传播奠定了基础。武汉大学中国传统文化研究中心聂长顺在《花之安〈德国学校论略〉所定教育术语及其影响》(《人文论丛》2010 年第 11 期)一文中对花之安《德国学校论略》出现的教育术语进行了整理和分析,介绍了当时中国教育界对这些术语的推介。天津社会科学院哲学研究所王伟凯的《从〈自西徂东〉看花之安的社会管理思想》(《理论界》2011 年第 10 期)认为花之安对晚清社会状况进行了分析,在如何救济穷民、赡养老人和抚教孤子等多领域提出了看法,但对当时中国社会的政治、经济状况而言,这是一种不适合于中国社会的空想。北京师范大学汉语文化学院孙立峰的《论花之安的教育观和宗教文化观》(《河北学刊》2011 年第 9 期。)对花之安的教育观和宗教文化观进行了论述,肯定了花之安对中国近现代教育的作用。《评汉学家花之安的汉学著述》(《德国研究》2012 年第 3 期》)对花之安的《自西徂东》《西国学校》进行了评价,认为花之安是中德教育交流史上的重要传播者。四川大学历史文化学院刘开军的《来华汉学家与晚清史学批评》(《人文杂志》2013 年第 4 期)认为花之安的《自西徂东》对史学理论进行了建构,为中国史学发展指明了方向,反映了当时的汉学家较高的史学理论水平。河北经贸大学马克思主义学院武占江的《论〈性海渊源〉对中国古代人性论的批判及其思想特色》(《世界宗教文化》2015 年第 8 期)认为花之安对孟子的性善论进行了肯定,而对宋明理学的人性论进行了否定,《性海渊源》的耶教教义对中国传统人性观作出了一定的让步,体现了文化交流中的"函化"现象。

总的来说,国内外对花之安从多个角度进行了研究,取得了一定的成果。但是存在如下问题。首先,大部分研究主要是对花之安的思想进行历史叙述和论述,研究其传教观、儒学观、教育观、对中西文化交流和中国社会转型的贡献，对于花之安的诠释儒学的原因以及方法论问题等，还有待进一步研究。其次，对晚清汉学家的评论是否应该跳出简单的阶级观。晚清汉学家是在不平等条约的庇护下进入中国的，目的是布道化民，因此，对晚清耶教的研究不免将耶教与帝国主义、殖民主义混同，但是要注意部分汉学家的思想对中国政治、经济、文化、宗教等变革也起到了推动作用。最后，目前对花之安的研究，大部分集中在对其中文著作的思想进行研究，而忽视了非中文著作。花之安的中文和英文德文著作是互证互释、浑然贯通的，不能孤立于历史文化环境，仅从文本和一种语词上去判断花之安的思想。花之安如何诠释儒学的思想，如何适应晚清社会现实和当时德国的政治社会状况，这是值得深入研究的问题，具有一定的历史意义和当代意义，当然也存在一定历史局限。

第二节　研究意义、研究方法与创新之处

一、研究意义

（一）历史意义

1. 丰富"儒学形象"研究的意义

他者如同一面镜子，是自我形态在镜像上的投射。中国形象也就是占主导地位的儒学形象，作为他者在西方自身的投射。异域文明的形象是对本土文明的否定和超越。西方的中国形象研究以 1750 年启蒙运动为分野，1750 年之前中国形象，是教士、哲学家、政治家与商人们眼中的乌托邦文化"他者"，他们用中国形象映射了对西方社会的不满与期望，寄托了西方文化不同层次的理想。1750 年后，欧洲第一次工业革命，启蒙运动，随着双方实力的变化，"他者"的镜像也发生了变化，过去用中国形象来批判西方现实，变成了用西方文化来衡量中国形象，从政治、经济、哲学，宗教

等各方面证明西方文化的先进与优越。汉学家眼中的中国形象经历了 16 至 18 世纪的耶稣会士之后的新教汉学家的第二次浪潮。他者投射的是从明末万历到崇祯朝，从清初顺治、清中叶康熙、乾隆朝到晚清道光朝，西方视野中的中国形象。

19 世纪鸦片战争之后的传教士汉学家给中国带来了不同的世界观。这种世界观是建立在他们的宗教和优越感之上的，这种优越感是基于中国在技术和制度方面相对于耶稣会时期的衰落。他们的观点在西方广泛传播，构筑了 19 世纪的中国形象。与商人和外交官相比，传教士汉学家更关注的是如何用西方思想改造中国。

正如他在《自西徂东》的序言里说的："欲以警醒中国之人也。"[1] 通过研究花之安笔下的中国形象，本书也试图回答：（1）汉学家是如何诠释西方眼中的"他者"中国形象的；（2）花之安是否与明清之际的利玛窦有共同的特质；（3）花之安在多大程度上受到来自西方背景的期望框架的激发。

2. 促进诠释学研究意义

对于历代在华传教士汉学家而言，对儒学进行诠释，是他们必须面对的问题。荷兰汉学家许理和认为，"任何一种外来的边缘宗教，都不可能在中国生根，除非能证明其宗旨跟官方的意识形态是一致的"[2]。

美国汉学家林乐知于 1869 年至 1870 年在自己主编的《教会新报》上连续发表《消变明教论》，从人性和道德伦理层面论证耶儒"有相通，无相背"，再将儒学经典与《圣经》比较，认为儒学和耶教都有"五伦""五常"，儒学的"君子三戒"与耶教"十诫"也是重合的。因此林乐知得出结论："耶稣心同孔孟"，中西方"教异心同"，"心与理是相通"。[3] 花之安也认为，儒学和耶教教义之理是，"耶稣而与天帝相通""耶稣道理实与儒教之理同

---

① ［德］花之安：《自西徂东》，上海书店出版社，2002 年，第 1 页。

② 李雪涛：《误解的对话——德国汉学家的中国记忆》，新星出版社，2014 年，第 224 页。

③ ［美］林乐知：《消变明教论》，《教会新报》第二册，第 613-614 页。

条共贯"①。晚清有了《圣经》的中文译本，但是一千多年前的《圣经》如果
不进行诠释，则近于"腐朽"之书，所以如何让中国人读懂，花之安在《马
可讲义》《玩索圣史》《路加衍义》中用儒学对《圣经》进行了诠释，他认为这
样才能让当时的中国人读懂。如同他在《马可讲义》的序言里说："祗宿儒
可能释其词，亦不幸雕虫小技。敷云衍月，惟文人可能解其句，无益于侪
民也。大抵平时登堂所讲之道，不尚孤高深邃，祗期浅而明，简而赅，务
使家喻户晓，裨于世道人心。"②

花之安的儒学诠释是一种跨文本的阅读，汉学家面对中西方文本和观
念要作双向的诠释，异中求同或同中求异，是同一性与差异性的融合。双
向诠释的影响也是相互的。花之安对儒学的诠释，也是对儒学的双向诠释
与化用，这一点也是本书研究的重要意义之一。

(二) 当代意义

1. 推动文明对话研究的意义

全球化的今天，人类面临着各种各样的挑战和机遇，文明对话的研究
是现代社会一个不可避免的课题。美国哲学家保罗·尼特在《宗教对话模
式》一书中，论证了四种宗教对话模式：置换模式、成全模式、互益模式
以及接受模式。其中，约翰·希克的"宗教多元论"，强调不同宗教之间应
该平等对话，相互学习、互相受益，是宗教对话的"互益模式"。

中西互释学作为文明对话的一种方式，跨越了文明的边界，是一种互
惠、互益的诠释学，能够一方面站在另一种文明的内部去理解它，消除双
方的误解，另一方面，将异文明的元素作为参照，纳入或编织进自己的体
系中，形成创造性的转化。"当两种不同的宗教，即'耶教西方'和'儒教东

---

① ［德］花之安：《自西徂东》，上海书店出版社，2002 年，第 218 页。
② ［德］花之安：《马可讲义》，载中国宗教历史文献集成编纂委员会编《东传福
音》第 13 册，黄山书社，2005 年，第 99 页。

方’在历史的十字路口相遇时，中西经典的互读便让解释学的活力体现出来。”①

西班牙哲学家雷蒙·潘尼卡认为，对话是人的逻各斯活动。它与观念、思想、解释、教义、观点以及洞见有关。“真正的对话不仅要求每一方表达他/她自己，而且要求每一方说他/她自己的语言。……语言并不容易让它们自己被肢解成词，每一种语言都是一种生活方式，一种在此世存在的方式，并且反映了一种总体的世界观。……词的意义不是孤立的，不可能把它所包含的意义置于文本之外。”②宗教对话从对白式对话走向辩证的对话，再走向对话的对话，这也是宗教对话不断超越自我，不断更新的过程。

本书通过研究花之安对儒学思想的诠释，以古喻今，以古为鉴，试图考察儒耶辩证的对话走向对话的对话这一过程对当今文明对话研究的启示。

二、研究方法

本书以哲学诠释学的理论为框架，通过该理论所涉及的相关概念和要素，来分析花之安对儒学思想的中西互释。主要采取的研究方法有：

比较研究法：本书不仅有历时性研究，也有共时性研究，不仅有纵向的比较，也有横向的比较。前者指对历史上不同时期不同时代先后存在的宗教进行动态的纵向比较研究，后者是对不同地域、不同民族同时存在的文化进行静态的横向比较研究。同时也有宏观与微观的比较研究。所谓宏观比较，是对不同文化进行整体的比较研究，包括对文化共同要素，如本质、功能、起源等方面进行比较。所谓微观比较，是对不同文化的各种成

① 李炽昌：《亚洲处境与圣经诠释》，香港耶教文艺出版社，1996年，第35页。
② ［西］雷蒙·潘尼卡，《对话经》，王志成译，四川人民出版社，2008年，第59-60页。

分，如经典、神话、传统、礼仪、禁忌、组织制度等进行比较研究。本书以比较哲学的方法为理论，将花之安的著述置于诠释学理论的框架下，进行中西互释，互相印证，以指出花之安宗教思想的特点。

描述与规范法：规范性方法侧重对文化命题的真伪，文化价值的可接受性等标准进行研究。比较哲学研究时期大多都倾向于根据人为的标准对文化的高低优劣作价值判断。这种方法常常附属于文化传统。描述性方法则侧重于对起源、发展历史、结构、功能等进行论述与解释，并不对命题之真伪作任何价值判断。规范性方法时常渗透进描述性方法中，描述性方法也经常成为规范性法的重要前提。本书对花之安的儒学诠释思想进行了描述与规范研究。

哲学方法：哲学方法与社会学方法、现象学方法、历史学方法是研究文化与哲学的重要方法，哲学方法主要关注的是认识论、本体论、世界观、人生观、价值观等。

史论结合法：本书将历史人物置于时代背景下进行考证，注意历史与逻辑的结合，试图避免用"阶级观点"去苛求历史人物，而是考虑历史人物的文化、宗教、教育背景，注重思想话语的形成和变化与个人体验、社会文化之间的互动关系，即"文本"与"语境"的相互关联性。

三、创新之处

第一，本书率先通过比较研究的方法，探讨了花之安对东方学家麦克斯·缪勒相关论题的回应，并将其应用到儒学性质、儒学与神话、科学、法律、文明、道德、语言关系等问题的看法，指出了双方的和而不同之处。在此基础上，进一步提出，花之安对缪勒思想的批评和改造，一定程度上突破了缪勒等人对宗教与文明的狭义理解，并有助于丰富儒学研究的内容和方法。

第二，本书率先从诠释学的视角，研究花之安的儒学观，从他的相关著作中归结出其"以儒诠经，以经释儒"的概念和诠释方法，并对其理论实质和学术意义加以客观评价。花之安一方面在《玩索圣史》《马可讲义》《路加衍义》等论著中，试图通过融合儒学思想来重新诠释西方经典，另一方面在《经学不厌精》中提出了借用西方哲学观念来诠释儒学经典的所谓中国经学。通过探讨花之安如何诠释儒学的天道观、宇宙观、伦理观，以及如何诠释关于天伦、地伦、人伦的看法。我们认为，花之安的著述是杂糅了中西经学的混合物，是一种结合了诠释学和比较哲学的互释学。

第三，探讨了中西经学辨读的新模式及其可能路径。我们从研究花之安的儒学论入手，进一步探讨了儒学思想的哲学化、宗教化、科学化的历史进程与发展方向，省察和思考了儒学思想的未来命运和可能走向，映射了晚清社会思想的大震荡与社会大变革。本书史论结合，同时进行了横向、纵向、宏观、微观的比较，力求为诠释学提供一种跨文化的理解维度，以小喻大，以古喻今，为中西思想文化的交流与融合作出新贡献。

第四，探索了文明对话的新思路。从历史上看，文明对话经历了从简单、原始、边缘到复杂、高级、中心的发展过程。从独白的、对白的、辩证的对话关系发展到对话的对话关系，从社会学、哲学的对话发展到文明对话。本书从花之安的儒学诠释出发，论述了花之安的中西对话既有辩证的对话，也有哲学和文明的对话，认为文明对话是处理不同文明关系的必由之路。

第一章 近代汉学家论儒学

第一节 "他者"诠释

一、明末到清末汉学家眼中儒学形象变化

他者是诠释学传统的一个概念，法国哲学家萨特认为，在主体建构自我时，他者的"注视"至关重要，直接塑造了自我形象。"他人一方面是我存在的基础，另一方面他强烈要求我为他的存在消逝为代价，才能使我消解于他之中。如果我要实现与他者的同一，我只能把他者的相异性作为自我的故有天性并且与自我同化。"[1]"他人是自我存在和自我意识的先决条件，我的存在是通过他人揭示的，而他人的存在也使我得以更深刻地理解我的存在。"[2]"中国形象"，主要是由儒学文化主导的中国形象，可以说是西方通过自身形象建立的，与自己对立的"他者"，而且这个形象也是在不断变化之中。

明末的中国虽然政治动荡，社会矛盾重重，即将面临改朝换代。但是

---

① ［法］保罗·萨特：《萨特说人的自由》，李凤编译，华中科技大学出版社，2018年，第90页。

② ［法］保罗·萨特：《萨特说人的自由》，李凤编译，华中科技大学出版社，2018年，第104页。

在万历年间的意大利传教士汉学家利玛窦(1552—1610)眼中,中国还是一个文明礼貌、繁荣富庶的国家。儒学文化哺育了中国人的品性,"在从未与欧洲有过交往的情况下,他们竟然能独立达到这一水平,与我们这些与全世界进行交流的人不相上下。您可以从他们的统治中了解一切,他们把全部精力都投入治理国家中,其开明程度比其他所有国家都高出很多"①。而且,儒教"教义并不是以真理和坚实的教义作为基础,明确指出他们的错误从而说服他们简直轻而易举"②。到17世纪下半期,中国进入了清朝的"康乾盛世",幅员辽阔,人口庞大,经济发达,社会稳定,文化繁荣,焕发出可与汉唐并提的璀璨光辉。大批中国商品通过新开辟的海上商路出口到欧洲,受到欧洲上流社会的喜爱。欧洲思想家、世俗君主贵族表现出了对中国政治、经济、文化的全方位的巨大兴趣。作为"他者"的中国对整个欧洲表现出了强大的吸引力。清初葡萄牙耶稣会士安文思(1609—1677)说:"可以说中国人是比其他人更精明和聪慧的,中国人应当被视为优于其他民族"③,"中国的学士,据说人数超过九万;也没有任何其他国家像中国那样,文学知识那么普及。在所有的省份,尤其是南方各省,无论穷人或富人、市民或农夫,都能读写。总之,我不相信除欧洲外,任何地区能像中国那样出版那么多的书籍。"④从汉学家到哲学家,有关中国的出版物不断问世,德国思想家莱布尼茨(1646—1716)是中国的狂热崇拜者,他在1694年的《中国近事》中称赞中国具有"最伟大的文明与最高雅的文化","在他的宝库里装满了金银财宝,他的国家盛产一切物品,而且中国人做任何事情都极其努力认真。所以,从国家的辽阔和富强来看,中国都远远胜过别国"⑤。

---

① [意]利玛窦:《利玛窦书信集》,文净译,商务印书馆,2018年,第37页。
② [意]利玛窦:《利玛窦书信集》,文净译,商务印书馆,2018年,第134页。
③ [葡]安文思:《中国新史》,何高济译,大象出版社,2004年,第56页。
④ [葡]安文思:《中国新史》,何高济译,大象出版社,2004年,第67页。
⑤ [德]莱布尼茨:《中国近事:为了照亮我们这个时代的历史》,大象出版社,2005年,第168页。

作为"他者"的中国形象投射的是欧洲自身。16—17世纪是西方近代社会形成和发展时期，文艺复兴之后，进入了大航海和地理大发现时期。这时的中国形象，是汉学家、哲学家、政治家与商人们眼中的乌托邦文化"他者"，他们眼中的中国形象映射了当时西方社会的种种问题，寄托了西方社会不同层次的理想，表达了他们对当时西方社会的不满和改革的愿望。赞扬"贤明的君主"是对世俗的资本主义精神和脱离神权的王权政治的向往，对儒学文化的赞扬表达了启蒙思想家对追求信仰自由、思想自由、政治开明和经济发达的期望。"杜赫德编撰的《中华帝国全志》是当时欧洲人的中国知识总汇，启蒙思想家从此书得到的启示是：一个良好的社会无须以基督教作为其基石……哲学家……推断中国人伦理道德的根基是经验而不是教条；主张开明专制的人从中看到了贤明的君主和近乎完善的监察制度；重农主义者从中找到了以农业为立国之本的例证；对异国情调怀有好奇心的人可以从中得知中国人的身材、长相、衣着、房舍、婚丧嫁娶、算命问卦……"①到18世纪上半叶，欧洲对中国的积极印象达到了一个顶峰，一个近乎"理想国"的正面中国形象逐步在欧洲被树立起来。

西方的中国形象变化以1750年为标志，1750年之前的中国是梦寐以求的幸福生活的图景，1750年之后的"中国形象"开始明显丑化。1750年左右伏尔泰发表了《风俗论》，赞扬中国历史悠久、政通人和，而同时期孟德斯鸠的《论法的精神》则用理论证明中国是一个邪恶的专制帝国。1750年，卢梭在《论科学与艺术》里，对中国满是嘲讽，认为中国人"愚昧而又粗野"，"充斥着奴隶和为非作歹的人"。②18世纪60年代开始，欧洲发生工业革命，科技进步，各国综合实力增强，英荷开始早期殖民扩张。在思想上，欧洲发生了启蒙运动，这是继文艺之后的第二次思想解放运动，启蒙运动高举理性主义的旗帜，强调用理性知识照亮人们的头脑，启迪人们

① 许明龙：《欧洲十八世纪中国热》，外语教学与研究出版社，2007年，第75页。

② ［法］卢梭：《论科学与艺术》，何兆武译，上海人民出版社，2007年，第29页。

的智慧，使人们摆脱愚昧的状态。启蒙运动在 18 世纪末达到高潮。随着双方实力的变化，"他者"的镜像也发生了变化，过去用中国形象来批判西方现实，变成了用西方文化来衡量中国形象，从政治、经济、哲学，文化等各方面证明西方文化的先进与优越。此后，西方对"中国形象"的批判逐步加深。

1792 年，英国派使者马戛尔尼(1737—1806)率舰队访华，受到乾隆皇帝的接见。他认为中国在过去 150 年里，没有丝毫进步，甚至是在退步，"在我们科技日益前进时，他们和今天的欧洲民族相比较，实际变成了半野蛮人。正是因此他们保持了半罐子水通常有的自大、自负和自傲"①。他认为儒学的君权思想和伦理道德使得中国人的生活方式、思想感情和道德情操极度扭曲。"他们天性安静、顺从、胆小，但社会状况和实施的法律，把他们变得冷漠、无情，甚至残忍。"②"一条确立的顺从原则，足以抹杀、消除人性的一切尊严。"③他认为中国的宗教混杂了偶像崇拜、多神论、迷信，是一个毫无生气的、淡的系统，中国老百姓并不担心来世的惩罚，更担心今生的不幸。"他们想的是尽量平息神的愤怒，化解面临的灾祸，而不想取得好的结果，他们宁愿向他们的神询问未来的事，而不想求神实现或者避免它。"④

19 世纪，工业革命扩展到欧洲各国，西方的社会生产力和自然科学进一步发展，科技发明层出不穷，自然科学取得了突破性成果，科技的发展使得东西方格局发生了深刻的变化，西方走上了全球发展道路，西方主要国家进入了资本主义、帝国主义阶段，加强了对外殖民。中国由原先的科

① ［英］乔治·马戛尔尼：《马戛尔尼使团使华观感》，何高济、何毓宁译，商务印书馆，2013 年，第 6 页。
② ［英］乔治·马戛尔尼：《马戛尔尼使团使华观感》，何高济、何毓宁译，商务印书馆，2013 年，第 162 页。
③ ［英］乔治·马戛尔尼：《马戛尔尼使团使华观感》，何高济、何毓宁译，商务印书馆，2013 年，第 163 页，
④ ［英］乔治·马戛尔尼：《马戛尔尼使团使华观感》，何高济、何毓宁译，商务印书馆，2013 年，第 164 页。

技先进国变成了落伍者，在资本主义的商品和大炮面前，沦为了资本主义的半殖民地，昔日文明的光辉黯然失色。黑格尔在1822—1831年的五次演讲中对中国从政体、法制到科学、民族性、道德伦理进行了全方位的批判，"所听到的一切，都是渺茫难凭。这个帝国自己产生出来，跟外界似乎毫无关系"①。中国基本上是一个停滞的帝国。在儒家的等级制度下，"人与人之间又没有一种个人的权利，自贬自抑的意识便极其通行，这种意识又很容易变为极度的自暴自弃。正由于他们自暴自弃，便造成了中国人极大的不道德。他们以撒谎著名，他们随时随地都能撒谎。"②在家长制的神权专制政体的权威下，由于缺乏内在的独立性，中国人的迷信是极深的，实际上只有迷信，没有真正意义上的宗教。"个人并没有这一种独立性，所以在宗教方面，他也是依赖的，是依赖自然界的各种对象……中国宗教含有以人事影响天然的那种巫术的成分，就是认为人的行为绝对地决定了事情的途径。"③

　　1840—1842年第一次鸦片战争后，《南京条约》的签订，商人、外交官、传教士、旅行者、翻译等不同职业的汉学家纷纷来华，但是汉学家所面对的中国社会的情况要比17—18世纪复杂得多。原因在于，汉学家们是在西方列强以胜利者的姿态进入中国的背景下进行的，这样，文化相遇很难在一个平等、正常的环境下进行。各国汉学家相继来华，汉学家的群体发生了很大变化，对于中国社会文化的态度也变得多元。"可以说既是最好的，又是最糟的。说他们是最好的，是因为他们的宗教训练为他们提供了讨论宗教问题所需的词汇，而他们在中国的职业生活，又保证了他们比其他外国人更经常地接触宗教现象。说他们是最糟的，是因为他们带着不

---

① ［德］黑格尔：《历史哲学》，王造时译，上海书店出版社，2006年，第111页。

② ［德］黑格尔：《历史哲学》，王造时译，上海书店出版社，2006年，第122页。

③ ［德］黑格尔：《历史哲学》，王造时译，上海书店出版社，2006年，第123页。

可动摇的成见来到中国,即认定中国宗教是邪恶势力的产物,而他们自己的主要任务就是向这些宗教发起挑战并击败它们。"①但是总的来说,他们都"认为中国人是一个生活在黑暗中的种族,只能靠上帝来拯救"②。

二、晚清汉学家儒学态度之争

学术界将自 19 世纪 30 年代以来的传教士汉学家分为两派:一派为保守派,以戴德生为代表,保守派对儒学采取排斥的态度;另一派为自由派,代表人物有理雅各、林乐知、花之安、李提摩太、卫礼贤等,他们兴学、办报、设医、译书,对儒学思想持宽容的态度,推动西方思想与儒学思想的共融。这就是历史上所谓的"李提摩太路线"和"戴德生路线"之争,从另一方面来说,也可以称之为晚清汉学家对儒学的态度之争。

戴德生(1832—1905),英国传教士汉学家,1854 年来到中国。戴德生对儒学的祭祖祭孔采取不妥协的态度,认为这是偶像崇拜,但是他放弃西服,改穿华服,说华语,与下层百姓直接接触。保守派以拯救个人灵魂为最高目的,将办学和改革社会的一类的活动视为从属性质的事务。强调中西方文化之分,否定儒家文化,在历史上非但没有得到承续中国儒家思想的士绅阶层的同情,反而造成双方的相互抵制和误会。

李提摩太(1845—1919),英国浸礼会传教士汉学家,1870 年来到中国。1892 年任同文会总干事,李提摩太将其改为"广学会",意思是"以西国之新学广中国之旧学",意在从宗教的圈子里走出来,从而影响中国知识界和中国政治的进程。李提摩太与士绅结交,穿儒服,翻译儒学经典,探究儒释道思想体系。"中国的道德和精神力量是静态而非动态的,这种力量的存在使得他们很难再接受一个新的信仰。李提摩太带着对古老信仰

---

① [英]约·罗伯茨:《十九世纪西方人眼中的中国》,蒋重跃、刘林海译,中华书局,1999 年,第 30 页。

② [英]约·罗伯茨:《十九世纪西方人眼中的中国》,蒋重跃、刘林海译,中华书局,1999 年,第 32 页。

的尊敬和对一切真理虚怀若谷的态度，坚信这种新的信仰将能够唤起人们的活力、智慧、道德和心灵。"①

在近代汉学家中，影响比较大的有英国伦敦会传教士汉学家理雅各（1815—1897），理雅各认为西方思想与儒学思想在某些方面可以相互妥协。1877年5月10日至24日，在上海召开的第一届在华传教士大会上，理雅各委托慕维廉代其宣读论文"儒教与耶教的对比"（Confucianism in Relation to Christianity）。在文中，理雅各讨论了三个教义性的问题：（1）上帝和其他对象崇拜；（2）人性及其未来状态；（3）人的道德和社会责任。对于上帝和其他对象崇拜，理雅各认为，汉学家应该庆幸儒学思想中有那么多关于上帝的内容，如何将儒学的上帝引向耶教的上帝，"汉学家必须在很大程度上补充儒学典籍中关于上帝的陈述，正如，在与犹太人打交道时，我们必须补充旧约中关于上帝的证词"②。对于上帝的问题，理雅各认为："在中国，自古以来，除了对神的崇拜，还有一种对其他生物的崇拜，这种崇拜是腐败和堕落的混合体。"③对于第二个问题，理雅各认为，儒学经典中的人性善并不必然与耶教的人性恶发生冲突。所以，汉学家有必要对儒学的人性进行补充。关于儒学关于不朽和来世报应的信仰问题，理雅各认为，虽然有缺陷，但并不构成与耶教敌对的证据。汉学家应该是通过宣传死而复活和来世审判，让中国人看到"生命和不朽通过福音得以彰显"④。理雅各认为儒学关于对于人的责任的教导是美妙而令人钦佩的。虽然不完美，但是"孔子乐于教导的四个问题，艺、礼、忠、真，他的意见

---

① ［英］苏慧廉：《李提摩太在中国》，关志远等译，广西师范大学出版社，2007年，第22页。

② James Legg, *Confucianism in Relation to Christianity a Paper*（Nabu Press，2010），p.3-4.

③ James Legg, *Confucianism in Relation to Christianity a Paper*（Nabu Press，2010），p.4.

④ James Legg, *Confucianism in Relation to Christianity a Paper*（Nabu Press，2010），p.9.

不仅符合律法，而且符合福音真理"①。有儒学律法规范的世界将是一个美丽的世界。另外，还有什么比儒学的五伦更优秀的道德？所以，理雅各最后得出结论，耶教与儒学并不对立，儒学思想不是佛教那样的无神论，也不是婆罗门教那样的泛神论，传教士们要避免"赶着自己的大车、粗暴无礼地驶向孔墓"②。

丁韪良（1827—1916），美国传教士汉学家。1850年来到中国，主要著作有《花甲忆记》《中国觉醒》《天道溯源》等。丁韪良在汉学方面的成就在于推动中西文化的融合。他以孔子的语录"君子有三畏，畏天命，畏大人，畏圣人之言""四时行焉，百物生焉，天何言哉"为例，认为儒家比佛教的否定人生和道教的脱胎换骨说，要更加接近耶教有关上帝的概念。对于儒家的孝，他认为"人们的每个行为都跟我们的祖先联系在一起。行善将为祖宗带来荣耀，而作恶则使祖先蒙羞。它的推理过程跟基督教教人把爱上帝作为其生活法则的方法有些相似"③。对于祭祖，丁韪良认为，祖先崇拜是中国信仰的核心。"古代中国的葬礼和其他国家没有太大的差别。但与众不同的是，中国并没有使祭祖受到多神教的影响，而是形成了自己的丧葬和祭拜仪式，并使祭祖发展成为一种无处不在的有效膜拜形式，对全国每一个人的社会和精神生活都产生了影响。"④另外，祭祖也有维护社会秩序有关，耶教对祭祖问题应该容忍。在道德是终极目标这一点上，儒家和耶教是一致的，都给予了道德以支持，"道德是从地面往上跳起，而宗教则是从天上往下俯瞰。道德是一个美丽而冰冷的身体，直到作为灵魂的宗

---

① James Legg, *Confucianism in Relation to Christianity a Paper* (Nabu Press, 2010), p. 9.

② James Legg, *Confucianism in Relation to Christianity a Paper* (Nabu Press, 2010), p. 12.

③ ［美］丁韪良：《汉学菁华：中国人的精神世界及其影响力》，沈弘译，世界图书出版公司，2010年，第98页。

④ ［美］丁韪良：《汉学菁华：中国人的精神世界及其影响力》，沈弘译，世界图书出版公司，2010年，第176页。

教进入这个身体，给它赋予生命"①。

林乐知(1836—1907)，美国传教士汉学家，1860年来到中国。他在中国以主编《教会新报》和《万国公报》而著名。他认为耶教的部分教义与儒学思想是重合的。1902年，上海广学会出版了林乐知译述的《安仁车》，刊载了50篇小故事，大部分是证道故事，论述的主题都在儒学的五伦之内。在故事中，林乐知通过置换概念的方式，用耶教义替换儒学的伦理学说，来证明中西文化是共通的。

卫礼贤(1873—1930)，是花之安的德国同善会同门。1899年5月，受同善会委派，卫礼贤来到青岛协助"慈父般的朋友"②——花之安打理差会事物，花之安鼓励他学好汉语。卫礼贤将中国经典《论语》《老子》《庄子》《易经》等译为德语，并著有《中国哲学》《孔子与儒教》《老子与道教》《中国文化史》《中国文学》等著作。从1903年发表《孔子在人类师表中的地位》演讲开始，卫礼贤从一个汉学家变成了儒学思想的忠实信徒，并取名卫希圣，字礼贤。卫礼贤在《中国心灵》一书中，阐述中国人的"自我"，从"非我"到"到我"再到"圣我"的三重结构。卫礼贤以孔子为例，认为若人们真心关心拯救，应从中国典籍中发现"圣我"的启示，《大学》中的"至善"即是"圣我"的表达。瑞士心理学家荣格曾这样评价卫礼贤："他不仅为我们打开古老的中国思想宝库，而且如我所指出的，他带来了中国精神的根，滋生了数千年的根，并把他移植到欧洲的土壤之中。"③

花之安的《儒学汇纂》中采用了理雅各的《论语》译本，林乐知主编的《万国公报》连载花之安的《自西徂东》，卫礼贤与花之安为同善会同门。作为自由派汉学家，费乐仁认为，理雅各等是新教第一代适应主义汉学家，他们"大规模地援引儒学经典著作来激发某种敏感性，让读者感觉这其实

---

①　[美]丁韪良：《汉学菁华：中国人的精神世界及其影响力》，沈弘译，世界图书出版公司，2010年，第101页。

②　刘宗伟：《案卷里的青岛》，青岛出版社，2016年，第49页。

③　[德]卫礼贤[瑞士]荣格：《金华养生秘旨与分析心理学》，通山译，东方出版社，1993年，第151页。

就是一种'儒家化'的基督教护教观。这种方式旨在引导中国读者接受基督教教义,因而对某些儒家支持或容忍却无法被基督教接受的价值和行动他们不会回避其批评态度"①。而李提摩太和花之安则是第二代适应主义汉学家,特别是花之安,"是最后一个在中国文学传统研究中取得显著成就的传教士,也是最后一个坚定不移地自觉追随适应主义护教策略之人"②。总之,这些自由派汉学家"接续明末利玛窦传教方式余绪,也取得了与利玛窦类似的效果"③。

传教士汉学家眼中的中国形象或儒家形象经历了 16 至 18 世纪的耶稣会士之后的第二次浪潮。19 世纪的中国并不比 16—18 世纪的中国黑暗,也并不光明。从明末万历到崇祯朝,从清初顺治、清中叶康熙、乾隆朝到晚清道光朝,中国在变化,但变化更多的是西方视野中的中国的文化镜像。传教士汉学家眼中腐败落后的中国形象和儒家文化,映射了启蒙主义的进步观念,以及自文艺复兴以来的西方的现代文明。萨义德认为,东方世界的近现代的自我身份,是由西方建构出来的。东方始终是一个"人为建构体",是一种话语建构,它"存在"于关于东方的话语之中。东方人的文化特征的发现的过程是随着西方世界的军事征服、宗教传播、经济与科技优势、文化与商品大量输入,包括鸦片。"东方"作为"西方"映射自我的一个他者镜像,伴随着西方殖民主义的脚步,被建构,并且贴上了诸如"非理性""迷信""懒惰""虚伪""放纵""专制"等标签。"其纵欲,其专制倾向,其乖异的思维,其不求精确的习性,其落后——凝固为独立的、牢不可破的连贯整体。"④近代中国也在西方镜像前确认自我,也就是说西方关于中国的观念、认识或想象,决定着近代中国的自我意识。鸦片战争爆

① [美]费乐仁:《翻译研究的跨学科方法:费乐仁汉学要义论纂》,岳峰、刘玮、陈榕烽等译,厦门大学出版社,2016 年,第 66 页。
② [美]费乐仁:《翻译研究的跨学科方法:费乐仁汉学要义论纂》,岳峰、刘玮、陈榕烽等译,厦门大学出版社,2016 年,第 67 页。
③ 熊月之:《西风东渐与近代社会》,上海教育出版社,2019 年,第 235 页。
④ [美]爱德华·W·萨义德:《东方学》,王宇根译,生活·读书·新知三联书店,2007 年,第 261 页。

发前，西方人对中国有一种优势感，这种优势感来自目测和比较，西方先进的科技和耶教的所谓的普世价值。而中国人对西方也有一种优势感，半是来自历史的成见，数千年的夷夏之别，半是来自臆想和附会，当这种臆想被英国战胜打破后，士大夫们是困惑与悲哀相交杂。晚清开眼看世界的先驱之一徐继畬说："二百年全盛之国威，乃为七万里外之逆夷所困，至文武将帅，接踵死绥，而曾不能挫逆夷之毫末，兴言及此，令人发指眦裂，泣下沾衣。"[1]纵观清朝一世的儒学已无宋明的学风和士气了。晚清国学大师章太炎说："明儒之学，用以应事。清儒之学，用以保身。明儒直而愚，清儒智而谲。明儒尊而乔，清儒弃而湿……加以廉耻道表，清议荡然，流俗沉昏，无复崇儒重道，以爵位之尊卑，判己身之荣辱。由是儒之名目贱，而所治之学亦异。"[2]晚清的儒家思想不是纯粹意义上的儒家思想，而是以"自我"眼光对西方"他者"的关照。"他者"形象中既有真实"他者"的内容，也有"自我"的内容。晚清的士大夫们救亡图存，试图用儒学整合、消化西方近代工业文明，所谓中体西用，这一尝试失败后，儒学被社会边缘化，但是儒学强大的生命力，绝不会消亡。正如卫礼贤从一个汉学家变成了儒学思想的忠实信徒。他说："只看到中国与世界隔绝的、自我封闭的文化状态，那是一种十分错误的理解。当然，和所有有生机的事物一样，中国文化既有辉煌期，也有黯淡期。正如历史研究过程中一再表明的那样，在辉煌时期居支配地位的总是与其他文化圈的活跃交流。当19世纪欧洲向亚洲血腥推进时，中国正处于黯淡期，这是很不幸的。由于欧洲是用野蛮暴力敲开中国大门的，所以中国并不是立刻就兴奋地接受了涌入的所有非文化产物，包括鸦片乃至通常用以引诱非洲黑人的商品，这是中国确实拥有文明的一个标志。"[3]美国传教士汉学家倪维思（1829—1893）认

---

① 徐继畬：《瀛环志略》，山西古籍出版社，2004年，第598页。

② 章太炎、刘师培：《中国近三百年学术史论》，上海古籍出版社，2006年，第347页。

③ ［德］卫礼贤：《中国心灵》，王宇洁译，国际文化出版公司，1998年，第21页。

为中国儒家的"这套体系制度经受住了时间的考验，其存在的时间比人类历史上任何一种体制都要长。它用一种普遍的法则约束着一个在世界上举世无双的民族，并使这个民族达到了足以令我们瞠目结舌的繁荣与富裕，可见，这套体系的建立者的务实明智与高瞻远瞩！诚然，叛乱和政治动荡在中国的历史上时有发生，但中国人的性格和他们的思想里所蕴含的万物生生不息的观念使这个民族得以无数次地恢复元气、重整河山，灾难和动乱只不过是中华帝国绵延发展与生长过程中暂时出现的羁绊和阻碍而已。这种大智大慧的思想不仅使这个民族雄踞于东方世界之中"①。西方列强虽然可以在军事上征服中国，但是无论如何，儒学思想仍然是中国社会的主流，这是无法改变的事实，汉学家也无法让中国人轻易接受耶教。因此，要想说服中国人放弃传统的儒释道思想，去相信一种完全陌生的思想，其中的困难也是可想而知的。连那些皈依了耶教的知识分子也未能完全放弃他们思想深处的儒学倾向。但是从利玛窦到花之安，儒学形象的演变反映了中西双方从"他者"认识"自我"，从他者的目光反观自己的文化，或者可以称之为从"自我"到"他者"之间循环往复的认知方式，中西文化形成了互为主观的联系，这也是一种诠释学的循环。

站在近代儒学的角度看，有一个无法回避的问题是，要把儒学放在近世的框架里去理解。中国人如何看待自身，这构成了认识自己的一个扇面。通过引入诠释学的他者概念，可以说明，中国人对自身的认知，依赖于西方提供的"他者镜像"。通过萨义德的阐释，东方世界，是由西方构建出来的，是西方确认自我的一个反面镜像。特别是近代汉学家对中国的观察和研究，在塑造近代中国人的身份意识、问题意识和思维方法等方面都产生了深远的影响。这一现象可以被称为"传教士汉学"，这也是花之安被称为汉学家的原因之一。中国人面对"传教士汉学"，应该要慎思明辨，一方面要看到它们促进中国人反躬自省和中国社会变革的巨大贡献；另一方面，也要认识到，"传教士汉学"所依赖的并不只是对儒学思想的掌握，更

---

① ［美］倪维思：《中国和中国人》，崔丽芳译，中华书局，2011 年，第 229 页。

重要的是他们的西方文化背景，以及与西方物质文明发展程度的密切关系。世界上不存在绝对优越的文化伦理，一种文化的品质要在巨大的语境下，根据其贡献效果加以判断。

第二节　花之安论儒学的深层性问题

儒学的深层性问题即儒学是否具有宗教性的问题。1873 年，德国文字学家和东方学家麦克斯·缪勒（1823—1900）出版《宗教学导论》，同年，花之安出版了《中国宗教学导论》（德文版），其副标题为对缪勒和其他作者的评论，作为对缪勒宗教学的回应。花之安在书上对缪勒的相关论题进行了补充和修正。以此相关论题可以观儒学的性质，与神话、法律、文明、道德、语言、自然的关系以及研究儒学的方法问题。花之安认为，儒学是宗教性与世俗性的结合。

一、花之安对缪勒相关论题的回应

人的起源。缪勒就认为宗教起源于人类对具有强大力量的自然现象的知觉，起源于原始人的拜物主张。[①] 花之安认为，人类是一个神圣的种族，它的起源具有宗教色彩。犹太、耶教、希腊、印度、波斯、中国都有关于人的起源的句子。[②] 另外，所有宗教都反复灌输"仁"的实践，但方式不同，目的也可能不同。[③] 如"精神者，天之分；骨骸者，地之分。属天清而散，

---

① ［英］麦克斯·缪勒：《宗教学导论》，陈观胜、李培茱译，上海人民出版社，2010 年，第 63 页。

② 参阅 Ernst Faber, *Science of Chinese Religion—A Critique of Max Muller and other Authors*(Shanghai American Presbyterian Mission Press, 1879), pp. 12-14.

③ 参阅 Ernst Faber, *Science of Chinese Religion—A Critique of Max Muller and other Authors*(Shanghai American Presbyterian Mission Press, 1879), p. 19.

属地浊而聚。精神离形，各归其真，故谓之鬼。鬼，归也，归其真宅。黄帝曰：'精神入其门，骨骸反其根，我尚何存?'"(《列子·天瑞》)。列子的学说是泛神论，"鬼"表达了作为自我意识和主动精神的持续存在，类似于柏拉图的二元论。"子贡倦于学，告仲尼曰：'愿有所息。'仲尼曰：'生无所息。'子贡曰：'然则赐息无所乎?'仲尼曰：'有焉耳，望其圹，睪如也，宰如也，坟如也，鬲如也，则知所息矣。'子贡曰：'大哉死乎！君子息焉，小人伏焉。'仲尼曰：'赐！汝知之矣。人胥知生之乐，未知生之苦；知老之惫，未知老之佚；知死之恶，未知死之息也。'"(《列子·天瑞》)。列子关于生死的句子可以从其他儒家学者或其他宗教中找到类似的句子，这证明了人们对来世生活的普遍信仰。

神话。缪勒看来，神话非常荒谬，毫无理性可言。比如希腊神话中，克洛诺斯吃自己的孩子，吞下石头，却吐出他的活生生的子孙后代；达佛涅为阿波罗所追求而变形成为月桂树。这与古希腊哲学有什么关系。但是幸好有比较语言学，希腊神话才不会变成不解之谜。[1] 缪勒注意到了，希腊神话与优美文明截然相反的一面。所以，缪勒说："尽管后来的诗人会使某些虚构的传说增添美的魅力，但要回避下述事实却是不可能的：大多数古代神话，无论就其自身内在的，还是其文字的意义而言，都是荒谬可笑的、非理性的，而且经常是和思维、宗教、道德的原则背道而驰的。"[2]缪勒于是提出了著名的神话起源于"语言疾病"的理论。花之安认为，这是缪勒的一种夸大。语言不可能做那么多事，想象力也许比语言的力量更大。在神话中看不出任何东西，除了支配的想象力的影响。人们更喜欢自己的幻想和情感。因此，神话在人的起源中是不可避免的，就像杂草在田间不可避免一样，但如果你让它们生长，果树就会窒息而死。如果不注意

---

① 参阅[英]麦克斯·缪勒：《比较神话学》，金泽译，上海文艺出版社，1989年，第13页。

② 参阅[英]麦克斯·缪勒：《比较神话学》，金泽译，上海文艺出版社，1989年，第11页。

清洁，也会不可避免地出现传染病。①

科学。缪勒认为，研究自然科学的人并不讨厌炼金术士，也不与占星家争论，他愿意试着以他们的观点看事物，以便从炼金术的谬误中发现化学的萌芽，从占星术的幻想中发现人们对天体的真实知识的渴望和探索。②也就是说，缪勒认为科学和宗教并不对立。花之安同意这种说法，宗教和科学不仅不对立，而且能够相互促进。花之安用了一个比喻，科学与宗教之间的矛盾，就像真爱的矛盾。女士和先生也许很科学，但他们坠入爱河并以最不科学的方式相爱。因为爱情是一个领域，科学是另一个领域。宗教也是一样，它的领域与科学的领域不同，不是精神与某些物体之间的关系，而是作为一个人与另一个人的关系，或者与类似人格之类的东西的关系。即使在现代科学意义上，宗教与科学也并非不相容，这一点已被哥白尼、开普勒、牛顿、帕斯卡、居维叶、贝尔等许多虔诚的基督徒和杰出的科学家所证实。

法律。缪勒认为："法律自然应当是社会的基础，是团结民族的纽带。"③法律后来虽然和宗教分开了，但是很多从很多法律行为中如婚姻仍然可以找到远古历史的宗教特征。花之安对此表示赞同，他认为法律是用来指导人们行为的，法律都是以社会为前提的，也就是，人与人之间不断的交往。法律本身就有人性的规定，任何违背人性的法律都会激起人性力量的反对。人的本性不仅存在于人的意志、理性或感情中，而且存在于人的整个的精神和身体构造中。这就是为什么在原始时代，公民法律、道德法律之间没有区别。当社会变得更加复杂时，不同类型的法律的分离才得以实现。法律是社会意志的表达，由于这三种法律都是表达意志或意图

---

① 参阅 Ernst Faber, *Science of Chinese Religion—A Critique of Max Muller and other Authors*(Shanghai American Presbyterian Mission Press, 1879), p. 123.

② ［英］麦克斯·缪勒：《宗教学导论》，陈观胜、李培茱译，上海人民出版社，2010年，第5页。

③ ［英］麦克斯·缪勒：《宗教学导论》，陈观胜、李培茱译，上海人民出版社，2010年，第63页。

的，都是用来指导人的意志的，因此它们之间的密切关系也就不足为奇。没有一个国家是纯粹的个体集合。①

文明。缪勒认为，宗教与文明并不总是同步前进的。那些未开化的人中的宗教也可以和被称为开化的或文明的古代民族的宗教相媲美。"未开化人中普遍有宗教。"②花之安同意这种说法，对文明问题，他主要谈到了礼仪。他认为，如果一个人的举止或多或少是高雅的、有责任感的，而不是粗鲁的、令人厌恶的，那么他就是文明的。如果一个国家在和平和战争中的举止尽可能表现出仁慈而非恶毒的精神，如果他们的行为有一定的秩序，那么这个国家就是文明的。世界上没有哪个国家没有某种形式的文明，有很多国家和民族被认为没有文明。但是不能说任何人绝对没有文明，比如没有任何良好的礼仪。就人类高于单纯的植物生命而言，由于他不同于畜生，他是文明的。人的思想对人的感情有着或多或少的影响。文明因这种影响的程度不同而不同。花之安举了一个例子，比如一个陌生人被暴风雨抛在异国海岸边，没有被当地人杀死，而是受到善待，这可能是出于当地人对神灵的恐惧，也可能是出于对国家法律的恐惧，然而这可能是出于一种同情心，也可能是出于其他的原因，这无疑是文明的标志。花之安认为，没有任何一个国家，也没有任何一个部落，甚至没有任何一个人，在礼仪上完全符合另一个国家或部落或个人。人类的行为举止就像树木的叶子一样千变万化。任何一种礼仪的起源都可能来自不同的来源，并且在许多情况下，指向一个民族最遥远的古代。其中有些可能是人们道德的结果，但所有的举止都显示出人的内心情感的特殊性。由于宗教特别是而且主要是作用于人的情感，可以看到一个民族的宗教与他们的礼仪，也

① 参阅 Ernst Faber, *Science of Chinese Religion—A Critique of Max Muller and other Authors*(Shanghai American Presbyterian Mission Press, 1879), p. 51.

② ［英］麦克斯·缪勒：《宗教的起源与发展》，金泽译，上海人民出版社，2010年，第54页。

就是与他们的文明的密切关系。①

道德。缪勒指出，"在康德看来，宗教就是道德。一旦我们把所有的道德责任全都看作神圣的命令"②。康德的宗教就是道德的观点可能是完全正确的。缪勒认为佛陀就是美德化身，佛陀的道德准是世间所知道的最完美的道德准则。花之安对此赞同，道德不仅有不同的来源，道德是社会关系和政治关系的正常表现。"汝不可偷盗"是所有文明的训诫，这并不是因为偷盗对他人造成了伤害，破坏了人与人之间的关系，而是因为它显示出对易逝之物的贪婪，破坏了人们的信心。③

语言。缪勒认为，语言是进入一切的关键。"古代的词和古代的思想是互为表里的"④，语言学的过去和现在就可以给宗教研究提供最好的借鉴，语言研究已经成功地确定了这些古代的语源，而通过相同语源的古代语言的比较研究，便能确定某些语词(如神名)的原初意义。因为"在一种语言里是神话的东西，在另一种语言里却常常是自然的和可以理解的"⑤。缪勒认为，"最早的古代宗教的外形是由一些词语构成的：神的名称，……一些术语如'祭祀''祭坛''祈祷''道德''罪恶''身体''精神'等"⑥。对此，花之安认为，我们对语言有或多或少的依赖。我们吃喝这样的食物，并不是因为我们使用这样的语言，而是我们使用这样的东西。在原始人中，人们对事物的崇拜并不是因为它们因某种错误而获得了神的名

① 参阅 Ernst Faber, *Science of Chinese Religion—A Critique of Max Muller and other Authors*(Shanghai American Presbyterian Mission Press, 1879), pp. 68-70.

② [英]麦克斯·缪勒：《宗教的起源与发展》，金泽译，上海人民出版社，2010年，第9页。

③ 参阅 Ernst Faber, *Science of Chinese Religion—A Critique of Max Muller and other Authors*(Shanghai American Presbyterian Mission Press, 1879), p. 46.

④ [英]麦克斯·缪勒：《宗教学导论》，陈观胜、李培茱译，上海人民出版社，2010年，第10页。

⑤ [英]麦克斯·缪勒：《比较神话学》，金泽译，上海文艺出版社，1989年，第78页。

⑥ [英]麦克斯·缪勒：《宗教学导论》，陈观胜、李培茱译，上海人民出版社，2010年，第64页。

称，而是因为人们认为它们因某种原因适合作为崇拜对象而被命名为神。这与语言中的所有其他称谓是一样的。一匹马不是因为某些人这样称呼它而用于比赛，而是因为它被认为适合比赛而被这样称呼。人类在有"语言"这个词之前的几个世纪都说一种语言，思想也一样。在希伯来语中，没有"良心"这个词，并不能证明希伯来人没有良心。语言只给我们镜子里的生活反射，而不是生活本身。花之安赞同缪勒提到语言的力量，他认为，东西方思想教育、形而上学等对各自国家的思想都产生了很大的影响。当一种思想在另一个国家传播时，语言先征服当地人，即必须让人们的头脑充满新的思想，并在对现有语言的修改使用中找到适当的表达。①

艺术。缪勒认为，埃及、巴比伦、希腊和罗马，"他们的艺术、诗歌和哲学，如果没有宗教是不可能存在的。假如我们不带偏见，不动感情去判断，我们将会惊奇地看到一个新的充满美妙和真理的世界，它像春日的一块蓝天从古代神话的云层后面，展现在我们的眼前"②。英国艺术家约翰·罗斯金（1819—1900）在《线条、光线和色彩：罗斯金论绘画》（*Lectures on Art：Line，Light and Color*）中说："伟大的艺术有三个主要的目的方向：第一，加强人的宗教；第二，完善人的道德状态；第三，为人提供物质服务。"③花之安比较同意第二种说法，艺术家如果没有道德的力量，就不可能有最高程度的艺术。艺术与宗教存在着紧密的关系。比如不同民族各有自己的圣诗，宗教情感可以用诗意的语言、奇特的隐喻等来表达。建筑样式的原始含义有宗教意义，寺庙中一些特殊的装饰物带有象征意义。音乐表达了宗教感情。雕塑是美术的另一个分支，它是由宗教发展起来的。不同宗教的人在雕塑中表达他们对神的看法不同，可以看到古埃及、古亚述、古希腊、古印度、中国等国家的雕塑有很大的不同。在古希腊雕塑中

---

① 参阅 Ernst Faber, *Science of Chinese Religion—A Critique of Max Muller and other Authors*（Shanghai American Presbyterian Mission Press，1879），p. 115.

② ［英］麦克斯·缪勒：《宗教的起源与发展》，金泽译，上海人民出版社，2010年，第99页。

③ John Ruskin, *Lectures on Art*（Dodo Press，2007），p. 21.

可以发现最理想的人类形象，但总是表现出人性的一面，如法律之神朱庇特的威严，农牧之神潘的肉欲，爱神维纳斯的可爱，智慧之密涅瓦的沉着。绘画颜色具有象征意义。某种宗教偏爱哪种颜色，以及颜色的哪些组合等，都与宗教有着密切的关系。所以，艺术是精神美与感官美之间的黄金纽带。①

研究方法。缪勒坚持科学的研究方法，他认为，只有科学才能到达真理。而所谓科学的方法，首先是比较研究，其次是不偏不倚，再是批判精神。一切都得从比较开始。比较可以获得"最广泛的证据"，"人类心智所能把握最广阔的感应"，因而我们这个科学时代的特征就是比较。"所有高深的知识都是通过比较才获得的。"②要比较就要不偏不倚，要有批判的精神，就是"不能人云亦云，或接受未经验证的理论，也要随时检视自己，适时修正自己的错误"③。花之安对此表示赞同，他认为，最好从比较哲学的角度来研究儒学。

花之安指出，要认识儒学，必须将儒学与其他文明进行比较。就如种田一样，其背后的道理是一致的。"如枝叶之生发，譬如播种于田，便可发生禾穗，盖道理由一贯推开，如天之化工，所主者一，成物则有万汇，在上帝所生之理一，由一理而发出万物也，且理有万古不变者，有无时不变、无物不变者，有道之士明其理不变则固执之，如知其宜变则必准理而转移之，斯所行方无窒碍。"④

可以看出，花之安对缪勒的思想进行了修正和补充。但是他的本意不在于推翻缪勒的理论，而是要将其用于对儒学的诠释上。花之安是以西方为标准去衡量儒学的，如上帝论、救赎论、末世论。但是客观上，他对儒

① 参阅 Ernst Faber, *Science of Chinese Religion—A Critique of Max Muller and other Authors*(Shanghai American Presbyterian Mission Press, 1879), p. 94.

② [英]麦克斯·缪勒：《宗教学导论》，陈观胜、李培茱译，上海人民出版社，2010年，第9页。

③ [英]麦克斯·缪勒：《宗教学导论》，陈观胜、李培茱译，上海人民出版社，2010年，第109页。

④ [德]安保罗：《花之安遗篇集录》，上海美华书馆，1909年，第3-4页。

学的诠释和思考，运用了比较哲学的方法，对儒学的发展也起到了推动作用。

二、儒学的宗教性

以花之安对缪勒相关论题的回应观儒学。从夏商周三代传下来的从原始宗教演变而来的宗法性宗教，具体表现为敬天法祖，祭社稷，祭鬼神。它所形成的宗教礼俗是一种重要的精神力量。周公制作礼乐采取神道设教的方式，抛弃了宗教的神性关怀，但也保留了原始的宗教文化。中国传统没有神学的传统，但儒学也包含了一些不应该存在于内的事物。董仲舒说："天意难见也，其道难理。是故明阳阴入出实虚之处，所以观天之志。辨五行之本末顺逆小大广狭，所以观天道也。"（《春秋繁露·如天之为》）。董仲舒将天作为最高的存在与标准，将阴阳五行融入儒学，构造出一个具有神学色彩的儒学体系，后来的谶纬神学的产生，也是其表现之一。儒学中没有神，至于中国上古史产生的神话故事，钱穆先生认为，与其说是神话，不如说是圣话，"故中国古史，尧舜禹汤文武历圣传统之传说，为后代儒家常所称道者，与其谓之是富于神话性，更不如谓其富于圣话性之远为允惬"①。对于儒学与科学，明末清初以来，汉学家的西学东渐，将西方科学书籍译介到国内，晚清的"中学为体，西学为用"，都说明了儒学对科学的吸收性和包容力。儒学与科学的关系虽然是复杂而又多元的，但总的来说，儒学和科学存在着联系和交叉点。至于儒学与法律、道德、文明的关系，儒学从人的道德修养开始，其基本模式是修身、齐家、治国、平天下，是中华文明的核心内容，是治国的普世哲学，在统治形式上则是法律。儒学语言词语的意义，构筑了儒学道德准则的基石，是中华民族的基本美德和价值标准。在儒学与自然、艺术方面，儒学倡导"仁民爱物""民胞物与"，由人类推及自然，这种情感的艺术升华，即是儒学的"诗乐"文

---

① 钱穆：《中国学术思想史论丛》卷 1，安徽教育出版社，2004 年，第 82 页。

化。孔子说："兴于诗，立于礼，成于乐。"(《论语·泰伯》)诗与乐是儒学的艺术情感形式。对儒学的研究也可以采用比较的方法，古今比较，中西比较。最后，儒学中有着宗教学的内容，先秦两汉的儒学中宗教与哲学是混合的，自三国王弼注《易》开始，儒学中的哲学与宗教开始分流，呈对立而又互补的关系。[1] 因此，儒学也有宗教的内容，形式是多种多样的。

第三节　花之安论儒学与儒教

一、明末到清末汉学家儒教之辩

儒学是否为宗教？虽然这是一个近现代的问题，但实际上不管是晚明、清初还是晚清的传教士汉学家都必须回答这一问题。宗教的核心问题是：唯一至上神、灵魂不朽和神的善恶赏罚。利玛窦在回答这些问题时认为，儒学是一种宗教，"儒教是中国所固有的，并且是国内最古老的一种……他们却的确相信有一位神在维护着和管理着世上的一切事物……古代人似乎不大怀疑灵魂不朽，因为人死之后的很长时期，他们还常常谈到死去的人，说他上了天"[2]。"儒教当真是一种宗教吗？既然他们对于应该相信死后的什么，并不作出规定或禁令，既然他们中间许多人在属于自己这个教派的同时也参加其他两个教派，我们已经可以作出结论，那不是一种形式上的宗教，其本身只是一种学术会，由良好治理的国家设立的一种学会。"[3]同时，利玛窦又认为，儒学不是一种真正的宗教，"因为中国的确不存在真正的宗教，他们的那一点点迷信是那样的混乱，连他们的僧侣们

---

① 参阅王葆珑：《儒学中宗教学与哲学的混合与分流》，载闵家胤主编《社会-文化遗传基因(S-cDNA)学说》，漓江出版社，2012年，第218页。
② ［意］利玛窦，［比］金尼阁：《利玛窦中国札记》，何高济、王遵仲、李申译，中华书局，2010年，第100-101页。
③ ［法］裴化行：《利玛窦神父传》(下)，商务印书馆，1993年，第427页。

也无法做出清晰的解释。……那些文人一般都不相信灵魂不死，他们嘲笑其他教派有关魔鬼的说法，他们只感谢天地恩赐，不相信有天堂"①。对于引发争议的儒学的祭祖祭孔是否为偶像崇拜这一问题，"耶稣会士便否认中国礼仪（祭祖祀孔等活动）是一种宗教仪式。他们认为儒学祭祀是世俗性质的人文活动，而不是宗教性的异端活动"②。而因罗马教廷禁止中国教徒参加祭祖祭孔，直接导致了清朝的百年禁教。

到晚清，在儒学是否为宗教或者儒学的宗教性问题上，自由派新教传教士汉学家的认识大体类似。理雅各在《圣人孔子与中国宗教》一文中解释《中庸》的"天命之谓性，率性之谓道"，认为人性是由上帝所赋予。"惟皇上帝，降衷于下民。若有恒性，克绥厥献惟后"（《尚书·汤诰》），他引用成汤的话说明，"政府、人间的教义均来自于上帝，皇与圣人地位平等，都是上帝的牧师，各自有各自的使命来实现他们的责任"③。理雅各的解释体现了以耶释儒的方法，也说明了儒学的宗教性。丁韪良认为儒学既具有宗教性又具有伦理性，人们对儒释道的崇拜只是根据生活的需要。中国人对于三大教各取所需，丁韪良认为儒学既具有宗教性又具有伦理性，人们对儒释道的崇拜只是根据生活的需要。"尽管中华帝国的国教奠基于儒学，却并非儒教。对自然的崇拜加入对天的崇拜，自然崇拜的主要物质形式是土和日月星辰以及山河。加入祖先崇拜的可不仅仅是英雄人物，更扩展到许多道教和佛教的圣人。这就形成了三教合一。在逻辑上这三个教派无法调和，道教是唯物主义的，佛教是唯心主义的，儒教则主要在伦理方面。而中国人就像这个国家一样对三教各取所需，融会贯通。通常他们的生活受到儒学规则的限制，而生病的时候则请道士来驱魔，葬礼上他们又召来

---

① ［意］利玛窦：《利玛窦书信集》，文铮译，商务印书馆，2018 年，第 40 页。

② 李天纲：《中国礼仪之争：历史·文献和意义》，上海古籍出版社，1998 年，第 12 页。

③ James Leege, *Confucius the sage and the religion of china*, *Religious systems of the tuorld: a contribution to the study of comparative religion* (New York: Macmillan press, 1892), p. 70.

和尚念经超度亡魂。"①

很显然，儒教不是西方式的宗教组织，没有僧侣，教条、教会以及各种教会仪式如受洗、出家、受戒等；也没有对唯一神的义务以及权威性的教义如来世观、罪恶观、救赎观等。儒教本质上是以人为本位，而不是以神为本位，缺乏彼岸的观念。但是宗教的形态多种多样，并不一定要采取某种形式。儒教有对崇高境界的追求，体现了深刻的宗教性。上海师范大学哲学系教授李申认为，"宗教最基本的特征只有一个，那就是信仰神祇，并且祈求神祇帮助自己，解决那些自己所无法解决的问题"②。根据这个标准，儒教就是一种宗教，儒教有彼岸世界，如神祇观念、上帝观念、鬼神观念以及各种礼仪和事神原则；儒家有此岸世界，如国家的祀神部门，皇帝及各级官员的祭祀职能以及儒者神道设教；儒教还有对人神关系的论述等。美国汉学家、哲学家安乐哲称儒教为"非神论的宗教性"："古典儒学一方面是非神论的(atheistic)，一方面又具有深刻的宗教性。她是一种没有上帝的宗教，是一种肯定累积性人类经验自身的宗教。"③晚清的新教汉学家大多数认为儒教虽然不是完全意义上的宗教，但是具有一定的宗教性质和特征。

二、花之安论儒教

比照以上的说法，在儒学宗教性问题上，花之安从几个方面进行了说明。

首先，儒学的起源是否具有宗教性。花之安在《儒学汇纂》中说："儒

---

①　[美]丁韪良：《花甲记忆——一位美国传教士眼中的晚清帝国》，沈弘等译，广西师范大学出版社，2004年，第195-196页。

②　李申：《中国儒教论》，河南人民出版社，2005年，第16页。

③　[美]安乐哲：《自我的圆成：中西互镜下的古典儒学与道家》，彭国翔编译，河北人民出版社，2006年，第593页。

教是中国的国教。"①在孔子之前，古圣人体国经野（即治理国家。《周礼·天官》），已开儒教之先河。伏羲、神农、黄帝、颛顼，上古圣王创制经营，事必躬亲，"顺天意治人，知万权皆操于上帝（或称天或称上帝见于经传者可考），成天命以布化，任百官分理其宏猷（如日月星辰山川草木道路桥梁门庭宫室之内各有专官者是），至于改朔立闰，定时为为政之先，献祭书忱，求福冀神灵之式（帝王世纪黄帝祭于洛水等是也），此实开后世儒教之先声也。"②到尧舜禹，商周以前的善政，古圣王上体天心息纷争而明实理，下通民隐勤抚之以裕天机，这些都是儒教之宗主，也就是说儒教之先已经有宗教的影子。

花之安在《从历史角度看中国》中指出，儒教起源上古，但它实际上是对公元前 6 世纪存在的宗教和道德的改革运动，两者之间的关系类似于新教和罗马天主教。孔子不希望引进任何新东西，而希望以一种纯粹的形式恢复旧的东西。他本质上并不反对宗教。儒学典籍证明了儒学应该理解什么。这些书通常被称为中国经典，称为十三经，这十三个经典包含了一个分散的宗教习俗体系，一些理论解释的尝试，但肯定没有教条体系，更没有科学体系。早期有三组神灵，即天、地、人，除此之外，还普遍实行祖先崇拜，各种祭祀，按照严格的仪式，在指定的时间进行，即使是最小的事情，也要咨询神灵的意见。当时的家庭生活和宗教习俗交织在一起，十三经的每部都证明了这一点。儒教发展有三个时期：第一个时期是古典时期，同时也是伦理性和仪式性的；第二个时期是注释性的，当时对神灵的崇拜已经发展为偶像崇拜，仪式中出现了超自然的重要性，二元论和五行论得到发展，更加强调命运，因此占星术和算命术的影响越来越大；第三个时期是形而上学，自然哲学特别兴盛，一切都要追溯到原力和原物。③

①　Ernst Faber, *A Systematical Digest of the Doctrines of Confucius* (Shanghai American Presbyterian Mission Press，1873)，p. 94.

②　[德]安保罗：《花之安遗篇集录》，上海美华书馆，1909 年，第 70 页。

③　参阅 Ernst Faber, *China in the Light of History* (Shanghai American Presbyterian Mission Press，1879)，pp. 34-35.

其次，关于儒学的祭祀问题。苏格兰学者费尔贝恩（1838—1912）说："中国人是一个缺乏宗教信仰的民族。他们是一个有天赋的民族，有创造力，善于模仿，有耐心，勤劳，节俭。他们的文明是古老的，他们的文学能力是可观的，他们的经典得到了一种近乎宗教的崇敬。但是，这个民族的宗教才能或天赋是如此薄弱，很难说他们曾经有过宗教。他们的神灵观念是如此的无形无常，就像人们解释他们的言论一样，可以说他们是有神论者或无神论者。他们崇尚典型的人性，不是崇尚未来的无尽承诺和希望，而是崇尚过去完成的人物和成就。他们的虔诚是孝道；他们崇拜祖先。中国确实有三种宗教，但先帝给他的人民的忠告是，不要与任何一种宗教有任何关系，其中两种宗教在中国以外的任何国家都很难被归类为宗教，而第三种宗教是从印度传入的，并且由于变化而变得如此堕落，以至于文明中国人的佛教在鞑靼人和西藏人的佛教之下。"①花之安对此反驳，他认为，中国人是世界上最具宗教感的民族，只是找不到任何类似于在耶教国家所习惯的宗教的症状。以保罗站在亚略巴古当中说的话为例："众位雅典人哪，我看你们凡事很敬畏鬼神。"相对而言，中国的寺庙和祭坛、偶像和宗教活动比其他几乎所有国家都要多。整个公共和私人生活都被宗教信仰所浸润，朝廷的每一个重要行动，以及私人生活中的每一个动作，几乎都是由不同的宗教仪式所推动的。②

至于祭孔祭祖是否是偶像崇拜和伪宗教的问题。有关孔子崇拜，花之安认为，中国人崇拜孔子，并不是把他当神，而是把孔子作为学问和道德的模范。"孔子并没有被当作神来崇拜，没有人向他祈祷，也没有人在任何场合祈求他的帮助或干预。对敢于这样做的人，甚至要给予法律制裁。在任何庙宇中，无论是佛教还是道教，并没有孔子的形象，即使在孔庙中，也只设立了供奉的牌位。祭祀孔子的仪式，与皇家的庙宇中的仪式相

---

① A. M. Fairbairn, *Studies in the Philosophy of Religion and History* (Strahan & Co., 1876), p. 310.

② 参阅 Ernst Faber, *Science of Chinese Religion—A Critique of Max Muller and other Authors* (Shanghai American Presbyterian Mission Press, 1879), p. Vii.

同。中国人对圣人的崇拜不是作为王者，而是作为伟大的老师和榜样。对孔子的崇敬是最高的，因为他首先使学问成为可能，教给人们美德之道，并确定了社会和政治秩序的规律。所以，中国人说：仲尼，日月也，无得而逾焉。"①特别是孔庙，孔庙是不是偶像崇拜的场所？二者还是有着区别。在偶像崇拜的庙宇中，人们追求的是自己肉体愿望的实现。在孔庙中，道德模范有161位，孔子是最完美的一位，也就是中国人所称的"圣人"。这个词不仅意味着智力上的卓越，而且意味着一种没有任何过错或缺陷的优越品格。孔子更多的是作为一种道德榜样，道德与宗教一样，都是使人向上迁善。宗教在社会所承担的任务，在中国更多的是被道德所代替，如新儒学早期代表人物梁漱溟先生所说的"一、安排伦理名分以组织社会；二、设为礼乐揖让以涵养理性"②就是以道德代替宗教。这是儒教世俗性的一面。而祖先崇拜，花之安认为中国人对祖先的崇拜，"主要是基于迷信的恐惧和自私的考虑，把只有上帝才有的品质，即赐予祝福和灾难的力量，以及听取和回答祈祷的能力，归于罪恶的人。由于对祖先的崇拜不考虑他们在生活中的性格好坏"③。

再次，关于儒学的价值取向——成圣。花之安说："凡是将人类灵魂的这种反常行为神化，就有了虚假的宗教。真正的宗教教导应该使人的心和身体成圣，使它们成为至圣的神的居所。虚假的宗教让不良的欲望得到满足，把人心的自然趋向神化，制造了偶像。真正的宗教揭示了理想，即人的典型本性，他是最完美的存在的形象。虚假宗教使人陷入腐败之中，使他更加沉沦；真正的宗教会使人实现自己的理想。"④儒学的目标是成圣，以这个标准来看，儒学具有宗教性。

---

① Ernst Faber, *The Famous men of China* (Shanghai: Society for the Diffusion of Christian and General Knowledge Among the Chinese, 1889), p. 5.

② 梁漱溟:《中国文化要义》，上海人民出版社，2011年，第98页。

③ Ernst Faber, *Chronological Handbook of the History of China* (The American presbyterian Mission Press, 1902), p. vi.

④ Ernst Faber, *Science of Chinese Religion—A Critique of Max Muller and other Authors* (Shanghai American Presbyterian Mission Press, 1879), p. 140.

最后，关于儒学世俗性的一面。花之安认为孔子学说是关于伦理或人类的学说。孔子是中国历史上中最伟大的人物，但是，在历史上的孔子和裹挟在祭祀香火中的孔子之间，在他的学说和后世的解释之间，有一条鲜明的分界线。所以，要研究孔子的价值，要研究他所处时代的历史。孔子是一个道德哲学家，更多的是一个政治家，他的伦理学的目的就是政体。孔子被誉为中国思想发展的顶峰，一是伦理，二是政治，三是文学。孔子的学说是伦理人类学说，孔子总体上说是一个人本主义者，但是他的思想和学说并不高于现世的生活。儒学思想源于人类的崇高理想，它努力使之在私人生活、家庭和国家中成为最高的理想。儒学的道德和政治是由意志而非环境的力量来控制的。这个意志不是一个人自己的意志或自由，而是天的意志，因此是服从，如父子、长幼、君臣。在儒学中，宗教、伦理和政治就像在道教中一样，紧密地交织在一起。①

从利玛窦走到了"承认显然是世俗的儒教具备宗教重要性的地步"②，到17、18世纪罗马教廷从与西方宗教的角度来否定儒学的宗教性，而产生了"礼仪之争"的问题，再到晚清的花之安认为儒学有宗教性的特征，在超越的、终极的宗教性存在方面与耶教并无太大差别，但是又存在一些非宗教的因素。新儒学代表人物之一的牟宗三先生在《作为宗教的儒教》的讲演中认为，儒学作为一种宗教，"耶教只集中在耶稣一身，即只通过耶稣一项目，而中国则有三项目使天道成为宗教的。儒家以此三者，成为一个丰富的体系。下开地德，即在开出人文世界。祭祖与圣贤人格是人文中事，不是崇拜偶像。我们祭祖是将民族生命与宇宙生命合一，而祭圣贤，则表示民族生命与宇宙生命一是皆为精神生命，此即是上通天道之媒介，此是以一系统来证实天道为宗教的"③。所以，花之安眼中的儒学是世俗性与宗

---

① 参阅 Ernst Faber, *China in the Light of History* (Shanghai American Presbyterian Mission Press, 1897), p. 35.

② [意]利玛窦，[比]金尼阁：《利玛窦中国札记》，何高济、王遵仲、李申译，中华书局，2010年，第688页。

③ 牟宗三：《人文讲习录》，吉林出版集团，2010年，第3页。

教性的综合。

从另一方面来看，儒学具有宗教性，那么为什么儒学没有取代其他宗教的功用？秦家懿和孔汉思认为，儒学是一种哲人宗教。"远东的第三大宗教河系应当和上述两大宗教分清。这个宗教河系源出中国，其中心形象既不是先知也不是神秘主义者，而是圣贤；这是一个哲人宗教。"[1]显然在强调儒学的精神性品格。辜鸿铭认为，儒教在古代儒士那里是一种宗教，是一种有理性的人的宗教，"所有有理性的人对此达成默契、决不谈论的宗教"[2]。"中国人之所以没有对于宗教的需要，是因为他们拥有一套儒家的哲学和伦理系统，是这种人类社会与文明的综合体儒学取代了宗教。人们说儒学不是宗教，的确，儒学不是欧洲人通常所指的那种宗教。但是，儒学的伟大之处也就在于此。儒学不是宗教却能取代宗教，使人们不再需要宗教。"[3]儒学并不是狭义的欧洲那样的宗教，但同时又具有欧洲宗教同样的社会功能，与耶教、佛教没有区别，可以视为广义的宗教。所以，花之安认为儒学具有宗教性和世俗性是有积极意义的。

当然，正如钱穆先生在《中国文化史导论》里指出，中国的传统问题，到先秦时期，其实，已经超越了宗教的需要。人生理想，已不赖宗教信仰而完成。但是，到东汉中叶以后，便禁不住社会上对一般宗教要求之复活。最重要原因在于，儒家思想作为社会人生中心的功效渐次退却。特点就是东汉王室衰微与士族门第的兴起。儒家思想作为一种现实人生的新宗教，本可以代替宗教功用，而且已具有宗教教义中最重要最普遍的"慈悲性"与"平等性"，同时具有宗教救世救人的能力与志向。但是儒教与宗教不同处在于："一则：宗教理论建立在外面'上帝'与'神'之信仰，而儒家

---

① ［加］秦家懿，［瑞士］孔汉思：《中国宗教与基督教》，吴华译，生活·读书·新知三联书店，1997年，第3页。

② 辜鸿铭：《中国人的精神》，李晨曦译，生活·读书·新知三联书店，2010年，第43页。

③ 辜鸿铭：《中国人的精神》，李晨曦译，生活·读书·新知三联书店，2010年，第34-38页。

在信仰'自心'。二则：宗教希望寄托与'来世'与'天国'，而儒家则希望'现世'，即在现世寄托理想。秦汉时代遵守儒家理想的指示，大家努力向天下太平世界大同的境界而趋赴。他们只着眼于现实人生之可有理想，这一理想之实现已足以安慰人心的要求。因此，不再有祈求未来世界与天上王国之必要。但一旦王室腐化，士族兴起，'此种现实可有的人生理想境界逐渐消失，人心无寄托，无安慰。自然要转移到未来世界与天上王国去'。"[1]这也是古代中国人除了儒学之外还需要宗教的一个最大理由。

◎ **本章小结**：本章论述了花之安对儒学深层性问题的看法。这是本书的基础性问题。花之安对缪勒的宗教学既有继承也有批判，有破有立，并不是要树立一个新的理论，而是对缪勒的理论予以修正。花之安认为儒学是宗教性与世俗性的结合。

---

① 钱穆：《中国文化史导论》，商务印书馆，2003 年，第 138-139 页。

第二章　花之安儒学诠释的建构

从西方诠释学的产生、发展来看，诠释学一直是与释经学紧密联系的。西方诠释学传统主要是在《圣经》诠释历史中奠定的。而从儒学传统的经、传、注、疏、解来看，中国传统的解经学也是诠释学。施莱尔马赫将诠释学方法论规则分为语义学和心理学，以此来理解花之安中西互释的基本取向，从语义学上看是比较，从心理学上看是辩证。施莱尔马赫认为诠释学有三个兴趣，历史兴趣、艺术兴趣和思辨兴趣，以此来看花之安儒学诠释的内涵，也包括三个方面：本土化、中西互释和诠释循环。花之安的中西互释，通过中西文化之间的批判、溯源、引申、辩论，体现了文本诠释的辩证过程，是认识论与辩证法的结合。从明末到晚清，传教士汉学家眼中的儒学形象变化，以及晚清戴德生与李提摩太路线之争，这都体现了诠释学的他者理论、诠释循环理论和视域融合理论。

第一节　西方诠释学的发展

一、诠释学与释经学

诠释学（hermeneutics）一词来源于希腊神话中的信使赫尔墨斯（Hermes），意为"解释"。赫尔墨斯的任务是向人们传达诸神的指示和信息。但是诸神和人类的语言是不相通的，因此赫尔墨斯不是简单地传递信息，而是需要"解释"和"翻译"。"解释"就是把诸神的语言转换成人类的语言，"翻译"就是对诸神旨意不明的词语进行诠释，转换成人类熟悉的词语。这是诠释学最早的定义。这似乎暗示了诠释学与"神性词语"之间的特殊关系。神学诠释学则起源于犹太教的《圣经》解经学，与早期耶教的神学诠释学有着相同的观点。《圣经》被认为是神圣的文本，诠释者的任务就是阐明《圣经》中上帝对人类的旨意。因此，术语"诠释学"内在地预设了一个神学的维度。但是，从这个角度去理解"诠释"，会遇到一个基本的困境。一方面，神圣话语中的奥秘需要被解释。另一方面，解释必然包含"误读"。事实上，现在面对的诠释学的潜在问题，已经在古代神话和神学话语语境中表现出来了。可以通过许多权宜之计来解释人的语言，但是如何解释神的语言则需要更多的方法。诠释学正是在神学维度上的解释方法。

诠释学最初就是存在于释经学的范围内，这门学科以理解《圣经》为目标，一切从《圣经》文本基础上出发，在文本想要言说的意图上去理解《圣经》，这个过程经历了漫长的时代，一直到近代，随着哲学思考的介入，这门学科才从神学中独立出来。到18世纪末、19世纪产生一般诠释学。

中世纪诠释学以文艺复兴和宗教改革为分界线，之前的为中世纪耶教释经学，主流是奥古斯丁（354—430）和托马斯·阿奎那（1225—1274）。奥古斯丁的《论基督教教义》确定了如何研读《圣经》，把书分成两个部分，一部分讲如何发现《圣经》的真实意思，另一部分讲如何表达这种意思。奥古斯丁认为，既要关注《圣经》中的事件，也要关注《圣经》中出现的符号，要通过比较《圣经》各种版本，分析上下文语境来消除差错。在解释比喻性的用语时，既需要了解事物，也需要理解语词。对《圣经》进行诠释的目标和宗旨，"应引向对邻舍、对神的爱，并且要能够与信仰规则相符合，意即，诠释学具有道德的以及教义的功用"①。

奥古斯丁的诠释学思想也影响着阿奎那的诠释学思想。阿奎那的《神学大全》是耶教自中世纪以来最重要的著作之一，对上帝、精神、灵魂、

---

① 陈俊伟：《基督教研究方法论》，宗教文化出版社，2014年，第205页。

伦理、道德、法律和国家等内容进行了全面的诠释。阿奎那以理论分类、分析、辨别、引证、反驳、综合和解答的方式，条理清晰、连续地展开了思想论证，并且提出了解经的四重法，即，字义、寓言、道德、奥秘。"字面义教人以事实，寓言义教人以信仰，道德义教人以如何去做，奥秘义教人以我们将去向何方。"①这也是中世纪最为流行的寓意解经说。

中世纪诠释学主要是《圣经》释经学，这并不意味着解释《圣经》的狭隘化，而是指中世纪的整个文化，包括"上帝的世界"和"世俗的世界"都是在《圣经》解释的范围内，《圣经》的解释是中世纪人文知识的标准，不管是宗教知识还是世俗知识，都能从《圣经》中找到启示，《圣经》类似于百科全书。文字意义和精神意义在这个阶段并没有产生太多冲突，因为这一阶段《圣经》的解释的最高权威在教会。教会自称为上帝在世俗世界的代言人，在解释《圣经》上严格遵循教会的传统。因此，这一阶段，对耶教教义的解读呈现出明显的独断性。

16 世纪的宗教改革使这种《圣经》诠释发生了明显的变化。为了反对教会的独断论，马丁·路德（1483—1546）提出了"圣经自解"原则和强调"以经解经"，经文本身包含一种内在的融贯性和连续性，诠释者应依据《圣经》自身的文字的意义来解释经文，而不必依赖教会所强加的解释，这突破了中世纪的四重解经法的限制。"圣经自解"原则为新教的教义"因信称义"奠定了基础，既然《圣经》自己能解释自己，教会对《圣经》的解释就不再是人们理解《圣经》的指南，人要获得上帝的拯救，不在于遵守教会的教条，而在于内心的信仰。

荷兰哲学家斯宾诺莎（1632—1677）在《神学政治论》里提出了科学解释《圣经》的方法，用历史的方法和与语文学的知识解释《圣经》中不易被理解的文本。文本不仅要遵从语法的原则，还要遵从历史的原则，这为诠释学从局部诠释学向一般诠释学铺平了道路。

从启蒙运动到浪漫主义时期，随着古希腊精神及其生命力在浪漫主义

---

① 陆扬：《文艺复兴诗学》，上海交通大学出版社，2012 年，第 14 页。

时期再度获得重视，诠释学关注的焦点逐渐转移到语文学上。德国哲学家弗里德里希·阿斯特(1776—1841)提出了古典作品诠释的三个层面：1. 历史的理解，对作品内容的理解；2. 语法的理解，对作品语言的理解；3. 精神的理解，对作者个殊精神及时代普遍精神的理解，是对个别作者和古代整个精神(生命)的理解。① 对文本各个部分的理解，依赖于对文本的整体领悟，而对文本的整体领悟，又必须通过对文本的各个部分的理解而形成。理解过程就是在整体与部分的循环往复中完成的。阿斯特第一次明确提出"诠释学循环"的概念。文字、意义、精神是诠释学的三要素。精神是根源性的，它决定了历史和文字。在解释一部作品的时候，整体观念并不是通过部分而产生的，而是在一个人的内心中被唤醒的，即精神的作用，是随着领悟一个个到来，对个别解释的愈加深入而更清晰的领悟观念。这样才完成了理解和解释。可以看出，诠释的循环是一个向起点回复的过程，这个过程是个圆。当然这个循环只是文本之内的循环，属于语义学的解释。

施莱尔马赫(1768—1834)重新塑造了诠释学的神学维度，使其成为一个更具有一般意义的诠释学理论。他提出了一套系统性的一般诠释学，并视之为一门旨在重建作者创作思想的技艺。因此，诠释学被重新定义为"理解的艺术"。施莱尔马赫作为一位神学家在注解《圣经》时发现，《圣经》是由许多不同时代，不同的作者，单独完成的文本和合而成，仅按照语义学原则来解释，得出的理解常常会自相矛盾，这背离了《圣经》的神圣性和一致性。因此，必须考察不同文本、作者、解释者的历史语境。诠释学不应从古代的耶教文本内容出发，而应从目前接近文本的特殊方式出发，诠释学的任务不再是使人接近上帝的真理，而应当发展有助避免误解文本、他人讲话、历史事件的技术或方法。"理解过程"必然涉及两个基本的解释问题：第一，意义的开放性；第二，诠释的循环性。对于意义的开

---

① 参阅洪汉鼎：《诠释学转向：哲学诠释学导论》，商务印书馆，2010 年，第531 页。

放性,施莱尔马赫认为,解释的实质,在于一种历史与直觉、客观与主观的重构。这种"重构"只能是无限趋近、但不可能最终获得被解释的对象;而"意义"仅仅是被理解的意义。所谓诠释的循环,即诠释者必须分析文献的结构,从整体理解局部、从局部理解整体。① 不仅是神圣的文本需要被解释,所有需要解释的对象,甚至是解释的行为本身,都不可避免地包含一系列的解释和误读。为达此重建目的,他主张同时施行语义学诠释及心理学诠释。前者是对文本外在客观语言使用的分析,后者则是对作者内在主观思想体验的预知。不论是哪一种方法,都须按照诠释学循环的原则进行,也就是:部分之意义须由整体来决定,而整体之意义亦须由部分所构成。这个整体与部分的循环要求读者必须基于文本的整体脉络融贯性来理解其中的意义。由于施莱尔马赫认为诠释的目标是去理解文本背后的思想,这使得其后来更加强调心理学诠释的方法。施莱尔马赫对现代西方耶教思想产生了重大的影响,被称为"近代诠释学之父",他的诠释学理论并不局限于诠释学,而是广泛适用于人类的普遍解释。施莱尔马赫的"诠释学循环"已从只存在于文本整体与局部的循环,扩展到文本语言与心理之间。

二、普遍诠释学

19世纪是诠释学从一般诠释学向普遍诠释学发展的时期,产生了新的趋势:(1)探究经典文献或文本的语言,对其语词的意义和语法进行语义学和语法学解释,由此产生了语文学;(2)对《圣经》经文进行释义,从而产生注释学。

这一时期的诠释学主要分为两种,一种是方法论的诠释学,代表人物有狄尔泰等;一种是本体论的诠释学,代表人物有海德格尔、布尔特曼、

---

① 参阅[德]施莱尔马赫:《诠释学讲演》,载洪汉鼎编《理解与解释——诠释学经典文选》,东方出版社,2006年,第56页。

伽达默尔、哈贝马斯、利科尔等。德国哲学家狄尔泰（1833—1911）从时间上虽然属于19世纪，但是他的影响主要产生于20世纪，狄尔泰进一步丰富和发展诠释的循环，使之成为一种普遍的精神科学方法论。狄尔泰在《精神科学引论》中认为，哲学研究的对象既不应该是单纯的物质，也不应该是单纯的精神，而是物质与精神紧密结合的产物，这种产物即是人们常说的生命。生命才是哲学研究的对象。狄尔泰把生命解释为某种神秘的心理体验。生命是万物之源，精神活动的主宰，处于永恒的流变之中，人们只能通过内在的体验和直觉去理解。人对生命的内在体验是以文学、艺术、宗教等外在形式表达出来的，形成了精神科学的诸领域。① 狄尔泰强调人的直觉和心理因素理解是一个心理重构，诠释者必须体验和理解作者创作时的心理才能获取作者的原意。② 但如果用诠释的循环来解释这种力量，则遇到了障碍。因为，一方面个别的理解是在整体中进行，另一方面个别在对整体的理解中获得意义的却又是在对个别的理解的基础上进行的。这成为古典诠释学在形式上无法克服的二元悖论。狄尔泰将诠释学从诠释历史文本，发展到研究人文学科的哲学方法论，使诠释学出现了根本性的转折。这是对施莱尔马赫提出的"诠释学循环"的进一步发展，简言之，诠释活动中对文本的理解是与诠释者的经验联系在一起的，即解释者总是根据他自己的经验来理解或阐释对象的，这就形成了在理解与经验之间的循环。这对后世的生命哲学和诠释学等产生了重大的影响。

狄尔泰之前的诠释学被称为古典诠释学，海德格尔（1889—1976）之后的诠释学为哲学诠释学，海德格尔使诠释学发生了根本的转向。海德格尔认为"循环是圆的标志，它总是回复到自身，也这样总是抵达不断重现的

---

　　① 参阅［德］狄尔泰：《精神科学引论》，艾彦译，译林出版社，2012年，第75-76页。

　　② 参阅［德］狄尔泰：《历史理性批判手稿》，陈锋译，上海译文出版社，2012年，第31页。

同一者"①。19世纪的诠释学的循环，总是在整体到局部，局部到整体之间往复。海德格尔提出了一切的理解均会受到其理解前结构所引导，包括前有、前视、前概念三个环节。解释只是将本已隐含理解的东西阐发出来，导致理解与解释其实是处于一种循环关系中，这种关系称为诠释学循环，诠释学循环会永远存在理解的过程中。

海德格尔虽然没有直接诠释《圣经》，但是海德格尔为他的同事布尔特曼（1884—1976）的存在主义奠定了理论框架。布尔特曼以存在主义来解释《圣经》，认为要以现代世界观作为解释《圣经》和上帝预言的准绳，去除《圣经》的神话化，《圣经》就是一部文艺作品，"人们一旦把整个《圣经》当作《伊里亚德》或苏格拉底前的哲学看待，文字就解除了神圣性，人们使《圣经》显得像人类的话语一样"②。

现代诠释学最重要的创始人之一伽达默尔（1900—2002）继承和发展了海德格尔的存在主义，并且融合了柏拉图的对话理论、黑格尔的绝对观念辩证法，使哲学诠释学成为一个独立的学术流派。伽达默尔诠释学主要内容表现在四个方面，"诠释学循环""经验和历史""我-你关系""对话和语言"四个层次。伽达默尔的诠释学既是诠释学也是辩证法。传统诠释学循环是部分与整体之间的诠释循环，而伽达默尔则是"前见"与理解之间的循环关系，具有本体的意义。"前见"也就是先入之见。

伽达默尔在《真理与方法》中认为，诠释学就是理解他者的学问。传统诠释学认为要从过去的文本中理解作者的主张，伽达默尔认为，这样毫无意义，关键在于，现在的我。即诠释者和过去的文本，即被诠释者之间的对话，过去的文本因现在的我而苏醒。为了"对话"作为前提而存在的成见叫作视域。一般认为，应该舍弃成见，伽达默尔认为，没有成见就无法进行真正的对话，理解与自己的环境和文化上截然不同的他者的视域，即成

---

① ［德］海德格尔：《人，诗意地栖居》，郜元宝译，广西师范大学出版社，2000年，第208页。

② ［德］布尔特曼：《生存神学与末世论》，李哲汇、朱雁冰译，生活·读书·新知三联书店，1995年，第110页。

见，才是真正的对话。如果由真正的对话理解他者的视域，就会产生视域的融合，扩展自己的视域。如果视域没有扩展，那么产生的只是偏见。①

自我与他者是共同存在于世界中的，并且自我是不断地与历史性的他者进行着"我-你"关系对话的过程。自我与他者的关系本质上是一种人与人之间的或"我-你"的对话关系，也就是说，他者并非"我"的认识的对象、占有的对象，而是不可被"我"认识或同化的外在于"我"的伦理对象。"我"只能通过与之进行的伦理性的对话来理解他者，并扩大双方的共同视域。另一方面，"我"和他者之间是具有完全不同的诠释学处境或视域，即具有不可完全克服的历史距离或时间距离，因此"我"与他者只能通过"我-你"的对话来扩大双方的共同视域，或使双方的视域融合。但双方视域融合并不是将对方同化到"我"之中来，也不是使自我依附于他者，而要扩大双方的共同视域。因此，"我"与"你"既具有同一性，也具有差异性。"我"与"你"之间的对话关系，就建立在同一性和差异性的统一基础之上。对话要解决一个悖论就是，如果双方观点完全相同，就不需要相互理解；如果双方观点相异，就不能相互理解，这需要双方作出妥协，就像买卖双方讨价还价。而在诠释学和辩证法中，引入了一个中介。思想的中介是语言，但是内在的思想并非直接对应外在的语言，在转换过程中可能被异化。因此，这个中介是语境(空间)和历史(时间)所构成的文本，如对古代文献的释义，既不是简单复原古人的原意，也不仅仅是古为今用的借题发挥，而是从历史的角度综合二者的意义解释，这就是伽达默尔所谓的"视域融合"。理解总是发生在具体行为中，总是需要以对话的方式进行，总是需要使用语言。"因为语言乃是会话。我们必须寻找话语，而且也能找到话语以达到他人，我们甚至能够学习陌生的、其他人的语言。我们能够转入他人的语言中，从而达到对他人的理解。所有这一切，都是语言本身

① 参阅[德]伽达默尔：《真理与方法——诠释学》，洪汉鼎译，商务印书馆，2010年，第40页。

能够做到的。"①对话就是辩证法,"不仅要严肃地和盘托出自己的真理要求,而且要虚心听取他者的真理要求。而且各自一面在提出问题与做出回答的同时,一面建立双方对于事项的一致看法或者试图形成共通的含义"②。伽达默尔强调对话和理解,视同一性为前提,差异是同一基础上的差异。差异在对文本、意义、历史的看法中得以具体体现。

现代诠释学重点的转变反映了更广泛的学术和哲学趋势。历史批判、存在主义和结构解释在 20 世纪和 21 世纪占据了重要地位。这些理论中,如存在主义和新正统主义、现象学、解构主义、哲学诠释学等。

从哲学上看,诠释学的任务在于探究,是一种被历史变化推动向前的理解活动的科学。根据美国诠释学家理查德·E. 帕尔默的看法,西方诠释学的发展经历了六个阶段:(1)作为《圣经》注释的方法;(2)作为一般文献学方法论;(3)作为语言理解科学的一般诠释学;(4)作为人文科学的方法论;(5)作为存在理解和"此在"的现象学;(6)作为既破坏偶像又恢复意义的诠释系统。③ 另外,还经历了两次变革,法国哲学家保罗·利科称之为"从局部诠释学到一般诠释学"和"从认识论到本体论"的转变。本书主要以诠释学传统,特别是伽达默尔的诠释学的四个层次来论证花之安的儒学诠释思想,通过比较、归纳与分析,论证两种思想的融合,以及对当今文明对话的启示。

第二节 花之安儒学诠释的二重维度

本书归纳了花之安儒学诠释所秉持的方法取向,探究了中西互释的本

---

① [德]伽达默尔,[法]德里达:《德法之争:伽达默尔与德里达的对话》,商务印书馆,2015 年,第 109 页。

② [日]丸山高司:《伽达默尔:视野融合》,刁榴、孙彬等译,河北教育出版社,1990 年,第 103 页。

③ 参阅[美]理查德·E. 帕尔默:《诠释学》,商务印书馆,2012 年,第 33 页。

质和内涵，二者构成了花之安儒学诠释的二重维度。

一、花之安儒学诠释的取向

如前所述，施莱尔马赫将诠释学方法论规则分为两个部分：语义学和心理学。语义学按语法规则来确定作品语言的字面意义和语义变化，侧重于比较式，通过语言找出可供比较的关系；心理学也就是心理的转换和心灵的领会，侧重于预言式，强调通过心灵的直观体验来重建作者的主观意图。在方法论上，语义学，实际上是一个再建构的过程，不仅对文本，而且对文本作者的生命历程和文化历史背景进行重建。这两种方法并不是相互对立的，而是相互渗透，相互补充。在比较中，预言能够弥补"文本"信息不足，和转化原有意义，开启新的意义，比较是预言；在预言中，将文本置于历史关联中进行比较，考证"文本"历史文献和作者生平，比较相同时代的共性和不同时代的差异，因此预言也是比较。施莱尔马赫诠释学的方法是一种辩证的理解，蕴含了一种主观客观的辩证法，所以，施莱尔马赫规定了一般诠释学的理解任务：主观地重建客观过程。一般诠释学的基本取向就是强调理解活动中的各种联系和互动，从历史和具体情景把握文本与理解者的关联。本书用诠释学的基本取向来理解花之安的中西互释。

花之安是否受到过其他汉学家的影响？1874 年在林乐知主编的《教会新报》①发表了花之安的《德国学校论略》部分内容，1876 年《教会新报》为花之安《教化议》一书发表了序言。1876 年，由林乐知主编的《万国公报》为花之安的《马可讲义》作《谨跋花之安先生马可讲义、序广东花之安先生马可讲义一书》，1879 年至 1883 年，《万国公报》连载花之安的著作《自西徂东》，1877 年花之安短暂回国，《万国公报》发表《送花之安牧师归国序》，1881 年《万国公报》刊载《难事：正名告白：花之安名字……》对福柏的中文名即花之安进行了解释。1877 年 5 月 11 日，在上海召开第一

---

①　《教会新报》1874 年从第 301 期开始改名为《万国公报》。

届在华传教士大会，大会决定成立耶教学校教科书委员会，1890 年第二次在华传教士大会，花之安是大会筹备委员会主要成员之一，大会将教科书委员会扩大为"中华教育会"，花之安任副会长。1894 年，由同文书会改称的广学会成立其宗旨为"广西国之学位中国"，英国汉学家韦廉臣、李提摩太先后任总干事，主要会员有慕维康、艾约瑟，林乐知、丁韪良、李佳白，花之安等。另外，花之安的《儒学汇纂》中引用的儒学经典来自理雅各的翻译。很难说，花之安和其他传教士是谁影响谁，还是相互影响。汉学家采用中国名字，表达了对中国文化的认同。传教士汉学家之间相互认同，才能有相互影响的可能。根据诠释学的观点，"每一团体都生存于相互认同之中"①。"任何个体性都不能以其自身的身份认同为代价——因为其身份认同乃是其合理性的明确规定的基础。"②花之安或多或少会受到其他汉学家的影响。

1872 年，花之安的第一部著作《儒学汇纂》(*Lehrbegriff des Confucius*) 德文版在香港出版，1875 年，英文版"*A Systematical Digest of the Doctrines of Confucius*"出版。该书分为三个部分，第一部分是对儒学教义的诠释，中间间或穿插与耶教的异同；第二部分为儒学思想的缺陷和错误；第三部分儒学学说的命题与耶教的命题相比较。第一部分，花之安介绍了从春秋战国到清朝儒学的权威人物和著作，花之安在最后说："《四库全书》(120 卷)已经提到了几部源于耶教的作品，《康熙字典》(道光新版)解释了许多耶教用语。甚至耶稣的名称引用的解释'西国言救世主'在禾部可以查到。"③在书中，花之安对儒学的教义如性、圣、人、命、天、鬼神、上帝；君子之道：格物、知致、诚意、正心、修身、齐家、治国、平天下以及君子、道

---

① ［德］伽达默尔：《真理与方法·诠释学Ⅱ》，洪汉鼎译，商务印书馆，2007 年，第 318 页。

② ［德］伽达默尔［法］德里达：《德法之争：伽达默尔与德里达的对话》，商务印书馆，2015 年，第 191 页。

③ Ernst Faber, *A Systematical Digest of the Doctrines of Confucius* (Shanghai American Presbyterian Mission Press, 1873), p. 23.

进行了解释。比如在解释平天下的意思时，"尧曰：'咨！尔舜！天之历数在尔躬。允执其中。四海困穷，天禄永终。'""予小子履，敢用玄牡，敢昭告于皇皇后帝：有罪不敢赦。帝臣不蔽，简在帝心。朕躬有罪，无以万方；万方有罪，罪在朕躬。"（《论语·尧曰》）。花之安进行诠释："这里我们有一些高于孔子的东西，可以被认为是一个有神论君主的理想。其中有三个要点特别突出：（1）仰赖高高在上的君主-上帝的承认；（2）按照上帝的旨意选拔官员，即实现上帝对人的要求，而不仅仅是物质技术方面的要求；（3）罪的最诚挚的概念：君主代表人民，如果罪太大了，人民无法原谅。"①

以施莱尔马赫的诠释学方法论来看，花之安儒学诠释的取向之一是从语义方面来说，即辩证的比较，同时也是对儒学文本的重建过程。花之安在著述中对儒学教义进行了探讨：

人的本质	人不是从宗教的，不是从神秘主义的，也不是从唯物主义的，而是从人性道德的角度考虑的，即人作为人与他人的关系
人的起源	不包含任何关于人的起源的问题。它以自然的姿态出现，并以天地同体的最高境界出现
圣人	理想和实现理想的力量只存在于人自己。从本质上和道德完善上讲，圣人是人的理想
罪	罪是人类过度的欲望和努力，只要回到正确的道路上，罪就会停止
自由	人是自由的，命运只是给人以束缚，打破这种束缚是无用的，甚至是有害的
美德	所有的美德都与人性直接相关，仁是最卓越的美德

① Ernst Faber, *A Systematical Digest of the Doctrines of Confucius* (Shanghai American Presbyterian Mission Press, 1873), p. 65.

人与人的关系	所有的公德都是以私德为前提的，所以后者必须是君子的主要目标，但不是作为隐士，而是作为孩子、兄弟、朋友和臣民
成圣	通往完美之路的步骤是：完善的知识，真正的头脑，正确的情感，个人的文化，进而对家庭，国家和一般事物产生影响
人的价值	国家是人性的充分发展。在一切事物的相互作用中，个人的特殊价值就显露出来了
国家	国家的任务是对人民的身体负责和道德教育，最高的荣耀是和平，而不是战争和无政府状态

任何一个外地宗教进入儒学文化占主导地位的中国，必定要面对如何与儒学文化协调的问题。儒学文化具有强大的包容性，儒释道三教并存，而且在明末兴起"三教合一"的风潮，但是，中西方文化毕竟在最高范畴和终极实在存在巨大分歧。比如利玛窦认为只有天主教才是唯一真全，而儒释道三教是"伪教"，"使一人习一伪教，其误已甚也，况兼三教之伪乎？苟惟一真全，其二伪缺，则惟宜徙其一真，其伪者何用乎？"①利玛窦的最终目的是要证明"惟天主一教是从。"②花之安与利玛窦的传教殊途同归。虽然，利玛窦和花之安都认为儒学有很多缺陷，但是自明末清初到清末民初，儒学的衰弱，花之安对儒学的视角，比利玛窦更有俯视的意味，认为耶教要优于儒教。

但是花之安认为，儒学虽然有宗教的成分，但是观念错误，而且包含很多迷信，必须对它进行重建。儒教是中国社会的行为标准，中国人习惯认为不符合儒学行为标准是错误的，"中国的经典中包含了良好的道德准则，也包含了一些真实的自然宗教观念，然而这些宗教观念中掺杂了太多

① ［意］利玛窦：《天主实义》，载朱维铮主编：《利玛窦中文著译集》，复旦大学出版社，2001年，第85页。

② ［意］利玛窦：《天主实义》，载朱维铮主编：《利玛窦中文著译集》，复旦大学出版社，2001年，第16页。

的错误，迷信现象十分突出，其中所包含的一点真正的宗教观念从来就没有成为一种活的力量，而只是一纸空文而已。然而，我们的诉求必须是中国人的良心，而中国人的良心在经典中有最好的表现，即在经典中找到中国人良心所承认的真理。无论我们是否发现经典的错误，对一个中国人来说都是无足轻重的，他将认为不符合正确标准的东西是错误的"①。

花之安在其第一部著作《儒学汇纂》（德文版）里就初步形成了比较，"较而察之，孰是孰非，了如指掌"②，在之后的著作中，如1877年出版的诠释《马可福音》的《马可讲义》，就是以中释西。所以，花之安的取向之二就是心理学方面，重建主观意图。比如花之安在第二部著作——1873年出版的《德国学校论略》的序言中指出，作者介绍德国学校的目的是说明，泰西并不是以器艺取胜，最根本的在于西方之道。"若中国不遵西方之道，徒学泰西之学，其害较前尤甚，何则，前日小民知识未开，可以智取术驭，人君不能自治天下，必任百官，百官必任士卒，授百官士卒以利器，则权移于下。唐之方镇扈跋莫能制，其明验，又不能聚豪杰于京师，藏兵于府库，宋之受制于辽金，其明验，惟先以耶稣道，化其骄悍之心，使能忠君爱国，如是国有豪杰利器，可使同仇敌忾，不至犯上作乱。"③

花之安于1896年在中国传教使团手册上发表文章，论述传教士汉学家的儒学观，"当我们说到这样的关系时，我们指的是两个系统都有相似点和一致点。清晰的陈述和对其和谐教导的愉快承认，使两种体系之间的相互理解成为可能和容易。也有不同点和对立点，清楚地认识到这些，就能防止混淆和歪曲事实。还有一些点可能在一个系统中处于萌芽状态，而在另一个系统中高度发达，或者可能只在一个系统中出现而在另一个系统中不存在。这就指出了一种体系的不足之处，而另一种体系可以加以补充。我们的主题相应地分为三个部分：（1）相似点，这是儒学和耶教一致的基

① Ernst Faber, *Paul the Apostle in Europe—A Guide to our mission work in China* (Shanghai American Presbyterian Mission Press, 1891), pp. 78-80.

② ［德］花之安：《性海渊源》，上海华美书店，1893年，序。

③ ［德］花之安：《泰西学校与教化议合刻本》，商务印书馆，1897年，第4页。

础。(2)对立点形成了障碍，必须进行清除。(3)儒学思想的不足之处，加以完善。"①通过这些，并使中国人相信西方的真理和价值，另外，向外国人解释中国思想的特殊模式，帮助那些对这个国家感兴趣的人，特别是汉学家，更好地了解中国人。②

花之安对儒学思想的态度和取向已然清晰，实现诠释学的两个取向，对中西思想进行辩证的比较，对儒学文本进行重建。特别是对儒学文本的重建，一是要显西方道理，"发出妙义，以创制显庸"。③ 得至精之理；二是要"学讲道之法"，对儒学文本的诠释方法，"释之弥悦，改而必从"。④

二、花之安儒学诠释的内涵

诠释学的任务是向意义的对话，对话的扩展，对话的基础是宽容与开放，即承认对方意见存在的合理性，并不把自己的理解作为绝对正确性而排斥对方。宗教比较的目的也在于对话，对话的目的在于建立理解与尊重。所以，不论是诠释学的方法，还是哲学的研究方法，交汇点是比较，而比较的归途是走向对话，最终以期实现宽容与多元的文化观。花之安的比较目的，正如他指出的，在比较中走向理解，走向清晰。将泰西之事与中国比较，"令人明晓中外之人事政教，或是或非，可以得去取之益"⑤。将中西经书、子史互相比较，可以"广其见闻，士之所宜，固不可执一途

①　Ernst Faber, *A Systematical Digest of the Doctrines of Confucius*(Shanghai American Presbyterian Mission Press, 1873), p. 89.

②　参阅 Pastor P. Kranz, *The Works of Rev. Ernst Faber, Dr. Theol A Champion of the Faith a Pioneer of Christianity Literature in China*(Shanghai American Presbyterian Mission Press, 1904), p. 2.

③　[德]花之安:《自西徂东》，上海书店出版社，2002年，第4页。

④　[德]花之安:《马可讲义》，载中国宗教历史文献集成编纂委员会编:《东传福音》第13册，黄山书社，2005年，第95页。

⑤　[德]花之安:《自西徂东》，上海书店出版社，2002年，第6页。

以自隘其量也"①。将古人之行事比较今日所行，"时异势殊何能与我相符合，我仍能将古人所行者行之，执古人之理，所行亦不失至理，方得称善，此治经真实之学问也"②。"以一经比勘各经，又以各项书籍比较各经，故经义日明。"③天下之物类似者甚多，为性理之学者，"将此物比较彼物，更宜以数物而比较之，方能辨别清晰"④。但是最重要的是通过比较，能使中西思想走向融合。"又译《圣经》、天文、地理、格致、医学字典，以教华人；又译中国经籍，或土产物宜，以教西人，使中西情形彼此互相通晓。"⑤

诠释学的内涵包括解读文本的语言学、修辞学的技巧和方式，以及神学家和哲学家的信仰和洞见，目的是要揭示文本的历史性与精神性内涵。施莱尔马赫认为，诠释学有三种兴趣，一是历史兴趣，这种兴趣存在于查明历史史实；二是艺术兴趣，通过语言的描述激励人们去认识语言和艺术产品；三是思辨的兴趣，包括纯粹科学的兴趣和宗教的兴趣。⑥ 所以，诠释学不仅有作为语言工具的技艺层面，而且有作为认知工具的哲学维度。可以看出，花之安对中国经典的译解和诠释，经历了三个过程，这也是花之安儒学诠释的内涵：本土化取向、中西互释和诠释的循环。这种诠释在海德格尔看来是最根本的解释行为，它使事物自身从隐蔽状态中显现出来，通过理解、解释、翻译最终达到视域的融合。⑦

本土化一直是文化传播的永恒话题。在希腊罗马时期的耶教本土化过程中，本土化表现为犹太-耶教与希腊语、拉丁语世界的关系。亚历山大学

① ［德］花之安：《自西徂东》，上海书店出版社，2002年，第82页。
② ［德］花之安：《自西徂东》，上海书店出版社，2002年，第153页。
③ ［德］花之安：《自西徂东》，上海书店出版社，2002年，第155页。
④ ［德］花之安：《自西徂东》，上海书店出版社，2002年，第162页。
⑤ ［德］花之安：《自西徂东》，上海书店出版社，2002年，第223页。
⑥ 参阅［德］施莱尔马赫：《诠释学讲演》，载洪汉鼎编：《理解与解释——诠释学经典文选》，东方出版社，2006年，第69-70页。
⑦ 参阅［德］海德格尔：《林中路》，孙周兴译，上海译文出版社，2004年，第40页。

派倡导希腊文化与耶教的融合，即所谓两希融合问题。而以德尔图良为代表的拉丁语世界，极力反对根据《圣经》以外的资源建立耶教神学或为耶教辩护，认为耶教的存在和发展根据在于理性和权威，否认耶教信仰需要希腊罗马文化为载体。二者虽然都代表了耶教的信仰，但是代表了针对本土化的不同态度。这也决定了希腊文化与罗马文化在耶教发展中的不同境遇，也为耶教在中国的本土化提供了一个参考坐标。

西方思想在中国的本土化实际上是西方思想与儒学文化的关系问题。当两种强势文化相遇时，结果是双向同化，即彼此吸纳对方的文化要素，达成和而不同的文化共存的格局。而当一种文化进入在政治、经济、文化上占主导地位的强势文化的场域时，一般会以单向的文化同化为主，即作为弱势文化的一方吸纳强势文化要素，从而攀附在本土文化的躯干上形成依附性文化格局，实现文化同化。本土化的过程"大体上有三种类型：语义的采纳，即采用本土的词汇，来译解外来的词语。观念的折中，即采用本土语词移植外来观念，使之适应本土社会。价值的完成，即在本土语境中，采用语义中立化、缩小语意、创造新意、对原语词加以改造使之确立外来价值"①。归根到底来说还是文化适应的过程，外来信仰必须融入本土文化中，才能被理解、接受。此三者，是外来文化进入本土文化语境中的由浅入深的过程。而文化融入的过程，根据诠释学理论，即产生"视界融合"的过程，文本的原初视界与诠释者现有视界的交融产生一种新的视界，更多地包含过去与现在、古与今、内与外的对话交融。美国哲学家格兰·奥斯邦认为耶教释经学形成了一个螺旋，即从《圣经》文本到语境、从《圣经》文本的原初意义到语境化或解释意义的形成，也为当下教会所用，其构成了一个开放的循环运动。② 每一次理解和解释都是对原有诠释的再诠释，这是一个螺旋，可以永远诠释下去。

"不同的理性传统、思维模式、世界观，所有这些东西都把中国人与

---

①　唐逸：《中国基督信仰本土化之类型》，《世界宗教研究》，1999 年第 2 期。

②　参阅 Grant R. Osborne, *The Hermeneutical Spiral: A Comprehensive Introduction to Biblical Interpretation*(InterVarsity Press, 2006), p. 57.

欧洲人区别开来。再加上中国的社会组织和政治传统，这些差别构成了基督教化的重大障碍。"①由于儒学思想的强大的吸附力和消融力，任何外来文明进入中国，必然会被同化，在教义的诠释上，必定会经历本土化的流程。从前三次耶教来华已经证明了这一点，而花之安的中西互释也必定选择本土化的取向。

1877 年，花之安应邀对儒学思想进行评论，他说："我发现我需要进入中国人的思维方式，以便在我的谈话和布道中清楚地表达自己。"②花之安在写作中文书的时候发现，根据中国人的习惯，要使本书吸引人，就必须用一种隽永、简洁、有力的风格来写，还必须通过精彩的表达组合和巧妙的、暗示性的文字游戏来吸引读者。一本书的风格往往比它的内容更重要。本土化的过程从语言到文字再到道德，最后才能到达归化。"窃以为起化之要，端藉乎言，如有能先学其语言，与之交通，继学其文字，与之习熟，而后与之讲道德、课人情，在异服异言者，彼知人不轻视于己，则气味相投，虽顽谗亦引为良善，感孚为较易耳。"③

花之安指出，中国的经典是三千年精神活动的结果，中国人所有的思想特点都在这些经典中得到体现，"第一种方法是尽可能逐字翻译。这是直译的方法。第二种方法是立足于中国本土，将或多或少的西方思想融入已形成的中国思维方式和表达方式中，这是经典的方法。第三种方法是更新中国人的思想，这可以通过两种方式实现。西方教育逐渐改变中国人的思想，在我们学生能力允许的范围内，为理解西方科学做准备"④。

通过本土化取向进行相互诠释，相互印证，一方面以中释西，证明古老的中学仍然具有现代意义；另一方面，以西释中，证明西学有中学无法

---

①　王晓朝：《基督教与帝国文化》，东方出版社，1997 年，第 248 页。

②　Pastor P. Kranz, *The Works of Rev. Ernst Faber, Dr. Theol A Champion of the Faith a Pioneer of Christianity Literature in China* (Shanghai American Presbyterian Mission Press, 1904), p. 1.

③　[德]花之安：《自西徂东》，上海书店出版社，2002 年，第 167 页。

④　[德]Ernst Faber. *Confucianism*，载本书编委会：《中国基督教年鉴第一册》，国家图书馆出版社，2013 年，第 8 页。

达到的意义。新儒学代表人物之一的成中英先生认为，诠释学为中西哲学的互释提供了基本的理论模型，相互诠释就是互为体用的一种方式。"相互诠释需要本体意识的扩大与提升，也需要理性弹性的重新建构。基于人性蕴涵的创造性与理性蕴涵的规则性，任何两套语言或两套人文价值都有相互化约的可能，即使是终极的宗教信仰，也可以在相互扩大与相互包容的基础上，相互尊重与相互学习。相互诠释因之也必须从包容原则、扩大原则、学习原则与转化原则来进行。"①

花之安的《孟子的思想》是对《孟子》的翻译和诠释，花之安用耶教思想来解释《孟子》，有赞同也有批判。

以解释君子的言行为例："君子反经而已矣。经正，则庶民兴；庶民兴，斯无邪慝矣。"（《孟子·尽心下》）花之安认为，对于君子来说，有规则可依，这样他会比较有把握。使良知成为实寻诸己的德性，那就更好了。当这个思想与《圣经》、圣礼和上帝的教导合而为一时，它就成为基督徒了。②"君子行法，以俟命而已矣。"（《孟子·尽心下》）君子不受外界因素的影响，而是遵循自己理想的自然法则，即上帝的意志。君子自发的遵守作为生命的问题表现出来的与生俱来的道德，其他一切都是次要的。这实际上是一种稍微不同形式的西方思想。这是儒学教义与西方思想的相通之处，也可以说是西方思想接受中国思想。

花之安也对儒学的部分教义进行了批判，以父子关系为例。公孙丑曰："君子之不教子，何也?"孟子曰："势不行也。教者必以正，以正不行，继之以怒。继之以怒，则反夷矣。'夫子教我以正，夫子未出于正也。'则是父子相夷也。父子相夷，则恶矣。古者易子而教之。父子之间不责善。责善则离，离则不祥莫大焉。"（《孟子·离娄上》）正确地把严和情结合起来是教育中最困难的问题之一。花之安认为，必须区分教育与启

---

①　成中英：《从中西互释中挺立：中国哲学与中国文化的新定位》，中国人民大学出版社，2005年，第6页。

②　参阅 Ernst Faber, *The Mind of Mencius* (Trubner & CO., Ludgate Hill, 1882), p. 128.

发，父母实际上很少能启发孩子，但是教育主要是父母的工作。孟子主要说父母对孩子的立场，而没有提及父母的职责。这与耶教的教导完全不同。主要原因是，对于中国孩子，父亲就像拥有财产一样，绝对拥有，任意使用。而在西方，儿童是上帝的财产，父母只是在一段时间内上帝的代表。因此，父母的权力自然是有限的，即使在合理的范围内也会被限制。[1]

花之安的《马可讲义》是对《马可福音》的翻译与诠释，但却经常引用中国的思想和习俗。这本书，正如他说的："圣经的真理被中国的宗教和道德思想彻底渗透和同化。"[2]

例如第一章首先对一些词语给出简单的解释。如将"子"解释为"非以血气而言，上帝本无形象，以有形象显谓之子。如心本无形象，以意及言显之，谓言乃心之子，由言可识心，由子可识父"[3]。以这种方式，花之安引出上帝派遣约翰宣传悔罪之道，启发人心识别罪，但是人的通病在于自满自恃，悔罪先在识罪，如何识罪，花之安以唐太宗的铜镜比喻为例，"此福音之所以为鉴心之宝镜也，昔人谓以铜鉴面可知美恶，以道鉴心可知妍媸。学福音之道，则丑态毕见，罪行悉呈。又何善之可录，何义之足恃"[4]。

任何文本都有其历史视域，由于时间、空间和历史情景引起的视域之间的差距是无法消除的。在对某些事物或文本进行诠释的时候，容易发生误读或者过度诠释的问题，为了避免这种现象，要求诠释者进行诠释时进行双向而不是单向的诠释。所谓双向诠释，指的是诠释者在诠释他者时，

---

① 参阅 Ernst Faber, *The Mind of Mencius* (Trubner & CO., Ludgate Hill, 1882), p. 151.

② Pastor P. Kranz, *The Works of Rev. Ernst Faber, Dr. Theol A Champion of the Faith a Pioneer of Christianity Literature in China* (Shanghai American Presbyterian Mission Press, 1904), p. 57.

③ ［德］花之安：《马可讲义》，载中国宗教历史文献集成编纂委员会编：《东传福音》第 13 册，黄山书社，2005 年，第 129 页。

④ ［德］花之安：《马可讲义》，载中国宗教历史文献集成编纂委员会编：《东传福音》第 13 册，黄山书社，2005 年，第 129 页。

不仅仅以自身的文化立场和逻辑来理解他者的话语，而且还需要站在他者的文化立场和逻辑来诠释他者的话语。双向诠释要求双方互为主体，而不是把对方看作客体，你中有我，我中有你，相互融合，通过我的先见认知了解未知的世界，又通过对新世界的了解反过来认识自我，同时使新的世界进一步扩展，形成"视域融合"，也就是两种不同的视域相互融合，这也是诠释的本质，即对意义的追寻。对意义的追寻也是人类精神活动的本质。伽达默尔认为，理解离开了历史（传统、成见）是不可能的，历史离开了理解也无法产生效果，因而历史性的理解或理解的历史性就是"效果历史"①。视域融合是自我与他者、过去与现在、主体和客体的统一，并且在不断运动和融合中形成了"效果历史"。花之安的儒学诠释作为跨文化或中西互释的一个维度，就是针对文化视域的一种诠释方式，最后形成"视域融合"和"效果历史"。

香港中文大学宗教学教授李炽昌提出了"跨文本（cross-textual）诠释"的概念，他认为，文本的意义不仅包括文学和非文字的作品，也包括不同时期的文化遗产、历史传统、宗教信念以及当今社会的文化、政治、经济实况本身。跨文本诠释，"它要求《圣经》文本（文本甲）在我们处境中的解释，应当与我们的文化——宗教文本（文本乙）处于一不断的相互渗透及互动的关系。当我们把文本乙的宗教性质慎重地纳入圣经文本解释的考虑时，文本甲与文本乙之间的张力便会更显著地呈现出来"②。从立场到转化，也是思想到范式的诠释循环过程。中西互释能够让西方文本照亮本土的文化，同时本土的文化也丰富和发展了西方文本。也就是说传教士汉学家在将西方思想传给中国人的同时，中国思想也促进了西方思想的自我反省和批判。这也就是文明对话。

根据"跨文本诠释"，可以给花之安的儒学诠释思想绘制一幅诠释循环

① 参阅［德］伽达默尔：《真理与方法——诠释学》，洪汉鼎译，商务印书馆，1999年，第9页。
② 李炽昌：《亚洲处境与圣经诠释》，香港基督教文艺出版社，1996年，第67页。

模式图：

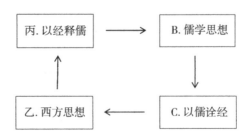

根据中西思想比较与利玛窦与花之安对儒学思想诠释比较，也可以绘制一幅诠释循环图：

根据利玛窦与花之安对儒学的诠释思想，可以绘制一幅视域融合图：

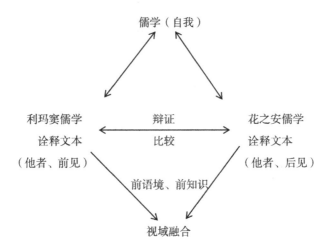

花之安在《经学不厌精》中论述的"天伦""地伦""人伦"是用儒学论述西方思想，而在如《马可讲义》等其他著作中则是用西方思想论述儒学。本文所论述的论题在花之安的著作中均有体现。本文将花之安与明末最著名的汉学家利玛窦对儒学思想的诠释进行比较。利玛窦采用"合儒""补儒""超儒"的方法，花之安则是以耶"比儒""补儒""化儒"。二者的共同点都在于"补儒"，利玛窦的重点是认为儒学不够完备的地方，需天主教来加以补充，而花之安的补儒在于指出儒学的缺陷，需要耶教来补足，花之安对儒学缺陷态度更强烈。这体现了诠释学的他者理论、诠释循环理论和视域融合理论。一是他者视域，汉学家眼中的儒学形象的变化反映了明末到清末中西方政治、经济、文化等实力对比发生的重大变化；二是诠释循环。本文的诠释循环包括：一从整体到局部，从局部到整体的循环，本书对中西思想的比较与利玛窦和花之安对儒学思想诠释的比较构成了诠释的循环，二从自我到他者，从前见到后见的循环。本文从儒学到利玛窦，从儒学到花之安，从利玛窦到花之安，从他者看自我，从自我看他者，从前见到后见，后见成为下一个理解的前见，使中西思想形成诠释的循环。在诠释的过程中，经学与儒学的意义视野被拓宽了，中西思想能够不断理解丰富自我，重新创造自我，在此过程中形成视域的融合。视域的融合也有两个维度，一是从创作者的维度看，利玛窦和花之安可以看作关联创作的结果；二是从接受者的维度看，思想融合是开放的和双向互动的，不仅本土文化向他者文化开放，他者文化也向本文文化开放，在相互开放中，通过反思、认同、吸纳，形成了诠释学的对话。花之安的哲学文本诠释，是两种视域交互的结果，在这一过程中产生新的视域，是西方思想的中国化，也就是诠释学所说的"效果历史"。诠释的效果是理解，诠释的起点是理解。诠释与理解也形成了一个"诠释的循环"。以儒诠经、以经释儒，达到了文化交流上的"双向格义"，这也是中西互释的效果。这样的效果促进了中西词汇和义理双向的融合，花之安试图用西方思想改造中国人的同时，儒学思想也促进西方思想的自我反省和批判，最终将推动西方思想中国化的发展。正如保罗·利科认为的，"诠释学就被理解为解释者以信息的方式致力于意义的恢复。这种诠释学通过信仰和倾听的意愿而获得了生命，其特征体现为尊重象征以揭示神圣"①。

第三节　花之安儒学文本诠释方法论

一、诠释学传统方法

诠释是对生命的理解与认识，人们始终会带着态度与方法去诠释文本，文本在诠释的过程中，带有诠释者的理念与体会。通过问答辩证法，可以把理解发展成一种对话。伽达默尔认为，"解释就像谈话一样是一个封闭在问答辩证法中的圆圈。通过语言媒介而进行的、因而我们在解释文本的情况中可以称之为谈话的乃是一种真正历史的生命关系。理解的语言性是效果历史意识的具体化"②。伽达默尔的诠释学体系中，"经验和历史""对话和语言"四个层次可以用来解释花之安对儒学文本的诠释以及辩证态度。

文本是诠释学的对象和基础。保罗·利科认为，文本是由书写固定的语言。文本的本质在于意义，是意义诠释的载体。"理解一个文本，就是领会它从意义到指涉对象的运动，从它所说的东西到就某种东西它说话的运动。"③因而意义既不是绝对的、独立的，更不是封闭的。对人类存在的历时性而言，融合是一个不断产生新意义的形式结构。文本世界不同于人文世界，但是通过对文本和文本世界的分析和解释，人们可以重新认识和

---

① ［法］保罗·利科：《诠释学与人文科学：语言、行为、解释文集》，孔明安、张剑、李西祥译，中国人民大学出版社，2012年，第6页。
② ［德］伽达默尔：《真理与方法——哲学诠释学的基本特征》，洪汉鼎译，上海译文出版社，1999年，第547页。
③ ［法］保罗·利科：《从文本到行动》，夏小燕译，华东师范大学出版社，2014年，第227页。

理解人文世界，并进行自我反思、自我认同与自我理解的过程。

文本与历史。从古希腊的解释学到中世纪的释义学和文献学到近代施来尔马赫和狄尔泰的哲学解释学，都强调读者必须努力把握文本的原意，把握作者的本意，这叫"历史解读法"。意思是诠释学要回到历史中去，要借助作者本人和同时代权威人士的材料进行证明，这样才能揭示出文本的真正面目和蕴含的思想感情。

文本本义确认与引申义发挥。文本本义确认是指对典籍进行解释、阐释典籍原意，引申义发挥指诠释者以自己的主体意识赋予典籍以新意。比如南宋陆九渊的"六经注我与我注六经"，用《六经》的思想诠释和注释"我"的思想，又用"我"的观点和思想来诠释《六经》，这种诠释方法打通了文本与诠释者的思想界限和价值判断，对文本引申、阐释，提出了有价值的观点。

文本与批判。利科把批判引入文本诠释学，他认为，"文本诠释就是让批判与诠释学互相融合的一块基地。文本因其独立性为批判提供了最根本的条件。"①"批判是关于交往能力的理论，它包括了理解的艺术、克服误解的技术以及对扭曲的解释科学。"②在跨文本诠释中，用一部作品的内容、观念、概念、命题、理论等去解释另一部作品时，最终目的并非只有比较，而是在两个文本之间进行批判和创造性的互读，显现两者的相同和不同之处，更重要的是，通过此种方式，用一个文本照亮另一个文本隐藏的轮廓。

文本与对话。伽达默尔在《真理与方法》中认为，对话是诠释者与诠释对象围绕共同的论题进行交流。双方在共同论题下检查双方的得失，补充对方的论点，推动对话前进，形成依赖关系，从而推进诠释的发展。"只有通过两个谈话者之中的一个谈话者即解释者，诠释学谈话中的另一个参

---

① ［法］保罗·利科：《从文本到行动》，夏小燕译，华东师范大学出版社，2014年，第52页。

② ［法］保罗·利科：《诠释学与人文科学：语言、行为、解释文集》，孔明安、张剑、李西祥译，中国人民大学出版社，2012年，第45页。

加者，即文本才能说话。只有通过解释者，文本的文字符号才能转变成意义。也只有通过这样重新转入理解的活动，文本所说的内容才能表达出来。这种情况就像真正的谈话一样，在谈话中共同的东西乃在于把谈话者互相联系起来，这里则是把文本和解释者彼此联系起来。"①伽达默尔认为，人类思维存在三种逻辑，科学的"独白式"逻辑、黑格尔的绝对唯心主义的"辩证式"逻辑和哲学诠释学的"对话式"逻辑。诠释学的理解过程就是理解者与被理解的对象之间的对话过程，这一过程与人们日常生活中的对话过程是相似的。

文本诠释的辩证。施莱尔马赫认为，辩证法是诠释学的基础。在诠释过程中，理解者的主观性参与了理解过程，"文本"的意义就不再是一个静止的和凝固的东西，它本身展现为历史，永远不会被穷尽。"意义"的历史呈现为原有意义的不断发现，新的意义持续生成，二者相互交叉无限伸展的辩证过程。因此，诠释学解析了思维中的语言，辩证法解析了语言中的思维；诠释学创造性的再现了语言的意义，辩证法则揭示了意义在思维的统一性中实现语言"转换"的可能。由于这种"转换"在"对话"中处于无止尽的循环之中，也就规定了永远不会达到绝对真理，而只是和辩证法一样的作为通向真理的道路与方法。② 伽达默尔把对话逻辑称为"问答的辩证法"。他认为，诠释者从意义视野中诠释了文本，当诠释者的意义视野与文体的意义视野融合时，视野就被拓宽了。理解的过程就是这样一种"视野融合"，即诠释者的意义视野在与既有视野的诠释对话中通过问答的辩证过程而被改变了。③

---

① ［德］伽达默尔：《真理与方法——哲学诠释学的基本特征》，洪汉鼎译，上海译文出版社，1999 年，第 523 页。

② ［法］保罗·利科：《从文本到行动》，夏小燕译，华东师范大学出版社，2014年，第 268 页。

③ 参阅［德］伽达默尔：《真理与方法·诠释学Ⅰ》，洪汉鼎译，商务印书馆，1999 年，第 6-7 页。

二、花之安儒学诠释方法

花之安对儒学的诠释，通过中西文化之间的对话，有批判，有溯源，有引申，有辩论，无不体现了文本诠释的辩证过程，对立统一，相互转化，是认识论与辩证法的结合。"祗以中外经籍不同，语言各异，思欲有以助人，必就人之能通我意者以引诱之而后可。故传福音于中国，必撷採中国圣贤之籍，以引喻而申说，曲证而旁通。"①

花之安认为首先是要学习语言，汉语每个单词都有大量的派生含义，而其原义通常被遗忘了。新教汉学家的语言属于最发达的雅利安语系（日耳曼语系）。这种对比不仅限于表达的形式，而且中国人的观念和思维组合与欧洲人的观念和思维组合有很大的不同，所以，"语言学研究本身就是语言学家的目的，对汉学家来说，这是达到目的的手段"②。其次，要以翻译建构本土化的思想，"我们不应以直译为目标，而应设法向中国人灌输新思想，然后让中国人用他们自己的语言，按照他们自己的方式去建构这些思想"③。

再次，对中国典籍和圣经都要熟悉，通经才能解经。"故宜用心攻究，循序渐进，由浅入深，不可以识字面解来历，为自足，乃要一生用心揣摩，推陈出新，用心多者，更见道理无穷。""以经解经是至善之法，虽有善注，是人撰述，不能全备，圣经为上帝默示，故其理纯全，基督为我师，余外之人，不过益友耳。"④

① ［德］花之安：《性海渊源》，上海华美书馆，1893 年，第 1 页。

② Ernst Faber, *Problems of Practical Christianity in China*（Shanghai：office of The Celestial Empire and The Shanghai Mercury, 1897），p. 41.

③ Pastor P. Kranz, *The Works of Rev. Ernst Faber, Dr. Theol A Champion of the Faith a Pioneer of Christianity Literature in China*（Shanghai American Presbyterian Mission Press, 1904），p. 6.

④ ［德］花之安：《马可讲义》，载中国宗教历史文献集成编纂委员会编《东传福音》第 13 册，黄山书社，2005 年，第 59 页。

花之安表达了对中国典籍的态度，要对中国典籍进行研究从而作出适当判断。他说："不一定要对古代进行细微的研究，也不一定要列举中国评论家对各个段落的所有不同观点，而是要对经典的所有主要思想和学说宗旨进行明确的、有系统的安排阐述。中国人对无形世界的整个范围和态度，都必须加以对待。此外，仅仅从经典中收集这些思想是不够的，还必须考虑到中国人生活的现状，以及这种现状与经典中规定的原则和思想之间存在的联系。对于经典著作中所表达的道德原则以及当前盛行的道德或不道德的习俗，情况也是如此。经典中蕴含的政治经济学格言同样不容忽视。从这一切可以看出，为了以令人满意的方式掌握像上面提出的任务，研究中国人的宗教、伦理和政治格言是多么的不可或缺。此外，有必要彻底熟悉这些主题的全部范围，以便能够对作为整个系统固有部分的特定细节形成适当的判断。"①

至于历史，花之安引修昔底德的话"历史是哲学教化的例子"②。应该采取准确的态度，因为，从历史中可以找到许多证据，对中国人来说，这些证据比任何抽象的论证都更有说服力。对于历史典籍应该追根溯源，去伪存真，"宜有根据，捃摭旧文，自有新得，否则无根之木，求其华繁，无源之水，求其流远，无是理也"③。

最后，是对于儒学文本的态度和方法。花之安在《马可讲义》中论述了中西互释的二十条讲道之法，包括：开端、讲道、心听、依经、握要、审题、发挥、切实、灵活、发挥、表义、增德、尽心、贯穿、合法、结构、命意、入微、汇参、关注、防弊、收刺。以贯穿和合法为例，"宜提纲挈领，无论题之长短，以一二语函盖该括，讲有次第，如珠之贯，使上下融

---

① Pastor P. Kranz, *The Works of Rev. Ernst Faber*, *Dr. Theol A Champion of the Faith a Pioneer of Christianity Literature in China* (Shanghai American Presbyterian Mission Press, 1904), pp. 70-71.

② Ernst Faber, *The Famous men of China* (Shanghai: Society for the Diffusion of Christian and General Knowledge Among the Chinese, 1889), p. 19.

③ [德]花之安：《经学不厌精·十三经考证》，上海美华书馆，1898 年，序。

洽，次要生发不穷，如黄河之水，一波未平，一波又起，勿意竭词穷，令听者生厌"；"先细思本题及上下文之意，撮其要理，即为题指，复按次第以分柱义，题指出自经文，柱义出自题指而不离经，间有显然之柱义"①。

对儒学文本要有批判的精神，做到直言不讳，辨别义理，"书于兴利除弊之中，兼辩论义理之处，多直言不讳，缘遵道之土，是则是，非则非，据理而谈，不能委曲回护焉"②。

在《路加衍义》中，花之安论述了对于文本的方法还有"贵得真源"。得真源的方法有二："参互考证"和"溯本寻源"。"参互考证"须"务求真切，依次序有条不紊，使人知有凭据"③。"溯本寻源"如"饮水者思源，可因端而见委，率性修道之原"④。溯本寻源的方法最重要的在于"探"，只有探其源才能穷其理，"盖凡物皆有始终，当探索其理之所在，亦凡物皆有本末，贵研究其理之所由，则欲明体达用，而不愧鉴空衡平，此君子所以大居敬而贵穷理矣"⑤。另外还需旁征博引，触类旁通，"萃天下古今之义蕴，必须敏异者方可博览而旁搜"；"讲及讨论，将事理必究其精微，功修务期乎通晓"。⑥

花之安认为翻译只是"小学之功"。"大学之功"在于确认本义，发挥引申义，"先明本经大意，经意或有未明者，则引用各经比勘证明之，务得上古作经者之心也。再发明经文之道理，以深入古人之作经之理。复疏明以古人之行事，比较我今日所行者，时异势殊何能与我相符合，我仍能将古人所行者行之，执古人之理、所行亦不失至理，方得称善，此治经真实之学问也。……每经由何时能合全经，其中所作，未有定论者亦须辩之，

---

① ［德］花之安：《马可讲义》，载中国宗教历史文献集成编纂委员会编：《东传福音》第 13 册，黄山书社，2005 年，第 42 页。

② ［德］花之安：《自西徂东》，上海书店出版社，2002 年，第 5 页。

③ ［德］花之安：《路加衍义》，上海圣教会，1894，第 3 页。

④ ［德］花之安：《经学不厌精·十三经考证》，上海美华书馆，1898 年，第 1-2 页。

⑤ ［德］花之安：《自西徂东》，上海书店出版社，2002 年，第 149 页。

⑥ ［德］花之安：《自西徂东》，上海书店出版社，2002 年，第 149 页。

使之著明于世。经中道理、总论、自叙、记载、沿革，自古及今、其高下短长，须能分别，乃令后人有所适从。"①此外还应衍义推理，"乃复取路加而而注释，揭其旨之要者而备陈之，名之曰衍义，盖见乎经义宏深，非浅尝者所能骤得，若不推求微妙为之宣讲，恐斯理难以引申"②。

花之安强调辩论在诠释中的重要性："即以今日而论，立教不仅儒、释、道，而论理各有纯疵，但当究其道理之纯全者为依归，不必强人以从己教。况道理愈辩驳则愈显明，不妨取他教以辩明己教，惟当出以平心，持以静气，而不可愤激以相争论耳，盖必如是，乃见大公无我之心也。……如中国尊崇儒教，不能强别教以拜菩萨，犹西国尊崇耶稣，亦不能强别教以拜上帝。惟于各教之中，择其道理之至善者，反复辩论，一一讲明，以普劝斯世而已。"③

综上所述，花之安从儒学诠释的文字、翻译、历史、态度、方法等方面，建构了中西互释的方法论。中西互释学的目的不仅在于理解另一种文化，而且在于将一种文化融入另一种文化的体系内，形成互释。中央民族大学哲学与宗教学学院游斌认为："一种好的跨宗教诠释学，应该是双方互动的、对双方都有益的诠释学，是一种符合'忠恕之道'的诠释学。所谓'忠'，就是尊重、投入并尽可能地完整地进入那一种文化内部的诠释；所谓'恕'，从如从心，是一种不断换位的相互诠解。简而言之，即为一种'互惠的'诠释学。"④这样的诠释学可以"去蔽""开新"。"去蔽"指站在另一个文明的内部去理解它，以消除误解。同时一文明以另一文明为镜子，去观照自己。"开新"，是指将另一种文明的相关元素纳入自身的体系中，以此为参照，在跨文化的过程中，构建一个新的体系，创造性的推动自身

① ［德］花之安：《自西徂东》，上海书店出版社，2002年，第153页。
② ［德］花之安：《路加衍义》，上海圣教书会，1894，序。
③ ［德］花之安：《自西徂东》，上海书店出版社，2002年，第84页。
④ 游斌：《迈向一种互惠的跨宗教诠释学》，载游斌主编：《比较经学诠释学与中西互释》，宗教文化出版社，2013年，第4页。

的转化。① 花之安在儒学诠释过程中，实现了这样的目的。

第四节　花之安论“补儒”

一、儒学诠释的可能性

如前所述，中西思想为什么要进行比较？花之安指出一个重要原因是晚清的国际环境——中国被列强包围。帝国主义时期，任何国家走自己独特道路的时代已经结束了，国际交往将成为现代文明国家的生存条件。"时代的潮流无法再返回到其源头。中国寻求保护自己免受与外国交往浪潮冲击的壁垒被摧毁了。但是中华文明是独特的，是中国人自己传承下来的。中国只看到了自己文明光明的一面，虽然有时也会感觉到中国的压力，她把责任，不是施加在制度上，而是施加在时代或某个个人身上。中国看到了西方文明的很多阴暗面，几乎没有机会准确地研究和学习、欣赏它的美好和善良。总之，中国理解不了西方。为了铺平道路，我们需要一种交流的媒介，对西方的文明原则与中国的文明原则进行比较解释。"②

这样交流的媒介，在于它们之间存在很多的相同点，这样为形成互释提供了可能性。根据花之安的著述，儒耶有着共同点：

天命	受命于天
精神世界	物质之上有看不见的精神世界。人由"魂"与"魄"两方面组成
道德	伦理道德之教

---

① 游斌：《迈向一种互惠的跨宗教诠释学》，载游斌主编：《比较经学诠释学与中西互释》，宗教文化出版社，2013年，第4页。

② Ernst Faber, *The Mind of Mencius*(Trubner & Co., Ludgate Hill, 1882), p.6.

续表

祈祷	天人感应，通过祈祷、献祭等礼仪与神灵感应和交通
神迹	承天命，相信自然的力量
伦理	伦理是人际关系的基本准则
培养	后天的学习培养个人品德
美德	仁与爱
舍生	舍生而取义
真诚	诚者，天之道
推己及人	出乎尔者，反乎尔者也
仁政	不以仁政，不能平治天下

二、花之安论比儒、补儒、化儒

利玛窦在传教中采用的是合儒、补儒、超儒的三段式，利玛窦的重点是补充儒学，认为孔孟先儒说的不够完备的地方，需天主教来加以补充超越，最后引导人们来信仰天主。"我们的来到，不是否定你们的圣经贤传，只是提出一些补充而已。"①其目的在于附和儒学，排斥佛道，取悦儒生。花之安也采用的是三段式，比儒、补儒、化儒，重点也是在补儒，但是他并不是附和和取悦儒学，而是通过中西比较，指出儒学的缺陷，通过耶教的补充，来达到超儒和化儒之目的。"无非是要把耶教的精神渗透到整个中国人的精神生活中去。这种精神，作为一种生命的力量，是双重作用

---

① ［法］费赖之：《在华耶稣会士列传及书目》，冯承钧译，中华书局，1995年，第156页。

的，即同化与清除，溶解与建立。"①花之安对儒学的不足或缺陷的态度更加强烈。他指出儒学的缺陷如下表所示：

儒学的上帝高高在上，中国的皇帝是唯一有特权接近他的人
儒学的天意和命运观似乎存在冲突，天命神秘莫测
儒学承认上帝在自然和人类历史上的启示，但上帝拯救和教育人类的本性、意志和意图的启示是未知的
在对待罪的教义上，儒学缺乏果断和严肃的语气，除了社会生活中的道德报应之外，它没有提到对罪的惩罚
儒学经典中没有设想赎罪的必要性
儒学认为死亡是无法解释的
关于人的本性，儒学思想提出了许多理论，但没有一种理论说明本性从何而来
每个人都必须自己拯救自己，所以儒学思想中没有拯救的普遍性
儒学体系并没有给人带来任何安慰，无论是生还是死
儒学教导灵魂不朽，但在脱离肉体的状态下，它的一切需要都依赖于活着的人的善意
儒学的最高理想，其最高的善，是圣王合一。这是一种乌托邦式的思想
儒学思想的最终结果就是对圣人的崇拜，也就是对人的神化
儒学容忍一夫多妻制和性的不洁
"五伦思想"并没有穷尽所有的人际关系
儒学把某些日子作为节日，但没有固定的休息日，没有安息日。这种缺陷不仅使工人阶级的苦难得不到缓解，而且使人性的更崇高的愿望淹没在日常生活的无休止的混乱之中
儒学抽象的道德和冰冷的礼仪不能产生人类生命所依赖的温暖的感情

---

① Pastor P. Kranz, *The Works of Rev. Ernst Faber*, *Dr. Theol A Champion of the Faith a Pioneer of Christianity Literature in China* (Shanghai American Presbyterian Mission Press, 1904), p. 71.

花之安还认为中国人对外来文化的排斥、迷信和祖先崇拜的观念都是建立在非科学的基础上，要得到改变，"中国人从古代作品中汲取了自负和蔑视，称外来的为蛮夷。中国人对古代文学的熟悉，使他们不可能不带偏见地审视任何外国的东西，也不可能为任何优秀的东西欢欣鼓舞。……各种迷信，如风水、占星术、算命、巫术、鬼怪、黄道吉日、护身符、法术，等等，都是建立在缺乏真正科学教育的基础上的。……中国人的大众宗教，只知道来世的匮乏，必须由活着的子孙来解脱。与祖先崇拜有关的一切事实，正如它的普遍做法，都是基于此"①。释道存在太多迷信，偶像崇拜，与西方思想相去甚远，而只有儒学教义与西方思想相似，以心性为修养功夫，不受外物所累。"无论天子匹夫，论为善之道，耶稣教与儒教同。"②儒教言理归于天命，耶稣言理归于上帝之命，虽然用万物，但是并不逐物，而是以物养人之心性，却不丢失物的精妙。这是中西之理"同条共贯"之处。

可以看出，花之安从西方的角度论证儒学的缺陷。但是，要注意的是，任何一种思想和学说并不都是十全十美，而是有矛有盾，有得有失，也存在缺陷。很多儒学大师在获得儒学思想的滋养后，也并不避讳儒学思想的缺陷。钱穆先生指出了儒学思想的三大缺陷。"第一：是他们太看重人生，容易偏向于人类中心、人类本位而忽略了四围的物界与自然。第二：是他们太看重现实政治，容易使他们偏向社会上层而忽略了社会下层；常偏向于大群体制而忽略了小我自由。第三：因他们太看重社会大群的文化生活，因此使他们容易偏陷入外面的虚华与浮文，而忽略了内部的素朴与真实。"③中国的三教有"儒道互补""阳儒阴法""儒释道三教合流"之说法。每逢儒学思想出现流弊的时候，常有另一派思想对此加以挽救，儒学常为正面向前，而道家则成为反面予以纠正。比如儒学站在人的本位上

① Ernst Faber, *China in the Light of History* (Shanghai American Presbyterian Mission Press, 1897), p. 45.

② ［德］花之安：《泰西学校与教化议合刻本》，商务印书馆，1897年，第5页。

③ 钱穆：《中国文化史导论》，商务印书馆，2003年，第84页。

观察宇宙万物，道家则超脱人本来观察世界，与西方自然科学有接近的可能。而佛教，把教理完全应用到实际人生的伦常日用方面，成为中国化的佛教，再不是印度原来的佛教。新儒学代表人物之一的贺麟先生认为，耶教一点也不比佛教差，佛教曾丰富了道教和儒教，影响了中国人的每一种生活方式，佛教所做的事，耶教同样也可以做到。"如果基督教与道教的玄学及佛教相融合，且由儒教的实践伦理学来补充，那么，在中国产生的新基督教将比它过去的历史更加光辉灿烂。"①因此，花之安补儒之说，最终的走向是与中西方似相冲突但终极融和的境界。中国人对于外来宗教、文化始终保持着广大宽平的胸襟，以及兼收并蓄的态度，对于佛教、耶教都是如此。

◎ **本章小结**：本章论述了花之安儒学诠释的建构。花之安在著述中，虽然没有提到过诠释学的词语，但是始终贯穿着诠释学理念与方法，如本土化，会通中西，中西文本的互释就是辩证的比较同时形成诠释循环，中西思想整体比较与利玛窦、花之安对儒学诠释比较也形成了从整体到局部，从局部到整体，从自我到他者，从他者到自我，从前见到后见，从后见再到新的前见的诠释循环，同时在辩证比较中形成了视域融合。花之安将比较哲学与诠释学结合了起来，探索了中西互释的新领域，最终走向也只能是中西融合的境界。本文认为花之安起到了承上启下的作用，其视角不仅涵盖了诠释学，也涵盖了比较哲学。

花之安说："人之彝伦分为三类，有天伦焉，有地伦焉，有人伦焉。"②即人与上帝、人与宇宙以及人与人关系。《周易·说卦传》曰："立天之道曰阴与阳，立地之道曰柔与刚，立人之道曰仁与义，兼三才而两之。"周易把天地人视为宇宙中最重要的东西。儒学认为人与天地是并立的。花之安所说的"三伦"相对应的是儒道的"三才"论，或者可以称之为天道、地道、

---

① 贺麟：《文化与人生》，商务印书馆，2006年，第163页。
② ［德］花之安：《经学不厌精·十三经考理天卷》，上海美华书馆，1898年，第27页。

人道。花之安说："盖人自维皇降衷以来，既超万物以得天，可配三才而立极，至贵至灵，男抱质于阳，女抱质于阴，各有当行之道。"①花之安的中西互释是对儒学天道观、宇宙观、伦理观的诠释。下文所论述的论题在花之安的著作中特别是《经学不厌精》中都有体现。

在下面的章节中，笔者将纵向比较花之安与利玛窦对儒学天地人的态度的同异。为何与利玛窦对儒学的诠释进行比较，在于前述"他者"以及形成诠释循环和视域融合。纵向的维度在于"历时性"和"互文性"，即任何文本都处于若干文本的交汇中，都是对这些文本的更新重读与深化。横向互释花之安比较儒学思想与西方思想，横向的维度在于共时性，即文本创造和传播的环境，目的在于重构和评估文本所处的语境，并用诠释学的方法来论证花之安的中西互释。利玛窦通过附会儒学经典，证明西方思想符合儒学或者儒学经典已经包含了西方思想，那么这样产生了一个义理困境，既然中西并无二致，那为什么要宣传耶教呢？清初的儒学基督徒张星曜这样解释："儒教已备，而犹有未尽晰者，非得天主教以益之不可。"②也就是说儒教总是会有不清晰的地方，天主教是很好的补充。儒经和天学是可以互证的。花之安与张星曜的方法有类似之处，认为中西文化是可以互释的。

厦门大学人文学院教授周宁认为对西方中国观的研究有两种知识立场："一是现代的、经验的知识立场；二是后现代的、批判的知识立场。"③后现代立场指的是在哲学上抱持一种对于逻辑性观念与结构性阐释的"不轻信与怀疑"的态度。笔者立足于后现代的立场去评论花之安对儒学思想的诠释，目的并不在于评判花之安的诠释是否"真实"或"失实"，而是把传教士汉学家在西方文化语境下形成的儒学观作为一种知识与想象体系去探讨。

---

① ［德］花之安：《自西徂东》，上海书店出版社，2002 年，第 135 页。

② 郑安德等标点：《明末清初耶稣会思想文献汇编》第 3 卷，北京大学出版社，2003 年，第 553 页。

③ 周宁：《域外中国形象研究》，南京大学出版社，2007 年，第 4 页。

第三章　花之安儒学天道观诠释

天伦即中西方思想的天道观与上帝观。新儒学代表人物之一唐君毅先生指出，儒学的天道有多个意思。一是指上帝之道，如"天讨有罪""天命有德"（《尚书·虞书·皋陶谟》）。二是指宇宙之法则，自然之秩序，如荀子所谓："天行有常，不为尧存，不为桀亡。"（《荀子·天论》）。三是指天地万物之所依据之根源，如宋明理学中，以阴阳，以理为道。四是指天道，指全体普遍之道，天道即人道，如祭祀天地鬼神之道，成圣之道。[1]上帝、鬼神是儒学必须要处理的本体论课题，《中庸》云："君子之道本诸身，征诸庶民，考诸三王而不缪，建诸天地而不悖，质诸鬼神而无疑，百世以俟圣人而不惑。"人的行为与天相配，合乎鬼神，这样才是君子之道，即成圣之道。儒学"上帝观"和"鬼神观"都是儒学宗教性的直觉表现。"成圣"是儒学的终极价值之所在，如前蒂利希所说："宗教是人的终极关切"，从这个意义上来说，儒学近似于一种宗教。儒学学者一生的目标是在寻求"道"，即"成圣"，这是儒学的精神超越。儒学不仅从认识论上理解天道，而且从本体论和价值论上理解天道。因此，本章从"上帝""鬼神""成圣"三个方面来论述花之安对儒学天道观的中西互释。

---

[1]　参阅唐君毅：《哲学概论》上，中国社会科学出版社，2005年，第53-64页。

第一节　"天道"与"上帝"

一、儒学的"天"与"上帝"

儒学思想中的"天"有不同的含义。孔子说："天何言哉？四时行焉，百物生焉，天何言哉？"（《论语·阳货》）在这里指自然之天，更多的时候指主宰之天。"颜渊死，子曰：噫！天丧予！天丧予！"（《论语·先进》）这里的"天"并不像耶教的上帝，有一个具体形象，而是在冥冥之中祸恶福善，安排人间的一切，它的意志谓之天命。这一点，经过董仲舒的发挥而更为突出，董仲舒的"天"类同于"上帝"了。"何谓本？曰：天地人，万物之本也。天生之，地养之，人成之。天生之以孝悌，地养之以衣食，人成之以礼乐，三者相为手足，合以成礼，不可一无也。"（《春秋繁露·立元神》）"天者，百神之大君也，事天不备，虽百神犹无益也。"（《春秋繁露·郊语》）董仲舒认为天是有主宰的，即天道，一切都是他命令出来的。

儒学的"上帝"并非来自耶教，而是儒学典籍中固有的。如："于皇来牟，将受厥明。明昭上帝。"（《周颂·臣工》）"昭假迟迟，上帝是祗，帝命式于九围。"（《商颂·长发》）"维此文王，小心翼翼，昭事上帝。"（《诗经·大雅·大明》）"五者备当，上帝其飨。"（《礼记·月令》）"天子亲耕，粢盛秬鬯，以事上帝。"（《礼记·表记》）"夏氏有罪，予畏上帝，不敢不正。"（《尚书·汤誓》）"惟皇上帝，降衷于下民。"（《尚书·汤誓》）这表明，殷商人认为有一位主宰宇宙的神，所有的君王都是他的信徒，都听从他的命令。君王代表人民举行适当的仪式来供奉他。这个主宰赐福给人民，保佑人民丰收。殷商人把他叫作上帝。殷商用"帝"这个词来尊称他们的始祖神，在人神合一的时代，始祖神也是至高神，即众神之主。后来。"上"这个词被加到"帝"中，指的是住在天上的帝。从它最初的意思来看，帝意味着最高的和无与伦比的东西。

周灭商后，面临一个重要问题，既然夏商的人民如此虔诚地信仰上帝，为什么会灭亡？夏如何被商取代，商又如何被周打败？这些问题的结果类似于说以色列是上帝的选民一样，于是产生了一种神学，这种神学认为有一位不偏不倚的神，不受某一特定群体或某一统治家族的约束。这位神是高于其他所有神的最高的神。天命是由这位神赐予一位贤明的君王，让他代表自己进行统治。当统治者滥用职权时，天命可以收回，交给别人。如此一来，夏商的灭亡是他们对上天犯下罪孽的结果。周灭商后，把始祖神和至高神一分为二，抹去"上帝"氏姓色彩，使"上帝"成为周王朝各民族共同尊敬的主神。周人把这个神叫作"天"，是为了区分商人的"帝"。总的来说，商使用较多的是"上帝"，周使用最多的是"天"。"乃命羲和，钦若昊天。"（《尚书·尧典》）"皇天眷命，奄有四海为天下君。"（《尚书·大禹谟》）所以，周朝将天视为主神，将周王称作"天帝"在人间的儿子，即"天子"。到春秋战国时期，天的神格变得含糊，与殷商的神"帝"混合在一起，因而也称作"天帝"，被认为是统治和控制宇宙的至高神。"天帝使我长百兽，今子食我，是逆天帝命也。"（《战国策·楚策一》）"天帝"的含义并不是一成不变，"帝"有主宰之意，而"天"从它的自然形象表示一种普遍与遍在的意思。所以，"天帝"有两个意思，一是指主宰，二是指遍覆。由于主宰的表现不易脱离自然现象，而自然现象的天的意志并不确定，"天帝"的含义因对自然了解的不同而不同。春秋时期，诸子并不重视天与帝的神性意义，而重视它的自然意义，他们将天与帝分离，发展出各种对天的观念。天的自然意义即与气、阴阳、道等观念相结合。孟子说："西子蒙不洁，则人皆掩鼻而过之。虽有恶人，齐戒沐浴，则可以祀上帝。"（《孟子·离娄下》）孟子又说："使之主祭，而百神享之，是天受之。"孟子虽然肯认天与上帝对人的主宰，但更强调人在天意下的作用和价值。孟子引《尚书》语："天作孽，犹可违，自作孽，不可活。""天视自我民视，天听自我民听。""使之主祭，而百神享之，是天受之；使之主事，而事治，百姓安之，是民受之也。"也就是说，百神是否享受主祭，人们无从考察，但是使之主事，百姓接受与否，显而易见。上帝的主宰作用被淡化，上帝的目的实际上是民意。

到宋明，人格神的概念逐渐淡出人们的视野。"理"取代了"上帝"的位置，朱熹写道："未有天地之先，毕竟也只是理。有此理，便有此天地；若无此理，便亦无天地，无人无物，都无该载了！有理，便有气流行，发育万物。"（《朱子语类·理气上》）在朱熹的解释中，"天"与"上帝"可互换使用，也被视为"理"的另一名称。"天地之心，天地之理。理是道理，心是主宰底意否？曰：心固是主宰底意，然所谓主宰者，即是理也，不是心外别有个理，理外别有个心。"又问："此'心'字与'帝'字相似否？曰："'人'字似'天'字，心字似帝字。"（《朱子语类·理气上》）

"天"和"上帝"，除了主宰之意外，另一个功能主要是作为祭祀的对象。"天子祭天地，诸侯祭山川，大夫祭五祀。"（《朱子语类》卷三）当然，士庶人祭其祖先。所以，儒学祭祀就是祭祀三种"天神""地祇""人鬼"。由此奠定了敬天、礼地、爱人的价值导向。"天神"即"昊天上帝"或"皇天上帝"。从东汉开始，朝廷正式确立了"皇天上帝"之名，并制定了三年一次的南郊祭天仪式，一直延续到清代。"上帝"的氏姓色彩退却之后，其政治却逐渐浓厚起来，可以看出，"上帝"成为帝王独家祭祀的偶像，与普通臣民没有太多关系。

"天"和"上帝"，除了主宰之意外，另一个功能主要是作为祭祀的对象。"天子祭天地，诸侯祭山川，大夫祭五祀。"（《朱子语类》卷三）当然，士庶人祭其祖先。所以，儒家祭祀就是祭祀三种"天神""地祇""人鬼"。由此奠定了敬天、礼地、爱人的价值导向。"天神"即"昊天上帝"或"皇天上帝"。"皇天上帝"是秦人心目中的最高神，包括白、青、黄、赤四帝，到汉初时，汉高祖增加了北畤黑帝，使五色帝成为祭祀中最尊贵的神灵。从东汉开始，朝廷正式确立了"皇天上帝"之名，并制定了三年一次的南郊祭天仪式，一直延续到清代。《大明会典》就记录了嘉靖皇帝（1522—1566）在冬至祭祀的场景。"嗣天子臣御名祇奏于皇天上帝。曰：'候维启蛰、农事将举。爰以兹辰、敬祈洪造。谨率臣僚，以玉帛牺齐粢盛庶品，备斯明洁。恭祀上帝于圜丘。仰希垂鉴，锡福烝民。俾五谷以皆登，普万方之咸赖。'"(《大明会典之八十四》)《永乐大典》也记载过郊祀神位的问题，认为五帝其实是一帝。"立春之日迎春于东郊，祭青帝、句芒。立夏之日迎夏于南郊，祭赤帝祝融。先立秋十八日，迎黄灵于中兆，祭黄帝、后土。立秋之日，迎秋于西郊，祭白帝、蓐收。立冬之日迎冬于北郊，祭黑帝、玄冥。各以四立。……西晋晋书礼志。武帝泰始二年，诏定郊祀。南郊除五帝座，五郊同称昊天，各设一座而已。时群臣议：'五帝即天也，王气时异，故殊奇其号。虽有五帝，其实一神，宜除五帝座，同称昊天。'从之，按周礼。王者祭昊天上帝。"(《永乐大典》卷五千四百五十三十四爻)"上帝"的氏姓色彩退却之后，其政治却逐渐浓厚起来，可以看出，"上帝"成为帝王独家祭祀的偶像，与普通臣民没有太多关系。

祭祀的时候，天与上帝到底有没有区别？《孝经》曰："昔者周公，郊祀后稷以配天，宗祀文王于明堂以配上帝，是以四海之内，各以其职来祭。"也就是说周公郊祀的时候是"后稷+天"，而宗庙祭祀是"文王+上帝"。清初的黄宗羲发现了这一点。他在《孟子师说》中曰："盖祭天于郊，以其荡荡然、苍苍然，无乎不覆，无乎不见，故以至敬事之。郊也者，不屋者也，达自然之气也。扫地而祭，器尚陶匏，不敢以人之所爱奉之，远而敬之也。"后稷是周人始祖，文王是周公之父。始祖神只有一个，天也只有一个，在郊祀的时候，对天和始祖有一种荡荡然，苍苍然的敬畏感，必须以远而敬之的态度祭之。但是对于周公来说，"周公之摄政，仁乎其父，欲配之郊，则抗乎祖，欲遂无配，则已有仁父之心，不能见之于天下，于是乎名天以上帝而配之。"对于亲如仁父的周公，如果以天祭之的话，那就冒犯祖先了，但是如果以一个较低的神祇来祭的话，不足以表达对周公的热爱。所以，这个时候就引进了上帝的概念。"上帝也者，近人理者也。人于万物乃一物。假令天若有知，其宰制生育，未必圆颅方趾耳鼻食息如人者也。今名之帝，以人事天，引天以自近，亲之也。人之亲者莫若父，故以文王配上帝。""上帝"有人格的特征，既有天的威严，也有人的亲切。对于上帝，人可以不像对天那样敬而远之，而是可以亲近并且供奉。通过祭祀，"天"与"上帝"的区别显露了出来。"天"是至高无上的主宰，高于任何人、鬼神，只能通过祭始祖神来祭天，以表达敬重之意。而"上帝"具有鬼神的特征，可以象征那些非祖先但是仁德广大的圣贤。虽然，"天"与"上帝"是一物两名，但是在黄宗羲看来，"上帝"具有了人格神之气质，与"天"仍有等级之分。"不可以郊，故纳之明堂。明堂，王者最尊处也。仁乎其父，故亲于天。天有帝名，则祭之明堂，亲与敬兼之矣。或曰：经前曰天，后曰上帝，何也？曰：天、上帝一耳，不通言则若两物然，故郊曰昊天，明堂曰昊天上帝，天人之分明也。明祖不可以在明堂，文王不可以配郊矣。"(《孟子师说》)

二、利玛窦与花之安儒学"上帝"诠释比较

法国当代哲学家吕克·南希指出，命名"天"与"上帝"是许多宗教的共性。"天国(Le céleste)是神性的维度，它在大地上方被举扬，它如此高拔、如此远离俗世，离我们无限遥远。古代文化中天永远是最高的、最顶的，如同《古兰经》中的七重天，是《圣经》中称为'至高者'(le Très Haut)的绝对高者。不仅西方一神论的三大宗教如此，许多宗教中的诸神或者神都以这样的命名以示高贵。"①

耶稣会士借用儒学典籍中的"上帝"和"神"来翻译《圣经》中的"God"，这也是"礼仪之争"的核心之一。到晚清，在翻译《圣经》时，对耶教的"God"，在中文中应该翻译成"上帝"还是"神"，也引发了新教传教士汉学家之间的争论，这就是所谓的"译名之争"。时间分为两个阶段，第一个阶段是1840—1850年，双方以《中国丛报》为论坛，先后发表三十多篇文章。第二个阶段是1860—1870年，双方以《教务杂志》展开新一轮论争。"神"派代表人物有美国新教传教士汉学家裨治文(1801—1861)、娄理华

---

① ［法］让·吕克·南希：《天与地：关于神》，简燕宽译，新星出版社，2013年，第20页。

(1819—1847)、卫三畏等。"上帝"派代表人物有麦都思、理雅各、花之安、安保罗等。还有第三派是中间派,观点在这两派之间,主张用"神"或"上帝"来翻译 God,代表人物主要有马礼逊等。

费乐仁指出,花之安更偏好"上帝"一词的翻译。[1] 花之安在《孟子的思想》中对"神"和"上帝"的术语进行了梳理,认为"神"这一术语的提倡者强调了崇拜的普遍性,在中国,老百姓崇拜的东西都叫"神"。他们被视为下位神,受到崇拜。中国人认为天的组织结构与国家一样。每一项职能都有其特殊的官员,而这些官员就是"神"。"神"从属于"帝","帝"是至高无上的,称为"上帝"。在通俗文论中,"上帝"与"天"等同。花之安引孟子的话:"曰:'敢问荐之于天,而天受之暴之于民,而民受之,如何?'曰:'使之主祭,而百神享之,是天受之;使之主事,而事治,百姓安之,是民受之也。'"(《孟子·万章上》)。[2] 花之安指出,"神"的提倡者忽略了这两个术语之间的区别。"天"指的是"天意","上帝"指的是天作为人格,圣洁、公义、全知、全能的人格统治者,能决定人的命运。所有的神都服从他的灵。通常,神在一年中的特殊季节出现在上帝的宝座前,向他汇报。他们不能伤害或帮助人类,除非至高无上的主命令他们。[3] 此外,"神"这一术语的提倡者还认为,"上帝"与普通人没有私人关系,而与"神"关系密切。花之安引孟子的话,《诗》云:"商之孙子,其丽不亿。上帝既命,候于周服。"(《孟子·离娄上》);"虽有恶人,齐戒沐浴,则可以祀上帝。"(《孟子·离娄下》),夏商周,只有王才可以祭上帝。而战国时期,任何人甚至是坏人也可以祀上帝。[4]

---

① 见[美]费乐仁:《翻译研究的跨学科方法:费乐仁汉学要义论纂》,岳峰、刘玮、陈榕烽等译,厦门大学出版社,2016年,第67页。

② 参阅 Ernst Faber:*The Mind of Mencius*(Trubner & CO., Ludgate Hill, 1882),p. 72.

③ 参阅 Ernst Faber:*The Mind of Mencius*(Trubner & CO., Ludgate Hill, 1882),p. 74.

④ 参阅 Ernst Faber:*The Mind of Mencius*(Trubner & CO., Ludgate Hill, 1882),p. 73.

　　还有天主教徒也用"神"指代神灵，而用"天主"指代 God，同一个 God，有三种称呼，花之安认为应该用"上帝"这个术语，中西方使用的"上帝"的术语是相通的。"就我个人而言，我完全相信中国人用的'上帝'可以代表耶教的上帝，"神"可以代表精神世界，当中国人变得足够独立来决定时，他们将不会选择其他的术语。我认为用"神"一词来称呼上帝是非常不合理的。为了与天主教徒和谐相处，我可以接受'天主'这个词，虽然这个词似乎不像'上帝'那么恰当。'上帝'是纯正的中国古典语，毫无疑问，它指的是最高的存在。"①这样，中国人的上帝和耶教的有了相似之处，花之安认为，这还有一个非常大的好处，就是可以告诉中国人，"我们不向你们传授新的上帝，而是传授同样的上帝，就是你们的祖先认识并部分侍奉的那个上帝；你们要悔改，从你们现在的偶像和愚昧的寓言中皈依你们祖先的上帝。"②

　　正如中国人在理解外来事物时，喜欢拿自己熟悉的事物作类比。类比即将某个特定事物的信息转移到其他特定事物之上。通过比较两件事情，揭示二者之间的相似点，并将已知事物的特点，推衍到未知事物中。"人们可以从他自己的精神构造的类比中知道，上帝是属灵的。"③花之安在解释"上帝"时，也用中国人熟悉的词语来进行解释。但是不同于利玛窦阐释时不引用《圣经》，花之安将儒学典籍与《圣经》进行互释互释，来证明耶教的"上帝"和儒学的"上帝"是相通的，两者可以相互代表。

　　明末利玛窦对儒学的"上帝"也进行过证明，利玛窦绝少引用《圣经》，而是用经验事实和儒学典籍，从经院哲学的角度来证明宇宙万物和谐发展

---

　　①　Ernst Faber, *Science of Chinese Religion—A Critique of Max Muller and other Authors* (Shanghai American Presbyterian Mission Press, 1879), pp. 48-49.

　　②　Ernst Faber, *A Systematical Digest of the Doctrines of Confucius* (Shanghai American Presbyterian Mission Press, 1879), p. 33.

　　③　Ernst Faber, *Paul the Apostle in Europe—A Guide to our mission work in China* (Shanghai American Presbyterian Mission Press, 1891), p. 100.

都是上帝创造的结果。利玛窦首先要证明的就是天主就是中国古人所说的"上帝"。他引儒学经典以证明上帝是天主。如祭祀上帝:"郊社之礼,所以事上帝也。"(《中庸》第十七章)赞美上帝:"执兢武王,无兢维烈。不显成康,上帝是皇。"(《周颂》)事奉上帝:"圣敬日跻,昭假迟迟,上帝是祗。"(《商颂》)利玛窦认为,"上帝与天主特异以名",上帝与天主只是名字不同而已。

其次,用推理来证明天主是上帝。用天可以解释上帝,程颐的以形体谓天,以主宰谓帝的说法,利玛窦认为,苍天不是上帝,大地不是上帝,上帝是不能有形体的天混而言之的,也就是说,儒学中的自然之天和义理之天不能等同于上帝,只有天主才是上帝。利玛窦关心的与其说是上帝的名字,不如说是上帝的本质。对于利玛窦来说,这个来自中国典籍中的"上帝",是中国本来就有的,只是后来其人格神意义淡化后,人们逐渐忘记了。中国典籍中的"上帝"与耶教的"上帝"概念非常接近,因此,在提及耶教的创造者"上帝"时,这个词的使用是合理的。需要注意的是,在这里,利玛窦并不是在暗示古代中国人所认为的"上帝",也是西方基督徒眼中的 Deus 即"天主"。利玛窦认为"上帝"一词在汉语中表达的是"造物主"的意思,即"天主报应无私,善者必赏,恶者必罚"。[1] 从广义上讲,这个"上帝"与耶教的"天主"的概念并无二致。利玛窦将中国的"上帝"和"天"等同为"神"时,面对的反对意见是,在中国的精神世界里有无数的神灵,但是没有一个神是高于一切的,作为唯一的至上的神,可以被视为造物主的神。对利玛窦来说,很明显,经过多年的研究,他得出的结论肯定了这样一个神的存在。利玛窦认为,中国人信奉至高无上的神,称为"天主"或"上帝"。"吾天主,乃古经书所称上帝也。"[2]

---

① [意]利玛窦:《天主实义》,载朱维铮主编:《利玛窦中文著译集》,复旦大学出版社,2001年,第31页。

② [意]利玛窦:《天主实义》,载朱维铮主编:《利玛窦中文著译集》,复旦大学出版社,2001年,第21页。

中国的"上帝"与基督徒的"天主"处于同样的地位。以"上帝"作为耶教的 God 的名字，这是利玛窦的见解。利玛窦对上帝的理解主要是基于《诗经》《尚书》《周易》等典籍。他认为中国古代典籍所呈现的上帝概念与耶教的上帝非常相似。宋代的大儒，对儒学经典有了新的解释。利玛窦希望将儒学恢复到先秦状态。他认为，要把耶教介绍给中国人，首先必须找到一个对中国人既亲近又有意义，同时又符合圣经信仰的上帝概念。他发现中国人已经崇拜了"上帝"几千年。对利玛窦来说，这是上帝"为自己未尝不显出证据来"的证明。

而花之安通过类比的方法从几个方面用儒学思想来证明儒学的"天""上帝"与耶教的"天父""上帝"的是一样。首先是用儒学思想中的"上帝"证明上帝是宇宙的主宰。"欲明天道以保全灵魂，要当先知上帝观。荀子曰：天无实形，地之上至虚皆曰天。宋杨复曰：天帝一也，星象非天，天固不可以象求也。朱子曰：若说有个上帝，如世间所塑之像固不可。梁寅《易注》曰：帝者神之名，神者帝之灵，帝者像之体，神者帝之用。主宰万物者帝也。所以妙万物者，帝之神也。子夏《易传》曰：帝者造化之主，天地之宗。《白虎通》：帝者天号。观此数说，可识上帝之真谛也。"[1]接着，花之安用中国典籍的记录证明上帝创造万物，"万物悉上帝所创造，观于《大明会典》曰：帝辟阴阳兮造化张，神生七政兮精华光，上覆下载兮兆物康，又帝皇立命兮肇三才，中分民物兮惟天遍该。《诗·大雅》云：天生蒸民，有物有则。《书·汤诰》云：惟皇上帝，降衷下民。孔子曰：天生德于予，桓魋其如予何。《书·洪范》云：惟天阴骘下民，相协厥居。孔颖达注：民是上天所生，形神天之所授，又天非徒赋命于人，授以形体心识，乃复佑助谐合其居业，使有常生之资。来木臣《易经体注解》曰：上帝之神运无方，万物之化生有序，故以物之出入，明帝之出入也。又即物之成终而知上帝之宰其终，即物之成始，而知上帝肇其始也。观此数说，可以识

---

① ［德］花之安：《经学不厌精·十三经考理天卷》，上海美华书馆，1898 年，第 22 页。

上帝创造万物之奥矣。"①再次，花之安证明儒学经典中的"天"与《圣经》中所说的"天"类似，人的品行、命运、生死都来自天。上帝并不是像无极、太极一样的虚名，也不是一物之理气，而是灵妙莫测。"如孔子称天丧予，天丧予，是也。孟子谓丹朱之不肖，舜之子亦不肖，皆天也，非人之所能为也。莫之为而为者天也，莫之致而致者命也，是可见天之于人，不独时行物生，降衷赋性已也。凡人之穷通得丧，无不安排停当。《诗》曰：受禄于天。《书》曰：天降下民，作之君，作之师。可知天人交涉，最为亲切，非天无以成人。人之得天者厚，世之盛衰，人之得失，皆天主之。"②最后，花之安又证明中国古人也是钦崇上帝的，"上帝之称，见于载籍者甚多，《尚书》之论上帝者，则有四十九。毛诗之论上帝者，则有三十九，其余经训亦有之。由是观之，可见古人钦崇上帝也倍切。第一，能明上帝居群神之上；其次，知为造化品类之主；其三，知降衷于下民；其四，知世之升降，位之黜陟，皆在其掌握；其五，知福善祸淫；其六，知古圣先贤，在帝左右；其七，知梦兆示人；其八，知帝有明命晓示乎人；其九，知上帝恶恶，人能改恶迁善亦不遐弃。此数者，人皆知之，是可见未尝不识大主宰也。"③

花之安认为，耶教教义与墨子的有关上帝与天的思想是最一致的。"即权利最终起源于上帝，这就是上帝之爱的证明，甚至上帝的判断也是爱的结果。"④如："天有邑人，何用弗爱也?"(《墨子·天志上》)"上帝弗常，九有以亡，上帝不顺，降之百殃。"(《墨子·非乐上》)

至于儒学所说的"天道"，花之安认为，不管是自然之道，还是人心之

---

① [德]花之安：《经学不厌精·十三经考理天卷》，上海美华书馆，1898年，第22页。

② [德]花之安：《经学不厌精·十三经考理天卷》，上海美华书馆，1898年，第22页。

③ [德]花之安：《经学不厌精·十三经考理天卷》，上海美华书馆，1898年，第23页。

④ Ernst Faber, *The doctrine of the philosophic Micius* (Missionary of the Methodist Episcopal Church, 1897), p. 78.

道，都来自于帝之道。"孔子云：文武之道，未坠于地，言人事虽多变易，道统总无变易也。中庸云：天地之道，可一言而尽也。其为物不贰，则其生物不测，天地之道，博也、厚也、高也、明也、悠也、久也。又曰：君子之道，费而隐，夫妇之愚，可以与知焉，及其至也，虽圣人亦有所不知焉。孟子之论道也曰：夫道一而已矣。盖道虽散于万殊，其实则归于一本，本原则出于天，而显于人之德。人各存道心，返求即是，不远也。孟子曰：道在迩而求诸远。……约翰福音书称基督为道，亦先天之道，上帝之德，及未造之物，与本然之理，皆蓄积于基督之身也。"①

花之安要证明的是西方的"上帝之道"包含了儒学所说的"天道"。只不过中国的"上帝"没有固定的称谓，耶教的"上帝"是宇宙的大主宰。"我侪所称上帝，与道家之称上帝不同，与儒学之称皇祖父为上帝亦异。中国上帝二字，无一定称谓，我侪则专指大主宰而言。故《圣经》不泛称天，而必称天父，所以示区别焉。"②

所以，虽然儒学和耶教都有"上帝"，但是正如花之安在《儒学汇纂》中就指出，"儒学承认上帝在自然界和人类历史上的启示，但对上帝的本性、意志和意图(计划)对人类的拯救和教育的启示仍然是未知的"③。也就是说，儒学并没有对人格化的上帝作说明，这是儒学思想的不足之处，耶教可以补足。那就是认识"上帝"三位一体的真理。

花之安在《玩索圣史》中从创造者的角度对三位一体进行了解释。也就是，圣父、圣子、圣神，三位一体，都是上帝，与人有神和魂，有光有热有化是类似的。元始有道，道就是上帝。④

在《经学不厌精》中花之安又从救赎的角度对三位一体进行了解释。天

---

① ［德］花之安：《经学不厌精·十三经考理天卷》，上海美华书馆，1898 年，第24 页。

② ［德］花之安：《性海渊源》，上海华美书馆，1883 年，第 75 页。

③ Ernst Faber, *A Systematical Digest of the Doctrines of Confucius* (Hongkong：the China Mail Office, 1875), p. 64.

④ ［德］花之安：《玩索圣史》卷一，武汉圣教书局，1910 年，第 3-4 页。

父、救主、圣神都是救赎者。"谓为天父，顾名思义可也。救主者何，吾人所依赖以赎罪者也。积恶则赖以洗除，罪孽则赖以赦免，人禽则赖以有别，天人则赖以复和。谓为救主，铭心镂骨也可。圣神者何，众人所因以向善者也。柔弱者足以辅其力，愚昧者足以启其智，残暴者足以发其仁，懦怯者足以贾其勇。谓为圣神，心悦诚服可也。"①

既然世间只有上帝一个主宰，那君王作何解释？花之安认为这是天道和人道的区别，两者并不违背。上帝管理的是天上的事，而君王管理的是地上的事，上帝通过君王管理人间，相辅相成，两者并不矛盾。"宇宙虽共此一主，而其能治理抚育。人所有各种福泽及心性灵才，皆由此位主宰所赐。《书》曰：惟皇上帝，降衷下民，厥有恒性。《中庸》谓'天命之谓性'，《圣经》谓上帝造人，予以己像，万人原有上帝像，是属上帝明矣。既属上帝，则宜纳之上帝。故耶稣于此教人，以上帝之物纳上帝也。"②

利玛窦为了适应明末中国人的认知能力，用儒学思想对耶教的"上帝"进行了附会的诠释，但是对于三位一体等教义进行了有意的省略。花之安对儒学思想的"上帝"观念进行了诠释，和利玛窦有类似之处，但更多的是对利玛窦诠释思想的发展。

人类的文化系统都会经过它的宗教阶段，中国早在西周初期，就已显现出原始宗教走向人文宗教的自觉，至春秋，宗教的人文精神已达到成熟的阶段。宗教人文精神是一种人本主义，并不以超越生命为理想，也不以进入天堂为目的，而在于体会天地之神圣妙用，律己向善，以天人合德为理想，合内圣外王道，赞天地之化育，参天地之神工。儒学典籍中的"上帝"，实际上是他们的远祖或者共祖，这符合后世儒学所说的"仁人之事亲也如事天，事天也如事亲"（《礼记·哀公问》）的天人之间的关系。可以

———————

① ［德］花之安：《经学不厌精·十三经考理天卷》，上海美华书馆，1898 年，第3-5 页。

② ［德］花之安：《马可讲义》，载中国宗教历史文献集成编纂委员会编：《东传福音》第 13 册，黄山书社，2005 年，第 281 页。

说，儒学思想既是宗教性的，也是非宗教性的，即儒学思想中的"天命"意识充满了"宗教情怀"。但是儒学思想并不将"上帝"作为一种人格神来证明其存在，而主要是阐明"天命"对人生的终极意义。唐君毅先生指出，儒学思想中的"上帝"之道就是指"天道"。孔孟也并不否定"上帝"，而是通过"天道"，显示"人道"。人性之仁，即天道之仁，而天道之仁，即表现于自然。这也是儒学的宗教精神之所在。儒学的"天道"更多的是一种包含人之精神本原的自然，而非人格化的"上帝"。新儒学代表人物之一的蔡仁厚先生认为，"天道"的意涵，有内外二向。"天道的内在化，是仁与心性，天道的外在化，便是'人格神'，上帝、天主、神、梵天、阿拉，皆是。这是宗教的路。耶教所谓'太初有道，道即上帝'，正表示天道的人格神化。"①耶教的"上帝"和儒学的"天道"虽然都创造万物，都有两点不同，一是儒学的"天道"即是创造性自己，而耶教必须将"天道"外在化为人格神"上帝"，再来创造天地万物。孟子说："诚者，天之道；思诚者，人之道也。"(《孟子·离娄上》)天道即人道。而耶教的人在下，上帝在上，上帝创造人，但上帝的属性并不自然成为人之性，需待上帝之救赎。古代中国人的宗教目的在于"神道设教"，也就是说宗教的目的在于教育，使人道教化增加神秘主义的力量，使人改过迁善。所谓《易经·系辞》中的"天垂象，示吉凶""天谴告，昭炯戒"，并不是上帝的作用，而是要达到教育人的目的。所以古代中国的"上帝""天道"并无圣迹，无圣事。中西上帝的区别在于，上帝是否为人格神的问题。花之安对耶教的"上帝"与儒学的"上帝"进行了类比，证明两者可以相互代表，认识到了儒学"上帝"宗教性的一面，但并没有深刻理解儒学的"上帝"并不引导人以进入天堂为目的这样非宗教性的一面。

---

① 蔡仁厚：《孔子的生命境界：儒学的反思与开展》，吉林出版集团，2010年，第38页。

第二节 "鬼神"与"祭祀"

一、儒学的"鬼神"

神是什么？古代人们对于自然变化的不理解而产生一种恐惧感，认为自然界存在一种超越人类的力量，人的生死祸福都由它所支配，这种力量，人们称之为"神"，意思是变化莫测，伸缩无常。对于神的解释大致有三种，一是认为是人的"灵魂"。人的灵魂与形体的结合，灵魂原先独立存在于另一个世界，与形体结合后，形成人。当人死后，灵魂回归到原来的世界，鬼也就是"回归"的意思。二是认为，神是一种精灵。山川、河流等凡是能够长存的，会将自己的精神聚集起来，形成灵气，灵气有意志，有变化，能与人相互感应，交流。三认为神是"天神"。天上和人间一样，居住着许多神仙，人间几乎所有的事情，如生老病死，丰收歉收等都由"天神"所主宰。人们对神是既敬又畏，对于神的态度，也是各宗教的基本信仰。

古代中国人的神灵世界，需要追溯到商朝。商人信奉多神教，上帝，作为众多神灵中最强大的神，统治着万物。除了上帝，掌管天界的诸神中还有太阳神、月神、星神、风神、雨神、雪神、四方神等。《礼记·祭法》说："山陵川谷丘陵能出云为风雨，皆曰神。"与天界诸神为伍的还有先王和贤士的灵魂。"下武维周、世有哲王。三后在天、王配于京。"(《诗经·下武》)古人的神灵世界概念经历了一个渐进的演变过程。商周时期，死者的灵魂被认为是持续存在的神灵。先王和贤士的灵魂，在上帝身边，是宾配的关系，"殷之未丧师，克配上帝。"(《诗经·大雅·文王》)而普通人的灵魂会变成鬼魂。不是所有人死后都会变成鬼，这取决于他们以前的生活状况。"庶人庶士无庙，死曰鬼。"(《礼记·祭法》)人类的灵魂在这里被认为是一个人能够从事持续活动的剩余本质。到后来，观念发生转变，认为鬼是人的身体归于地面，而魂升入天。"魂气归于天，形魄归于地。"(《礼记·郊特牲》)"气也者，神之盛也；魄也者，鬼之盛也；合鬼与神，教之至也。"(《礼记·祭法》)神鬼并无太大差别，只有尊卑之别，鬼游荡世间，神住在天上，都是泛指人死后与躯体相脱离而存在的灵魂或相对于人类现实世界而言的彼岸世界。从商到周到春秋的记录中，可以发现在神灵的概念上有一个渐进的转变。鬼开始与神结合起来，当一个人死后，这个人的灵魂可能会变成鬼魂。"大凡生于天地之间者，皆曰命。其万物死，皆曰折；人死，曰鬼。"(《礼记·祭法》)鬼与人的灵魂联系在一起，是人的灵魂的延续。一个特定的鬼魂所表现出来的活动是由这个鬼魂以前的生活质量所决定的。也就是说，达官贵人死后，有庙供奉，受享祭祀，便成了神，而普通百姓，无庙享祭，四处漂泊，成了鬼。"精神离形各归其真，故谓之鬼，鬼者归也，归其真，宅。"(《列子·天瑞》)

儒学的鬼神观念与生死观是相通的，常常合在一起讨论，概括起来是：生死有命、重生贵死、厚葬久丧，祭仪为重。儒学认为生死是一种自然法则，是不可抗拒的，这叫"天命"。孔子说："死生有命，富贵在天。"(《论语·颜渊》)儒学虽然尊重生命，但是对死也保持着泰然处之的态度，面对生死抉择的时候，应以"仁"为标准作出取舍。同时，如何对待活着的人，也应该如何对待死去的人。"生，事之以礼；死，葬之以礼，祭之以礼。"(《论语·为政》)孔子试图减少生者对死者的过分关注，但是孔子从不否认神灵，只是不过多谈论鬼神。"祭如在，祭神如神在。"(《论语·八佾》)

孔子虽然不谈论鬼神，但是主张祭祀，认为如果懂得了祭祀的意义，就可以运行天下，"天下之民归心焉。所重：民、食、丧、祭。"(《论语·尧曰》)荀子反对孟子"圣而不可知之之谓神"的观点，认为万物各自得到了阴阳形成的和气，各自得到了风雨的滋润而成长。看不见阴阳化生万物的工作过程而只见到它化生万物的成果，这就叫做神，神就是自然。鬼只是人们在精神恍惚时做出的错误判断。《礼记》为了论证天神崇拜的合理性，对鬼神做出了自相矛盾的解释。一方面，认为，鬼是形体，死后归土，神是精神，死后与形体脱离，成为漂浮的空气。"魂气归于天，形魄归于地。"(《礼记·郊特性》)实际上否定了鬼神的存在。另一方面，又将这样的鬼神当作神灵来崇拜。《礼记·祭义》里说圣人认为让百姓畏惧鬼神还不够，于是建造宫室，设立宗庙和祧庙，并制订一套祭祀仪式，以区别民众与鬼种的亲疏远近，教导人们缅怀先祖，追念本初，不忘诞生自己生命的初始。因为祖先的神灵与上帝同在天上，所以祭祀上帝时，不忘祖先，也请祖先出来配享。"王者禘其祖之所自出，以其祖配之。"(《礼记·大传》)

到宋代，中国人的鬼神观念发生了重大转变，多用气的往来屈伸变化解释鬼神。二程认为鬼神不过是气的聚散变化，人与鬼神的沟通是通过祭祀来进行的。张载在《正蒙·太和》里说："鬼神者，二气之良能也。"《正蒙·动物》："至之谓神，以其伸也；反之为鬼，以其归也。"朱熹说："神，伸也；鬼，屈也。""鬼神只是气，屈伸往来者气也。"(《朱子语类》卷三)"鬼神。天地之功用。而造化之迹也。"(《中庸章句》)朱熹认为，天地之间都是气，鬼神是气的变化生成。气聚为人，气散为鬼，气虽散，但是根仍然存在，所以，子孙之气与祖宗之气是相通的，这也是祭祀的意义之所在。对于理学家来说，鬼神与气在理学宇宙观中的地位和作用是相同的。宋儒并没有否定鬼神的意义。

清代的儒家学者，虽然有唯物主义的思想倾向，但也给精神的存在留有余地，更强调鬼神在祭祀中的作用。顾炎武说："精气为物，自无而之有也，游魂为变，自有而之无也。"(《日知录·游魂为变》)"程子曰：'鬼神，天地之功用，而造化之迹也。'张子曰：'鬼神者，二气之良能也。'用以解《易》'神也者，妙万物而为言'一章，斯为切当。如二子之说，则视之而弗见，听之而弗闻者，鬼神也，其可见可闻者，亦鬼神也。今夫子但言弗见弗闻，知其为祭祀之鬼神也。"(《日知录·鬼神》)乾嘉学派代表人物钱大昕认为："鬼神，谓天神地示人鬼也。有神而后有郊社，有鬼而后有宗庙。天统乎地，故言神可以该示。人死为鬼，圣人不忍忘其亲，事死如事生，故有祭祀之礼。经言鬼神，皆主祭祀而言，卜筮所以通神明，故《易传》多言鬼神。精气为物，生而为人也，游魂为变，死而为鬼也。圣人知鬼神之情状而祭祀之，礼兴焉。横渠张氏，以鬼神为二气之良能，古人无此义。二气者，阴阳也，阴阳自能消长，岂假鬼神司之。"（《十驾斋养新录·鬼神》）

总之，儒学关于鬼神的观念，就是现世型生死观，承认作为信仰对象的鬼神存在，并对其有敬畏之心，但是不接近鬼神，也就是，不介入宗教领域。

二、利玛窦与花之安儒学"鬼神"诠释比较

康德在《纯粹理性批判》中认为，鬼神等灵魂存在是一种迷信，但是它又是一种实用的信仰，是人的道德生活的需要，"此种偶然的信仰，构成某种行动之实际的行事方策之根据者，可以名之为实用的信仰。"①李泽厚先生在《中国古代思想史论》中认为这种实践理性与儒学对鬼神的实用精神是一致的。②

花之安对于鬼神之说，首先是从生死观入手。他引《易经》："天地之大德曰生。"认为天地有大生广生之赞。生死也是一种自然法则。有造必有化，有生必有死，这个道理，古今中外所有人物都不能幸免。对于生死，要可生则生，可死则死。古人有杀身成仁者，如龙逢之谏桀、比干之谏纣，他们死得其所，一死可与日月争光。当然，也有转念不死建大勋于天下者，如范蠡有会稽之耻，曹操有三败之辱，勾践不死终报大仇，管晏不死，助君称霸，魏征不死，终能报国。人生于天地之中，无论才艺之短长，皆可立善德于世，留其身以有为。花之安认为，人的生死皆是上帝之所命。如果因道义而死，其灵魂能永不泯灭，享天上之永福，其姓名也能标榜史册。所以忠臣烈士，视死如归，然必见理明，审事精，始定生死之

---

① ［德］康德：《纯粹理性批判》，蓝公武译，商务印书馆，1960 年，第 561 页。

② 参阅李泽厚：《中国古代思想史论》，生活·读书·新知三联书店，2008 年，第 25 页。

权衡。①

花之安虽然赞同儒学的生死观,却又不同于利玛窦对鬼神存在的肯定。

利玛窦在论述儒学鬼神时,是回到中国古代的原始信仰中,寻找西方世界关于鬼神的对应物。首先,用中国古代典籍论证鬼神存在。利玛窦以西士的口吻说:"吾遍察大邦之古经书,无不以祭祀鬼神为天子诸侯重事,故敬之如在其上,如在其左右,岂无其事而故为此矫诬哉?"②利玛窦又引用儒家典籍,"古我先王暨乃祖乃父胥及逸勤,予敢动用非罚?世选尔劳,予不掩尔善。兹予大享于先王,尔祖其从与享之。作福作灾,予亦不敢动用非德。"(《尚书·盘庚上》)在这里,他们的祖先的灵魂被视为仍然活着,并观看他们的后代在地上的表现。那些犯了错误而没有遵循道的人,将受到惩罚。"盘庚者,成汤九世孙,相违四百祀,而犹祭之,而犹惧之,而犹以其能降罪、降不详,励己劝民,则必以汤为仍在而未散矣。"③其次,以理释鬼神存在之疑,利玛窦认为,神的存在不能简单地以相信或不相信的态度加以肯定或否定,人的灵魂在肉体死后仍然存在。"无色形之物,而欲以肉眼见之,比方欲以耳啖鱼肉之味。""谁能以俗眼见五常乎?谁见生者之魂乎?谁见风乎?""《春秋传》载:郑伯有为厉,必以形见之也。人魂无形,而移变有形之物,此不可以理推矣。夫生而无异于人,岂死而有越人之能乎?"④利玛窦认为人的灵魂在肉体死后仍然存在。"西士曰:《春秋传》既言伯有死后为厉,则古春秋世亦已信人魂之不散灭矣。而俗儒以

① 参阅[德]花之安:《自西徂东》,上海书店出版社,2002年,第134页。

② [意]利玛窦:《天主实义》,载朱维铮主编:《利玛窦中文著译集》,复旦大学出版社,2001年,第33页。

③ [意]利玛窦:《天主实义》,载朱维铮主编:《利玛窦中文著译集》,复旦大学出版社,2001年,第33页。

④ [意]利玛窦:《天主实义》,载朱维铮主编:《利玛窦中文著译集》,复旦大学出版社,2001年,第35页。

非薄鬼神为务，岂非春秋罪人乎?"①关于死者的精神在他活着的时候比他拥有更大的力量，利玛窦认为这并不奇怪。"灵魂者，生时如拘缧紲中；既死，则如出暗狱而脱手足之拳，益达事物之理焉，其知能当益滋精，逾于俗人，不宜为怪。君子知其然，故不以死为凶惧，而忻然安之，谓之归于本乡。"②再次，阐明理学家的"气"不等同于神灵。利玛窦驳斥了气之动静而为阴阳，阴阳二气生成万物这一概念的一个重要因素是其中所包含的泛神论意蕴。如果神灵、人类和其他生物，无论是有生命的还是无生命的，都是由气创造的，那么上帝和宇宙就是由同一元素构成的。鬼神也不是物，鬼神在物与魂神在人不同，魂神中与人形的一体，鬼神与物各列各类，万物各从其类。天主命鬼神引导万物，利玛窦同时反驳了万物有灵论。最后，利玛窦指出，鬼神虽然存在，但是是服从于上帝的。孔子说敬鬼神，并不是要人们远离鬼神，而是警示人们不要向鬼神祈求得到帮助，这些都不在鬼神的能力范围内，在耶教看来，如果向鬼神祈求，则是将鬼神与上帝等同，陷入偶像崇拜的罪中。此外，利玛窦还对儒学生死观的魂魄观念进行了改造。利玛窦认为，人死后，只是形魄的消灭，而灵魂却是长存的。天下之物，莫不以火气水土四行相结以成，四行的矛盾运动，物体都有消亡。但是灵魂属于神性实体，与四行五关，所以能不朽。③ 这样儒学的魂魄二层观念被解读为一个单一实体，永恒不灭的灵魂观。利玛窦肯定儒学鬼神的存在，但是也指出，儒学只认领现世世界，并不提天堂地狱之说，只把报应局限于现世。要说明的是，利玛窦认为中国祭祀的前提就在于灵魂不灭，因为灵魂不灭，子孙才修庙以祭，祖先得以知后辈"事死如事生、事亡如事存"(《荀子·礼论》)之心。

---

① ［意］利玛窦：《天主实义》，载朱维铮主编：《利玛窦中文著译集》，复旦大学出版社，2001年，第35页。

② ［意］利玛窦：《天主实义》，载朱维铮主编：《利玛窦中文著译集》，复旦大学出版社，2001年，第35页。

③ ［意］利玛窦：《天主实义》，载朱维铮主编：《利玛窦中文著译集》，复旦大学出版社，2001年，第35-36页。

花之安则是对儒学的鬼神观念进行了否定和批判，所谓批判指的是，中西对比中"构成障碍且必须被清除的对抗点"①。另一方面，花之安认为，要让中国人信奉三位一体的圣神。

《儒学汇纂》中，花之安在翻译了有关鬼神的句子，如"祭如在祭神如神在"，"社……以松……以柏……以栗"，"菲饮食而致孝乎鬼神"等，推论说，"从这里，我们或许可以得出这样的结论：中国人的心灵无法理解人以外的人格化，尽管有神学上的联系，但儒学的天与耶教的上帝仍然相去甚远"②。

花之安首先指出儒学崇拜的神实际上都是人，其生前品节高尚，后世思慕之，所以谬指为神，或者有朝廷敕封其为神，如关羽。"伟大的宗教真理被扭曲成了一幅漫画，这位战神不是上帝派到人间来拯救人类的，而更像是一位道德偶像，被刽子手所杀。被钉十字架的基督和被砍头的战神是多么奇怪的相似和鲜明的对比啊。"③儒学典籍中真正的"神"与《圣经》中的圣神具有共同点。按照神的字面意思，中国的典籍可以进行解答。如《说文解字》："神，天神，引出万物者也。"《孔传》："谓圣无不通，神妙无方。"《礼记·礼运》："鬼神之会疏，神乃天之别体。"《昭明文选》云："神具醉止。"等。解释神的意思，都有指归，还不至于泛滥无归，混淆不定。接着花之安认为祖先，生前为气血之俦，死后如幽灵，子孙于春秋表达思念，是人之常情，但是不必为了向先世求福而祭拜。花之安还区分了神鬼之别，神是神，鬼是鬼，中国将鬼神连在一起，所谓人死后变为鬼之说是错误的，是大错误。《礼记·祭义》里说，每个人都会死，死后归于土，就叫鬼，灵魂升上天，叫神，所以，人身之死，分鬼神两个字。《尔

①　Ernst Faber, *A Systematical Digest of the Doctrines of Confucius* (Shanghai American Presbyterian Mission Press, 1873), p. 90.

②　Ernst Faber, *A Systematical Digest of the Doctrines of Confucius* (Shanghai American Presbyterian Mission Press, 1873), p. 32.

③　Ernst Faber, *China in the Light of History* (Shanghai American Presbyterian Mission Press, 1897), p. 16.

雅·释训》云："鬼之为言归也相类。俱以人死为鬼。"所以，鬼与神是格格不入的。①

他认为，世间只有一个大主宰即中西方的上帝，犹如一国不能有二君一样。至于天使，是上帝所造，服上帝之所役，如同君主遣百官管理国家。人若私立一神而敬拜，那就是偶像崇拜了。人敬拜众神，是想避祸求福，祈求神灵感应，呵护自己。但是，众神不操福祸之权，上帝降之福祸、善恶，如影随形，分毫不差，大公无私。人如果不修德，而以香烛牺牲供奉，难道神灵也可以收受贿赂？世俗敬奉古人为神，如关帝，但不知这些神灵是否能真享其供品，听其祷告。各庙同时致祭者甚多，神灵能遍享吗？就算神灵能听人祷告，同时祷告者甚多，神灵能遍听之吗？中国的神灵繁多，庙宇繁多，除了上帝和天使之外，其他信奉的神灵都是假神、邪神。所以，花之安认为儒学的最根本错误在于多神论，这导致了鬼神泛滥、偶像崇拜、迷信等活动在人们心中存在。"人之不明天道者，多崇祀群神，历代相沿，不知获罪于上帝。其崇祀群神也，亦无定见，或始则祀之，继则慢之，如孟子曰：牺牲既成，粢盛既洁，祭祀以时，然而旱干水溢，则变置社稷。其意盖谓土谷之神，不能为民御灾捍患，则毁其坛壝而更置之。观此则神之不灵可知。夫群神环绕帝座，上帝用之如风如火，或为执事，奉遣以事得救之人。然非由人意可以变置之也。况绕帝座之群神，不受崇拜，不享牺牲，与人同侪。由是可知列国所事之群神，非绕帝座之天使也。乃逆命之邪神耳。盖绕帝座之天使，不受崇拜，而逆命之邪神，反僭受崇拜也，人之不明而崇拜群神，已经自失其灵魂矣。"②

花之安容忍祭祀，因为西方也有祭祀，"乃自元祖犯罪，而人与上帝歧矣。自罪恶加重，而人与上帝愈歧矣。歧之甚，则人与上帝益远。与上帝益远，则与上帝交通亦益难。然则孰可以与上帝交通者？曰：惟献祭。

---

① 参阅[德]花之安：《经学不厌精·十三经考理天卷》，上海美华书馆，1898年，第41-42页。

② [德]花之安：《经学不厌精·十三经考理天卷》，上海美华书馆，1898年，第21页。

献祭之事，该隐、亚伯肇其先，而筑坛以献祭"①。

但是他对儒学的祭祀的礼仪、内容进行了批判。他指出，儒教的圣贤死后为神，祭祀可以使其享馨香，不祭则鬼可能会变为厉鬼，所以祭厉，意思是祀饿鬼，这是儒教言祭祀的结果。但是儒学的祭祀鬼神一是劳民伤财，中国崇信鬼神，祭拜偶像，每年花费的钱财数不胜数，周年香烛之费不易明言比如爆竹喧阗，灯火灿烂，红纸金花，酒醴牲牢，虽曰一人所出有限，但是统计一国之开销，积少成多。又比如一些迎神会、建醮修斋，每次一日的排场，比户须捐十余两。三天的庆祝，一家贡献数十金，习俗所尚，人难措阻。并且借酬神而演戏，男女聚集观看，借贺诞而高歌，老幼恭听，岂知这些都如烟花，为欢无几，到年终统计，耗费岂止是万千。二是鬼神之说滋生骗子。巫觋之徒，专以鬼神符咒惑人，到处捉装神弄鬼，令愚夫俗子奉若神明，煽骗钱财，这样的诈伪之术到处可见。三是鬼神之像，虚假可笑，三教的神仙佛不能尽数，而这些神佛，不过是些泥塑木雕，外部虽然金碧辉煌，衣冠华丽，至年底久远，庙宇颓废，其法像庄严荡然无存。神灵自己都不能护自己的身体，怎么能保佑他人。至于那些将街边形状怪异的石头当作神灵的，那更是可笑了。②

所以，花之安认为，儒学和西方的区别还在于儒学遍地鬼神，而西方信奉唯一圣神。"彼儒、释、道三教虽各有其经，后来日久，愈觉生弊，以立鬼神太多，日久则愈失其真也，耶稣经中亦有言鬼神者，但令人不拜鬼神，惟诚心以事上帝，不必畏鬼神，顾《圣经》之信鬼神，不比各经之言鬼神也。"③

正如花之安指出的儒学和西方对神灵崇拜的对立点，儒学"对神灵的崇拜不是在精神和真理上，而是通过严格遵守规定的仪式来完成的。祭品和祭祀大多是与金钱相关的物质。虽然经典也指出了更深层次的意义，但

---

① ［德］花之安：《玩索圣史》卷一，武汉圣教书局，1910年，第27页。

② 参阅［德］花之安：《自西徂东》，上海书店出版社，2002年，第143页。

③ 参阅［德］花之安：《自西徂东》，上海书店出版社，2002年，第227页。

这种肤浅的从经典播下的种子中成长起来的仪式主义，没有提升虔诚的感觉，没有对心灵和生命的革新影响"①。

当然，花之安与利玛窦也有相似一点在于灵魂之说。他认为，人的灵魂由天赋予。天令人既生，不仅仅具有人之形，并赋之以灵魂。如果人没有灵魂，那么其身体不过是一具泥塑像。人身必有死，归土而化，但是灵魂独不化，可永存留。所以能定善恶之报应。善灵升于天堂，而恶灵则下地狱。所以，灵魂要入天堂，必多行善德。"保全灵魂，死后而得灵身之不缺，如种花然。人行各等善德，渐渐扩充之，犹善养其花，枝叶日茂，其花从此愈发愈荣，能完其美好，正不同不善养者，日觉其萎坏也。……人欲善养其灵魂，必令吾善德日增，而灵魂自然无亏欠，乃可完全其美善耳。"②

花之安对儒学鬼神祭祀的劳民伤财等进行批判有一定的合理性。另一方面，他站在一神论的角度对中国神灵系统进行批判。事实上，古代中国的宗教思想其实是一种万物有灵论。不同于认为神对世界的完全超越的自然神论，也不同于将圣神的存在者限定为一人格的有神论。儒学的神道系统在人类存在的此岸世界和超越力量的彼岸世界之间没有如耶教所显示的分裂。人类世界与被神圣力量赋予生机的自然客观领域，相生相伴。神、自然和人形成了一个不可分割的有机整体，具有不同力量、尊严、现实和价值的品级。此外，古代中国的宗教思想还表达了一种类神圣的情感体验，用儒学的术语，即"升于中天"力量，在那些圣人身上——他们更接近于神灵的客观精神。对古代中国人来说不存在所谓"隐秘的上帝"，这是祭祀仪式神奇功能的关键所在。中国人所崇拜之上帝神鬼，皆为古代圣王。古代圣王功德在民，死后民受其利、民感其德、畏其威，故祭拜之。至于中国的祭祀祖先，也证明真正的宗教情感是出自感恩心理。真正的儒教祭祀用的是神主，是不立塑像的，实际上是一种灵性崇拜。儒学祭祀的鬼神，也不是人形本身，而是

---

①　Ernst Faber, *China in the Light of History* (Shanghai American Presbyterian Mission Press, 1897), p. 60.

②　[德]花之安：《自西徂东》，上海书店出版社，2002年，第164页。

"魂魄",是无形的,古代的祭祀中,祭祖,祭先圣先贤更多是给日月山川大地的配祭,而不是祭祀主要对象,人物祭祀是自然祭祀的一部分。古代推崇周礼,在于周代的祭祀,"以禋祀祀昊天上帝",以"血祭社稷、五祀、五岳"(《周礼·春官·大宗伯》),并没有塑像。周礼把人类对于自然造化的赞美抽象为一种精神崇拜。新儒学代表之一的方东美先生认为:"在庄严的祭祀仪式活动中,虔诚的人可以看到天命降于大地,融入愉悦的自然精神中并渗透在人每天的虔诚行为当中。如孔子所说:'夫礼,先王以承天之道,以治人之情。故失之者死,得之者生。'根据儒学所言,祭祀的意义在于返回本源以回报作为生命源头的神性,以显示我们最深刻的感激和最大的欢乐。所有形式的祭祀都是对'升于中天'之功效的精神象征。"①而中西生死观最鲜明的差别如比利时鲁汶大学汉学家钟鸣旦所说:"生者和死者之间存在着一种持续的交流的观念,构成了中华帝国晚期思想形态的基础。这种交流具体体现为向死者贡献食物、纸钱和其他物品。作为回报,生者希望获得某些实在的利益,包括好运、财富以及子孙昌旺等。……然而在耶教中,生者和死者之间不存在任何交流,人们不相信死者能从生者那里获得任何东西。只有在生者和天主之间、死者和天主之间,才存在着联系(生者和死者是无关的)。"②古代中国人所说的神并不会借魔鬼以探正义,也不会与堕落者保持一致。儒学的对鬼神和人的看法,是中国伦理文化的源头,这是花之安所没有看到的。

第三节 "成圣"与"救赎"

一、儒学的"成圣"与"救赎"

"圣人"是儒家永远的理想和最高价值理念。儒家思想在实践意义成为一

---

① 方东美:《中国哲学之精神及其发展》,中州古籍出版社,2009年,第53页。
② [比]钟鸣旦:《礼仪的交织:明末清初中欧文化交流中的丧葬礼》,张佳译,上海古籍出版社,2009年,第31页。

种成德之学，或者叫"成圣之学"，并对后世产生了深远的影响。"圣人"一词，在《论语》中出现 3 次，《孟子》中出现 19 次，《荀子》中 35 次。在《道德经》中出现 31 次，《庄子》中 113 次，《墨子》中 35 次，《韩非子》中 54 次。"圣"在中国古汉语里的原意是"通"，有聪明之意。"圣者，无所不通之谓也。"（《尚书·大禹谟》）到春秋战国时期，"圣"逐渐被赋予了道德的含义，并加以人格化。孔子认为"博施于民而能济众"（《论语·雍也》）。这样的人才能称为圣人。孟子提出了"人皆可以为尧舜"（《孟子·告子下》）。荀子则进一步提出了"人皆可以为尧舜"的途径——学习。"俄而并乎尧禹。"（《荀子·儒效》）"涂之人百姓，积善而全尽谓之圣人。"（《荀子·儒效》）《礼记》提出了对圣人的道德标准，"所谓圣人者，知通乎大道，应变而不穷，能测万物之情性者也"（《礼记·哀公问五义》）。

到宋代，周敦颐认为圣人是可以通过学习而来的，"圣可学乎？曰：可。曰：有要乎？曰：有。请问焉？曰：一为要，一者无欲也。"（《周子通书·圣学》）"圣人与天地合其德。"（《太极图说》）"圣希天，贤希圣，士希贤。"（《周子通书·志学》）程颐说"圣人可学而至，曰：然。学之道如何？曰：天地储精，得五行之秀者为人。"（《二程全书·颜子所好何学论》）"人皆可以至圣人，而君子之学必至于圣人而后己。"（《传习录》上）都强调可以通过学习成为"圣人"。朱熹认为，圣人之为圣人是因为圣人的道心常为一身之主，而人心听命，所以成圣的唯一办法是使人心合于道心。"故圣人不以人心为主，而以道心为主。"（《朱子语类·尚书·大禹谟》）普通人通过学习可以成为圣人，说明普通人和圣人的心理都是一样的，如明代理学家胡居仁所说："人皆可以为尧舜，是吾心之理与圣人一也。吾之理既与圣人一，又何圣人之不可学乎？不学者皆自弃也。"（《居业录·圣贤》）虽然，圣人与普通人的心理没有区别，但是圣人之所以圣人，普通人是普通人，说明两者存在着区别，差别在于圣人保存着纯粹的天性，遵循天理，荀子对这个问题早有观察。他在《性恶》里说："圣可积而致，然而皆不可积，何也？"人人都可以通过积善成为圣人，但几乎所有人都没有积善成于圣人。原因在于可能性和必然性的关系。"故小人可以为君子而不肯为君子，君子可以为小人而不肯为小人。小人君子者，未尝不可以相为也，然而不相为者，可以而不可使也。故涂之人可以为禹，则然；涂之人能为禹，未必然也。"普通人不肯"化性"，而且"纵性情，安恣睢"；或者在"专心一志"和"积"上功夫不够，自然无法成为圣人。"圣人作事，动循天理，动中机会。循天理则人心服而化，中机会则事当而易治。"（《居业录·帝王》）王阳明认为，"圣人之所以为圣，只是其心纯乎天理，而无人欲之杂。犹精金之所以为精，但以其成色足而无铜铅之杂也。人到纯乎天理方是圣，金到足色方是精。然圣人之才力，亦是大小不同，犹金之分两有轻重。"（《知行录》）对于那种认为圣人之道非常困难和神秘的说法，胡居仁说："或者以为圣人之道高远难至，非后学之所敢及。殊不知有生之类，其性本同，但圣人不为物欲所昏耳。今学者诚能存养省察，使本心常明，物欲不行，则天性自全，圣人可学而至矣！"（《胡文敬集》卷二《续白鹿洞学规》）所以，圣人之道，并不神秘，在于日用之间，只要存养省察，发展人固有之善端，终会达到圣人的境界。清代的黄宗羲赞同孟子的"人皆可以为尧舜"的说法，只要人们遵守儒家的伦理，人人都可以成为圣人。"乾坤之所以不毁，人类之所以不灭，全在亲戚君臣上下太和保合，人皆可以为尧舜矣。"（《孟子师说·齐国章》）

儒学思想中并没有太多救赎的观念，德国哲学家马克斯·韦伯说："除了摆脱野蛮和无教养状态以外，儒学不希图任何解脱，他所期待的道德报偿是：今世长寿、健康、富贵，身后留个好名儿。"[1]"并非任何理性的宗教伦理都必然是救赎伦理。儒教是一种'宗教的'伦理，但丝毫不知所谓救赎的需求。"[2]

---

[1] ［德］马克斯·韦伯：《儒教与道教》，王容芬译，商务印书馆，2004年，第281页。

[2] ［德］马克斯·韦伯：《宗教社会学·宗教与世界》，康乐、简惠美译，广西师范大学出版社，2011年，第187页。

二、利玛窦与花之安儒学"成圣"诠释比较

儒学和西方关于"成圣"的区别在于，儒学认为人只要依照自己的诚心，不断地修身，践行成圣之道，人人皆可为尧舜，成圣成贤，而无须仰赖外在力量来拯救与提升。而耶教强调，人是被神创造、拣选、启示与救赎的，并且人都因背负了"原罪"，不能依靠自己向上提升，人必须依靠神的救赎才能获得永生，主动权在神。

花之安对于中西的"成圣"与"救赎"采取的调和的方法调和是将两个相接近的东西并列在一起，使相似的思想加以整合，产生新的诠释和定位。"得先后之序，审缓急之宜，而权其轻重之准，调停尽善，彼此有益。"①

而利玛窦是消弭儒学修己成圣与耶教靠神的救赎成圣的差异，模糊两者之界限，尽力地将其融为一体。利玛窦说，人们遇难望救，为恶心惧，都是因为良能使人相信有一上尊。如果认为不存在天主或虽承认天主但认为他不干预人事，则会堵塞"行善之门"，大开"行恶之路"。天主是"道德之源"。② 对天主存在的道德论证目的在于论证至上神的存在，强调了道德律来源的神圣性。对于儒学的救赎，利玛窦说中国人"他们是不承认有天堂和地狱的，只看重为人处世的道德和现世的利益。"③也就是说中国人并不追求个人救赎。因为儒学的上帝没有道成肉身，也没有牺牲救赎，所以很难将上帝的救赎与人的救赎联系在一起。对于这个问题，北京大学哲学系教授孙尚扬指出，利玛窦运用了善功赎罪这一教义，回到了奥古斯丁的神学理论，因为人的原罪使人难以通过自由意志选择善行来获得救赎。④

---

① ［德］花之安：《自西徂东》，上海书店出版社，2002 年，第 98 页。

② 参阅［意］利玛窦：《天主实义》，载朱维铮主编：《利玛窦中文著译集》，复旦大学出版社，2001 年，第 7 页。

③ 参阅［意］利玛窦：《天主实义》，载朱维铮主编：《利玛窦中文著译集》，复旦大学出版社，2001 年，第 134 页。

④ 孙尚扬：《基督教与明末儒学》，东方出版社，1994 年，第 53 页。

"世人之祖已败坏人类性根,则为其子孙者沿其遗累,不得承性之全……民善性既灭,又习乎丑,所以易溺于恶,难建于善耳。"①于是"天主慈恤人类亲来救世"。②

花之安在《经学不厌精》中认为,儒学思想中也有救赎的观念,大灾小祸是无法避免的,就算尧汤、吕尚、孔子之类的圣人也会遇到。"《易》曰:'君子以思患预防。'又曰:'君子以敛德避难。'知患难之事,贤者不免。其大者,如尧九年之水患,汤七年之旱灾;其小者,如《礼运》'争夺相杀,谓之人患',《诗·王风》'我生之后,逢此百罹'等皆是也。推之吕尚困于棘津、仲尼厄于陈蔡,有道仁人犹遭偃蹇,况以中材而涉乱世之末流,其能免乎灾害哉?"③因此,他们也有求得拯救的思想。如《太甲》曰:尚赖匡救之德。只是他们虽有求救的思想,却不知向谁求救。"惜中土儒者,知求救之义,而不知求救之功归谁人?夫是以求之不当,而祸患频仍,毫厘千里,当局者不知其谬,我因是不能忘怀于救主矣。"④儒学是说就算是圣人也会遇到灾难,此时需要拯救。虽然有求救之义但并没有讲谁能拯救。儒学的罪的理解在于罪犯或者是做了坏事。而耶教的罪的定义在于人的行为偏离了上帝,指的是人与上帝的关系。人自己不能拯救自己,需要上帝的拯救。耶教的救赎论包括几个阶段,犯罪堕落,灾难降罚,反省悔过,救主降临,最终审判,走向天国。

对于成圣,花之安认为,儒学的成圣和西方的成圣只是外表相似,人不能依靠自己的肉体成圣,人的成德成圣都需要上天的恩典。"尝见人洁己自好,亦欲勉为善良,以为可以希贤,可以希圣,可以希天矣。无如为

---

① 参阅[意]利玛窦:《天主实义》,载朱维铮主编:《利玛窦中文著译集》,复旦大学出版社,2001年,第94页。

② 参阅[意]利玛窦:《天主实义》,载朱维铮主编:《利玛窦中文著译集》,复旦大学出版社,2001年,第94页。

③ [德]花之安:《经学不厌精·十三经考理天卷》,上海美华书馆,1898年,第34页。

④ [德]花之安:《经学不厌精·十三经考理天卷》,上海美华书馆,1898年,第35页。

恶则易，为善则难，或废于半途，或荒于末路，有初鲜终。其进锐者其退速，作辍无定，一日曝十日寒，一行偶恕，百行莫赎，一念之差，终身殆误。从善如登，从恶如崩，盖向善如此之难也。推究其故，由于专恃古人之诫命，而未得天父保佑之恩惠。失其资助，故难以坚向善之心耳。夫诫命，犹镜也，上天之恩惠，犹水也。譬有污秽在面，取镜以鉴，则可以照见污秽。然镜仅能照见污秽，而不能除去污秽，欲除去污秽，非水不可。故人欲改恶向善，必得上帝保佑，然后有定识，有定力，始终可以如一。"①正如花之安在《性海渊源》对中西关于成圣的总结，"《圣经》儒教之所以有别者，《圣经》归万经之本于上帝，故虽古今万国同此真原，儒教则各成其善以为圣。故尧舜不同于汤武，孔孟又异夫伊周。推原其故，盖《圣经》得上帝默示以训人，故知之特悉；儒者皆由自勉以求合夫天理，故知之未深。虽孔子称之为至圣，尧舜共目为圣君，然其善，祗见于当躬，道仅行乎中国，非若耶稣之道灼见古今，无远弗届，光被四表，格于上下，化仁既多，信从者众，此显然不同者之实证也。"②

　　如何使人成圣，花之安指出，"扩充人之知"，"扩充人之仁"，"扩充人之勇"，知仁勇是儒学中的三达德，但是要获得知仁勇，关键在于是否信圣神。"欲扩充此三达德，必赖圣神之感动。而圣神之感动人也，必视人心为断。人能信道，则圣神感化，有以扩充其知仁勇；人不能信道，则不能邀圣神之感动，而知仁勇三达德，亦无由扩充也。然则人当坚心信道。依赖圣神保惠师，则可以笃天伦而无愧矣。"③

　　牟宗三先生说："凡成圣者，皆承认宇宙有无限之神秘，故有广大之心量与谦卑之情。"④祭天祭祖祭圣贤，如方东美先生所说"在于返回本源以

---

　　① ［德］花之安：《经学不厌精・十三经考理天卷》，上海美华书馆，1898 年，第36 页。

　　② ［德］花之安：《性海渊源》，上海华美书馆，1883 年，第 76 页。

　　③ ［德］花之安：《经学不厌精・十三经考理天卷》，上海美华书馆，1898 年，第49 页。

　　④ 牟宗三：《人文讲习录》，吉林出版集团，2010 年，第 116 页。

回报作为生命源头的神性,以显示我们最深刻的感激和最大的欢乐"①。所以,儒学的成圣并不需要外求,成德也不需要什么外在的拯救、保佑之类的东西。而是通过提高人生道德,达到"天人合一"的境界。道德实践是"内圣外王",是内有圣人之德,外施王者之政。唐君毅先生说:"基督教之上帝,可谓为犹太教中之超越而威严之上帝之自己超越其超越性,而内在于人心、于世界,自己超越其威严性,而显其谦卑、宽恕、仁爱,以承担世间之苦痛罪恶,并使一切同信此上帝、耶稣之人,亦彼此相待以仁爱、宽恕、谦卑,而共谋解除世间之苦痛罪恶之上帝。"②简单地说,儒学的成圣是由内到外,西方的成圣是由外到内。

总的来说,花之安调和的中西的"成圣"与"救赎"与利玛窦的诠释类似,都是在尽力证明儒学的"成圣"与"救赎"也需要恩典。按照西方教父哲学家的理解,"成圣"有两层含义,一是人对神和神灵的敬仰和尊崇,二是对人与神结合或合一的期盼。以这个标准来看,儒学的"成圣"实际上表达了人同最高本体合一的期望。所以,牟宗三先生将儒学界定为一种宗教,如果以耶教的上帝临在和灵魂不死为必要条件的话,儒教并不能等同于耶教式的宗教,因为,儒教没有普通宗教的宗教礼仪和组织。儒教本质上是一种道德的宗教,以成圣为宗旨,表达了一种有限和无限的超越结合的愿望。人人都可以为尧舜,人可以自主的决定生命的方向,"士希贤,贤希圣,圣希天。"(《通书·志学》)这也是生命的一种不朽,无须另祈求灵魂得救永生的不朽。儒教也有拯救的观念,任继愈先生在《论儒教的形成》中认为,进入高等级阶段的宗教都有"原罪"说,必须依靠宗教的力量来拯救人的灵魂。③ 如程颐说:"大抵人有身,便有自私之理。宜其与道难一。"(《两程遗书》卷二)儒教宣扬禁欲主义来拯救人的灵魂,宋明理学"存天

① 方东美:《中国哲学之精神及其发展》,中州古籍出版社,2009年,第53页。

② 唐君毅:《中国文化之精神价值》,广西师范大学出版社,2005年,第316-317页。

③ 参阅任继愈:《论儒教的形成》,载任继愈主编:《儒教问题争论集》,宗教文化出版社,2000年,第9页。

理，灭人欲"，都有禁欲的意义，这与中世纪的欧洲相似，是由双方封建社会的共性决定的。

◎ **本章小结**：本章研究了花之安对儒学天道观的中西互释，分别对二者思想的"上帝""鬼神""成圣与救赎"观念进行了诠释和评论，诠释的方法有类比、批判、调和等。中国并没有起源于希腊神话的"god"概念，但是传教士汉学家却知道中国有"上帝"的概念，这充分说明，"当一种文化、语言处于强势时，对它的翻译就可能掩盖了另外一个文化传统和其哲学思考。"①。儒学思想更多是一种包含人类精神的自然，并不是人格化的上帝。

---

① 成中英、杨庆中：《从中西会通到本体诠释：成中英教授访谈录》，中国人民大学出版社，2013 年，第 357 页。

第四章　花之安儒学宇宙观诠释

地伦是关于宇宙的看法。宇宙观也称世界观，是个人或社会对自然、社会及个人知识的观点与基本认知取向，是对整个世界的看法。宇宙观可以包括自然哲学，基本、存在和规范假设，以及主题、价值、情感和道德层面。宇宙观指涉的是一种人类知觉的基础架构，透过它，个体可以理解这个世界并且与它互动。包括宇宙起源论、宇宙认识论、宇宙互动论。儒学的宇宙观包括三个方面，一是形而上本体层面，强调宇宙的创造；二是价值观念层面，强调人对宇宙自然的态度，要认识宇宙自然，尊重宇宙自然的规律；三是行为规范层面，强调人与宇宙自然的关系。因此，本章从儒学关于宇宙的创造问题——世界本原、如何认识宇宙自然问题——格物致知，以及如何协调人与宇宙自然关系问题——天人合一，来论述花之安对儒学宇宙观的中西互释。

第一节　"本原"与"创世"

一、儒学论世界的"本原"

什么是本原？根据亚里士多德在《形而上学》里的解释，所谓"本原"（arche）即万物从何而来，又从何而去，生灭变化，唯独它不变的东西。本原有多个含义，其中最主要的意思有两个，一是开端，一是主宰。既是开始，也是基础。宇宙本体论也就是面对宇宙万物和道德价值，探究其终极本原和超越源头的理论。

按照这个解释来看儒家关于世界的本原问题。儒家思想常以天地指称自然，儒家认为，天地是化生万物的父母，天地是不可违背的规律。孔子说："天何言哉？四时行焉，百物生焉，天何言哉？"（《论语·阳货》）天地作为母体，万物依赖其生长。荀子也说："天地者，生之始也。"（《荀子·王制》）"天地者，生之本也。"（《荀子·礼论》）"列星随旋，日月递炤，四时代御，阴阳大化，风雨博施，万物各得其和以生，各得其养以成。不见其事而见其功，夫是之谓神。皆知其所以成，莫知其无形，夫是之谓天。"（《荀子·天论》）天地是万物的基础，人们无法看见天地运行的规律，但是可以看见天地运行的效果，这叫作"神"，而天地运行产生万物的过程叫作"天"，即自然。那么天地是什么？荀子试图给出一个解释，"水火有气而无生，草木有生而无知，禽兽有知而无义，人有气、有生、有知，亦且有义，故最为天下贵也"（《荀子·王制》）。

董仲舒在气化自然观的基础上发展出感应说。"天者，万物之祖，万物非天不生，独阴不生，独阳不生，阴阳与天地参然后生。"（《春秋繁露·天地阴阳》）"天地之气，合而为一，分为阴阳，判为四时，列为五行。"（《春秋繁露·五行相生》）人与天地万物都是由气及其所分化的阴阳、五行所生成，人的生命结构与机能也与天的结构与机能相适应。如国学大师张岱年先生所说："中国哲学中所谓气，可以说是最细微最流动的物质，以气解说宇宙，即以最细微最流动的物质为一切之根本。"[1]

到宋明时期，儒家关于宇宙起源和万物构成的讨论达到一个高潮，以张载为代表提出了气本论，以程朱为代表提出了理本论。张载提出"太虚"为世界的本原，"太虚无形，气之本体"。"太虚者，气之体。气有阴阳，屈伸相感之无穷，故神之应也无穷；其散无数，故神之应也无数。"（《太和篇》）"太虚者天之实也。万物取足于太虚。"（《张子语录中》）周敦颐认为太

---

[1]　张岱年：《中国哲学大纲》，江苏教育出版社，2005年，第65页。

极是天地和人道的本体。"阴阳成象，天道之所以立也；刚柔成质，地道之所以立也；仁义成德，人道之所以立也。道一而已，随事著见，故有三才之别，而于其中又各有体用之分焉，其实则一太极也。"（《太极图说》）"天"是化生万物的本体，与"太虚""太极"异曲同工。二程认为，理是宇宙的本原，天即是理，自然之规律，谓之天理。"言天之自然者，谓之天道。"（《二程语录》卷十一）"生生之谓易，是天之所以为道也。天只是以生为道。"（《二程语录》卷十一）天之道是生，生是最根本之理。朱熹认为"理"是生物之本，"气"是生物之具。天地万物生长，要有理，也得有气。"理"为万物之原，"气"构成了万物的原料。理在先，气在后，理生发出气。"宇宙之间，一理而已；天得之而为天，地得之而为地，而凡生于天地之间者，又各得之而为性。"（《朱子文集·读大纪》）"天地之间，有理有气。理也者，形而上之道也，生物之本也。气也者，形而下之器也，生物之具也。"（《答黄道夫书》）陆九渊认为宇宙的根本在于我心之理，"宇宙便是吾心，吾心即是宇宙"（《陆九渊集》卷三十六《年谱》）。王阳明继承这种说法，认为一切皆依附于心，心是一切，心是宇宙之主宰。"人者天地万物之心也，心者天地万物之主也。"（《王阳明全集·答李明德》）"如今人只说天，其实何尝见天？谓日月风雷即天，不可；谓人物草木不是天，亦不可。道即是天，若识得时，何莫而非道？人但各以其一隅之见认定，以为道止如此，所以不同。若解向里寻求，见得自己心体，即无时无处不是此道。亘古亘今，无终无始，更有甚同异？心即道，道即天，知心则知道、知天。"（《传习录》（上））

理气论是儒家哲学关于世界本原的基本理论。如明清之际的方以智认为，"通观天地，天地一物也。推而至于不可知，转以可知者摄之，以费知隐，重玄一实，是物物神神之深几也。寂感之蕴，深究其所自来，是曰'通几'"（《物理小识·自序》）。哲学探究的就是天地万物之本质，内在规律以及变化的学问。王夫之认为，气是世界的本质，是宇宙的唯一实体，理是气的规律，理气是统一的。"阴阳二气充满太虚，此外更无他物，亦无间隙，天之象，地之形，皆其所范围也。"（《张子正蒙注》卷一）"尽天地

115

之间，无不是气，即无不是理"（《读四书大全说》卷十《孟子·告子上篇》），"气者，理之依也"（《思问录·内篇》）。

二、利玛窦与花之安论儒学"本原"比较

花之安对儒学本原的诠释采用了与利玛窦类似的方法，对"太极""理""气"进行了否定，再肯定上帝创造自然万物。类似于辩证法中的"否定之否定"，有正反综合之意。否定的效应是批评的方式。花之安指出："我们批评儒学学说含有某些有害的细菌，这些细菌在中国历史上一直在生长和显现。……我们这样批评，只是为了给中国的文明、社会和政治救赎指明一条更好的道路。"①

利玛窦对宇宙的本原问题进行解释，必定要面对儒学的"太极""理""气"等问题，还有佛道的虚无之说。他采取否定的方法对儒学的世界本原进行了诠释。佛道虚无不是万物之原，空无无所施于物，空无不能生物体，空无只能生空无，空无于物无所用。太极为世界本原也是不合理的，太极生天地只是象征，而且无实理可依，太极是理而已，理也不是本原。对于"理"创造万物说，利玛窦从三个方面进行了否定：（1）理是依赖体不能为本原，无法自在自为，理并非独立存在于经验世界的天地万物，即非独立者，而是存在于这些实体之内，若主体不存，理也不存；（2）理不能生物，根据万物生产的自然顺序，结果不能产生先于原因；（3）理是无灵不能生化之物，既无动静，也无意志，自己不能活动，无法成为万物之源。对于气，利玛窦指出，气和水火土一样只是构成万物形象之元行。气是生物呼吸之物。人与飞禽走兽诸类都在气中生活，气不是宇宙的本原，也不是生命之本。至于道教的"物生于无，以无为道"和佛教的"色由空出，以空为务"之说，利玛窦指出，空无无所施于物，

---

①　Ernst Faber, *China in the Light of Histor*（Shanghai American Presbyterian Mission Press，1897），p. xi.

空无不能生物体，空无只能生空无，空无于物无所用，所以空无不是万物之原。①

利玛窦认为世界的本原是天，从四个方面进行了说明。一是以物质运行有序证明，没有外灵相助的运动，如石必止于其本处，风动而不合度数。有外灵相助的运动，如日月星辰各依其则，舟渡江海无覆荡之虞。二是以鸟兽的灵异证明，鸟兽的各种行为，求食、求饮、吐哺、跪乳等，与灵者无差别，这是为何？因为，有尊主者默教之。这个尊主就是天主。三是凡物不能自成，必须用外物来成之。楼宇房屋不能自成，必出于工匠之手。用铜铸一小球，如果没有巧匠，也难以自成。四是以万物的秩序证明，如宫室之巧、铜铸之字、天地、人类、动物、植物等的布置安排，各得其所。这个至灵之主就是天主。②

花之安对佛道关于宇宙的本意进行了批判，他认为，道家言道，佛教言空，都是"不根之谈"。佛教言空，其辞艰涩，其意肤浅，可以置之不论。道家的道与儒学的太极类似。老子云："道生一，一生二，二生三，三生万物。"解释为：道者，太极自然之理。其大无不包，其小无不入，物物皆有，时时皆然。合而言之称为之。道生一者，如同宋儒所谓无极而生太极。生二者，如同太极而生两仪。生三者，如同易经里说乾坤成男女的意思。太极者曰：太极元气涵三为一。曰涵三者，一与一为二，二与一为三。太极与两仪即二，两仪合太极即三。一即三，三即一也。又曰：太极者，先天之一元。诸如此类，花之安认为，这些说法，等同于谜语。这些说法就算没有掩盖生物的本原，也掩盖了生物之理。生物之理，必定是同类生同类，如人物百族之生，都是如此。道与一，是同类，还是异类？一同于道，则一救赎道。一异于道，道又无从生一，则一即一，一怎么能生二？假如说来自于一，则未生一以前，必早孕含二，而后能生。一真的早

——————

① 参阅［意］利玛窦：《天主实义》，载朱维铮主编：《利玛窦中文著译集》，复旦大学出版社，2001年，第16页。

② 参阅［意］利玛窦：《天主实义》，载朱维铮主编：《利玛窦中文著译集》，复旦大学出版社，2001年，第10页。

孕含夫二？合之二生三，三生万物，以此递推。物之生，应该有定时，时间过了，或未到时间，均不能生。道之生一生二生三生万物，究竟在何时？若在前一万年，则前二万年，道又何生？如果说道，无时不生，一生二，二生三，三生万物，则我也将无时不探究这个道。所以，按世俗之常言是无法深探万物之原的。①

对于儒学的"阴阳""太极""理气"等，花之安认为，首先，阴阳不是万物本原。"宋儒谓天为阳、地为阴，天地交泰而万物生。阴阳不过一虚悬之象，天地不过一覆载之区。不有上帝主宰于其间，彼阴阳二气断不能生万物矣。"②其次，太极八卦不是万物之原。宋儒说太极能生万物，不知道人之一心，有志气、有欲望、有意向，太极就是一虚空之物，既没有其心，怎么能生出志气，生人的欲望，生人的意向。太极无心，就好比天也无心，怎么能生出人的智慧？探究易象，伏羲始画八卦。伏羲之前，就存在天地万物。八卦为四象所生，则无须伏羲之画。那么既说四象生之，又说伏羲画之，可以知道，八卦只是人所安排的。八卦是人安排的，那么四象两仪八卦也是人缘象制义，随意命名的。最后，气清浊不分，无法使物成形状，也不是万物之本原。宋儒言性理，言太极生阴阳，二气鼓铸而万物遂生，岂知二气混行，清浊不分，怎么能使物物呈形、物物赋性，除非有大主宰运行于其中。不然天地何以发挥其功能，阴阳何以发挥其用处？③花之安在《经学不厌精》中说，"理为万物之原"④，但是这个"理"并不是儒学所说的"理气"的"理"，而是上帝之"理"，儒释道三教崇理而不崇主宰，这是儒学与西方关于世界本原的差异。

花之安在《玩索圣史》中论述了宇宙的本原和天地万物之理是上帝。上帝从无开始，先创造天，再创造地，再创造气、水、光、苍穹、平原、

---

① 参阅［德］花之安：《玩索圣史》卷一，武汉圣教书局，1910年，第2页。

② ［德］花之安：《自西徂东》，上海书店出版社，2002年，第161-162页。

③ 参阅［德］花之安：《玩索圣史》卷一，武汉圣教书局，1910年，第165页。

④ ［德］花之安：《经学不厌精·十三经考理天卷》，上海美华书馆，1898年，第22页。

植物等，接着是六畜、昆虫、走兽，最后造人，上帝按照自己的形象造人。①

可以看出，花之安对儒学"本原"的诠释，刚好证明了中西宇宙观的一个差异，为什么儒学的宇宙观是诸如"理""气"之类的东西，而耶教的宇宙观是"上帝"？成中英先生的本体诠释学认为，这就是中西思维的差异，中国的形而上学传统以时间为主，就是中国的本体宇宙论，而西方以空间为主，即西方的存有论。"西方人虽然也看到了万物的生化，但因视时间为不真实，为假象，于是便从时间里面引申出了上帝的概念，当然，在有无里面就有上帝存在的问题了，只是到时空里面，在经验上更觉得有上帝的需要。什么是上帝，西方一直要证明上帝，利用有的概念来证明上帝，叫做本体论的证明。"②中国哲学传统思想是一种整体论，宇宙与人为一有机之整，不能割裂或分开来理解。儒学的宇宙包含的不仅有自然世界，还有精神世界，是一个统一的生命系统，天地万物一体。而西方形而上学是一种二元论，也就是柏拉图提出的，人有两个世界，一个是灵魂所处的理性世界，另一个是身体所处的现实世界。人的感官所接触到的世界"并非是真实的世界"，只有灵魂所处的世界才是"真实的世界"，感官世界只是灵魂世界的影子。二元论强调"物我两分"，两者对立、相互排斥。朱嘉总括从汉到宋所有儒学对宇宙的看法以"天以阴阳五行化生万物"（《中庸章句》）来形容宇宙蓬勃的生命。宇宙并不只是一个物质机械活动的总和，而是普遍生命流行的境界，可以叫作"万物有生论"。儒学的那些概念都强调了宇宙的特性，广大圆融，统摄万物，即所谓"天地生物气象"。儒学关于宇宙本原的问题是儒学对于宇宙人生根本性原理的思考，从天道来思索人道。花之安对上帝创造世界的论述，来源于《圣经》，上帝创造世界，人与自然起初和谐的关系，由于人的犯错，受到上帝的惩罚，必须通过辛苦的

---

① 参阅[德]花之安：《玩索圣史》卷一，武汉圣教书局，1910年，第7-8页。
② 成中英、杨庆中：《从中西会通到本体诠释：成中英教授访谈录》，中国人民大学出版社，2013年，第50页。

劳作，才能得到生活用品。这反映了耶教对人与自然关系的理解。人是站在自然之外的，有统治自然的欲望，同时人要在与自然艰苦斗争中才能获得生存。这基本奠定了西方宇宙观对于世界本原的态度。所以，花之安以二元论的观点来诠释儒学的本原，必然会得出否定的结论。同样的论点也适用于对"道"的解释。在春秋战国时期，自殷周传下来的"天帝创世"说依然占据统治地位，而老子以"道"作为万物的本原，从理论上否定了"神"或"上帝"的存在，是对人类人格神宗教思维的一次根本性突破。"道"作为宇宙万物运动变化的规律，不仅具有物质意义，更具有精神的意义和价值，象征着宇宙生命生生不息，是物质世界与精神世界天人合一、浑然一体的审美境界。儒道关于宇宙本原的问题也包含着对人生与社会的思考，不能以二元论简单否定，这是花之安所忽视的。

第二节 "格致"与"知识"

一、儒学的"格物致知"

"格物致知"是儒家认识论的命题。先秦儒家的著作如《论语》《孟子》并没有"格物致知"的概念，孔子主要是建立伦理系统，对自然知识并不太感兴趣。虽然如此，但是孔子把政治伦理制度比作自然现象，二者都遵循一定的规律。"为政以德，譬如北辰，居其所，而众星共之。"《论语·为政篇》荀子对自然规律的认识要深刻得多："列星随旋，日月递炤，四时代御，阴阳大化，风雨博施，万物各得其和以生，各得其养以成，不见其事，而见其功，夫是之谓神。皆知其所以成，莫知其无形，夫是之谓天。"（《荀子·天论》）大自然的各种自然现象有其自己的规律，不以人的意志为转移。荀子主张："大天而思之，孰与物畜而制之？从天而颂之，孰与制天命而用之？望时而待之，孰与应时而使之！因物而多之，孰与骋能而化之。思物而物之，孰与理物而勿失之。(《荀子·天论》)"制天命"指要掌握自然的规律，"应时"指要适应自然的规律，"理物"指要发挥主观能动性，主动去认识自然。《大学》首次提出了"格物致知"的命题，并作为三纲八目的一部分。格物、致知、诚意、正心、修身、齐家、治国、平天下，八目的落脚点和核心就是"格物致知"。东汉王充认为："谓天自然无为者何？气也。恬淡无欲，无为无事者也。"(《论衡》)自然界无欲无求，自然而然地存在着。虽然有认识自然界的意思，但没有提出格物致知的词语。东汉郑玄的《周礼注》《仪礼注》《礼记注》对三纲八目进行了阐释，但是唯独漏了"格物致知"。

到北宋，司马光首次将《大学》独立成篇，加以阐释，作《致知在格物论》。司马光把"格"解释为"御"，即防止外界事物(名利之心)的影响，只有格物才能存心，而只有存心才能致知。"格，犹扞也，御也，能扞御外物而后能知至道。"(《司马文正公文集》卷七十一)二程则认为人心易受外物影响而产生欲念，使人心不正失去天理，通过"格物"可以恢复对人固有的先验知识和道德。"格犹穷也，物犹理也，犹曰穷致其理而已矣。"(《二程遗书》卷二十五)一直到南宋朱熹编订四书补写《补格物致知传》，补齐三纲八目的所有解释，才让格物致知重新进入成为儒家思想的重要一环。朱熹将"物"解释为"天下之物"，"即凡天下之物，莫不因其已知之理而益穷之，以求至乎其极。至于用力之久，而一旦豁然贯通焉，则众物之表里精粗无不到，而吾心之全体大用无不明矣。""所谓格物，便是要就这形而下之器，穷得那形而上之道理。"(《朱子语类·大学二》)朱熹的意思是通过穷究事理从而获得知识。"如今说格物，只晨起开目时，便有四件在这里，不用外寻，仁、义、礼、智是也。"(《朱子语类》卷十五)当然，朱熹只是将知识作为道德信仰的支柱，并不是要人将心力放在钻研自然物理上。"格物、致知，彼我相对而言耳。格物所以致知……所以《大学》说'致知在格物'，又不说'欲致其知者在格其物'。盖致知便在格物中，非格之外别有致处也。"（《朱子语类》卷十八）。朱熹实际上是强调了他者的存在，不可将知识直接化为一心之用，而是经过他者之知返回自我，这样才能达到自知的境界。自我与他者是统一学习的过程，避免了二元论的陷阱。若以现代观念看，如钱穆先生所认为的，朱子学的格物，其最著精神处既是属于伦理的，也可以说是属于科学的。也就是朱熹将心与理分为二，一体两分，两体合一。朱子言格物，"其涵意甚广，上自宇宙，下至人生，靡所不包。亦可谓朱子全部学术，即是其格物穷理之学。惟今人言格物，则专指自然科学，与朱子之注重人生界更远过其注重宇宙界者不同"①。朱子学的"格物"以证明自然秩序与人间伦理的契合为终极关怀，理念上更类似于古希腊的自然哲学。

而陆九渊则反对在心外去穷理求知，将"格物致知"理解为"格去物欲"而求得天理。到明朝王阳明那里，他对朱熹的研究外物转向了内心，"先儒解格物为格天下之物，天下之物如何格得？且谓一草一木亦皆有理，今如何去格？纵格得草木来，如何反来诚得自家意？"（《传习录》）。王阳明认为，"致知"就是致良知，格物就是正物。阳明心学认为学问的终点是通过自我内在直观与他者形成万物一体的境界，在其深处贯穿着对于他者以及万物的感性共鸣，即"仁"。所以阳明心学多不使用"格物穷理"，而只用"格物"一词。总之，在阳明学那里，"格物"就是一个道德哲学命题，与自然科学毫不相关。

明清之际，随着实学思想的发展，一批儒家学者在批评陆王心学的基础上，认为要把格物致知的物与知，从伦理道德扩充到自然知识和社会知识上。顾炎武格物致知就是"下学而上达"。"下学"是考察实际具体事物，即"格物"；"上达"是贯通具体事物中的道理和原则，即"致知"。"格物"不能局限于书本上的知识，更重要的是关系"国家治乱之源，民生根本之计"的"当务之急"。"以格物为多识于鸟兽草木之名，则末矣。知者，无不

---

① 钱穆：《朱子学提纲》，生活·读书·新知三联书店，2002年，第228页。

知也，当务之为急。"(《日知录·致知》)被称为"海内大儒"的李颙提出了"经世宰物以为用"，把"格物"的"物"解释为身心意知家国天下之物，格物要考察有关国计民生之事，"礼乐兵刑、赋役农屯"以至"泰西水法"等实学都是"物"。

二、利玛窦与花之安儒学"格物"诠释比较

明清之际的耶稣会士有一个用拉丁文表示的口号——propaganda fidei per scientiam，意思是通过科学传播信仰。利玛窦指出儒学的格物之学，只重道德，忽视科学。"对于我们西方的学者和哲人他们一无所知，他们对此也不重视，同时他们也不重视科学。"①他在《识两仪玄览图》将西方科技解释为格物之学，"窃尝睹《大学》格物致知之说，未始不反覆深。惟如夫格物之大，无逾天地。不察天地之成形，何由辨天地之定性；不密地势之卑通，何由观天际之高远。"②特别是几何学，它是最高深的格物之学。利玛窦应该知道儒学传统是强调修身，而轻视科学，他选择用"格物"来表达科学，主要是用中国人熟悉的词语来表达，更宜为中国人接受。"中文当中并不缺乏成语和词汇来恰当地表述我们所有的科学术语。"③

利玛窦的学生徐光启说："顾惟先生之学，略有三种，大者修身事天，小者格物穷理，物理之一端别为象数，一一皆精实典要，洞无可疑。"④"修身事天"指的是神学，而"格物穷理"则指的是 philosophia，是明末耶稣会翻译的哲学的译词。如意大利耶稣会士毕方济(1582—1649)在《灵言蠡勺引》

① [意]利玛窦：《利玛窦书信集》，文铮译，商务印书馆，2018年，第198页。

② [意]利玛窦：《识两仪玄览图》，载汤开建编《利玛窦明清中文文献资料汇释》，上海古籍出版社，2017年，第112页。

③ [意]利玛窦[意]金尼阁：《利玛窦中国札记》，何高济、王遵仲、李申译，中华书局，2010年，第517页。

④ 徐光启：《刻几何原本序》，载汤开建编：《利玛窦明清中文文献资料汇释》，上海古籍出版社，2017年，第126页。

中说:"亚尼玛(灵魂)之学,于费禄苏非亚(格物穷理之学)中,为最益,为最尊。"①葡萄牙耶稣会士傅泛际(1587—1653)在与李之藻共译的亚里士多德逻辑学著作《名理探》中说:"爱知学者,西云斐录琐费亚。乃穷理诸学之总名。"②而 philosophia 一词涵盖的范围比今天所说的"哲学"范围要大得多。意大利耶稣会士艾儒略(1582—1649)的《西学凡》说:"一谓理科。谓之斐录所费亚。………格物穷理,则于人全而于天近。然之理藏在物中,如金之在砂,如玉之在璞,须淘之剖之以斐禄所费亚。"③他把学问分成文理医法教道六科,其中理又分为逻辑学、自然学、形而上学、数学、伦理学五科,五科又细分为若干小项目。所以,耶稣会士理解的格物穷理之学的理科包含了诸多实证之学,理科即是格物穷理之学的总称。利玛窦在《译几何原本引》中说"余以格物实义应"④,指向了耶稣会大学"七科"教育中除神哲学之外的其他课程。格物之学并不包括神哲学,这种格物之学的内涵已与宋儒的所谓心性修养毫无关联,更接近于西人所说的"科学",仅限于"形而下之器",即自然界之规律。

19 世纪 30 年代后,早期新教传教士开始用"格致"一词来表达西学,尤其指代西方科技,在1807—1842 年传教士出版的图书中,科学类图书所占比例超过三分之一。中国近代科学家徐寿指出:"中国之所谓格致,所以诚、正、治、平也;外国之所谓格致,所以变化制造也。中国之格致,功近于虚,虚则常伪;外国之格致,功征诸实,实则皆真也。"⑤徐寿指出

---

① 徐宗泽:《明清间耶稣会士译著提要》,上海书店出版社,2006 年,第 201-202 页。

② [葡]傅凡际译义、李之藻达辞:《名理探》,商务印书馆,1935 年,第 1 页。

③ [葡]艾儒略:《艾儒略汉文著述全集》,广西师范大学出版社,2011 年,第 49 页。

④ [意]利玛窦:《天主实义》,载朱维铮主编:《利玛窦中文著译集》,复旦大学出版社,2001 年,第 302 页。

⑤ 陈谷嘉、邓洪波主编:《中国书院史资料下》,浙江教育出版社,1998 年,第 214 页。

了经学格致与科学格物的本质区别。英国伦敦会传教士艾约瑟和近代思想家王韬合译《格致新学提纲》，凡象纬、历数、格致、机器，有测得新理或能出精意创造一物者，必追记其始源。英国圣公会传教士傅兰雅编写了《格致须知》和《格致图说》两套普及性的科学丛书。此外，他还创办了格致书院和《格致汇编》杂志，对晚清社会起到了重要的科学启蒙意义。鸦片战争后，晚清社会政治形势的巨大变化，中国探索救国出路与来华传教士汉学家的西学传播活动交织，主张通过改变社会来传教。因此，人文社会科学成为西学的主要内容，在广学会出版的非宗教类图书中，人文社科类图书占 74.89%，自然科技类图书只占 12.55%。因此，花之安将社会科学纳入格致学的范围。20 世纪初，"科学"一词出现，到 1906 年后，"科学"完全取代了"格致"，"格致"一词也消失在历史中。所以，"格致学"的内涵从狭义的自然科学向广义的包括自然科学和社会科学的"科学"演变，"格物"的科学含义延续至今。

花之安不同于耶稣会士将"格物"指为自然之学，而是回到了宋儒的"格物"之学，宋儒的"格物"学更多地强调心性之学，其自然之理只是隐晦表达。花之安将其内涵与外延进行了扩大，将自然之理上升到科学，同时，加入社会学的内容。花之安认为，中国古圣贤创立格致之学，虽然不能与西方的格致之学并论，却包含甚广，如天文地理、农事温饱、宫室器具、交通防御、经济赋税、礼乐五伦。但是，自周以后，天下朝代更替，战争纷扰，基本上已经放弃了格致之理。近代以来的儒者之学，是词章帖括，以考试进阶为目的，不务实学，格致之学在走下坡路，已经与《大学》里的格致之学相去甚远。现在的中儒不务实学，而现在天下万国，唯独中国只崇尚文教，一切实学，不进行研究。所谓儒者之道，无非就是推崇夏商周三代，这是儒学所称的牢固不可牢破的真理，但是时移世易，今非昔比。就算是尧舜禹汤，文武周孔在世，他们也不会用古代之法治理当今的国家。中国要自强，除了推行实学外，不能只学习西方的坚船利炮，凡一切政治、教化、农业、商业、理财等都要加以研究。花之安认为，对于地上的一切物体的体制、性情要加以探求，这些都是"格物之学"。① 换句话说，就是一切经世致用的实学都是格物之学。"飞潜动植，服饰器用，山川河海，日月星辰，皆物也，地球亦物也，有形之天亦物也。人为万物之灵，主理万物，故当详求地上凡有之物之体质。凡有之物之性情，与夫利用之实，切切焉以尽地理为急务。夫而后吾可以取万物而用之，而万物皆以供吾之利益。……大学之条目，即格致诚正，修齐治平，夫修齐治平，所以尽人事，诚正，所以格天心，而格致则所以尽地力也。然则天伦人伦之外，地不甚重乎哉。"②

其次，花之安引典籍证明古圣贤是明于格物的。天伦、人伦重要，但是地伦即格物学同样重要，大地万物是维系人生存所必需的，舜将明庶物与察人伦是并重的，人为万物之灵，当详求地上万物之体质与性情来为人所用。只有格物做好了，才能达到儒学所说的，修齐治平，尽人事，格天心。如《易坤卦》曰："至哉坤元，万物资生，乃顺承天。《说卦传》："坤也者，地也。万物皆致养焉。"《白虎通》："地者，元气之所生，万物之祖也。"大地诸物，人所必需，相维相系，实与天人攸关。此地理之所以当究也。

格物的方法在于，由表及里，又粗至精。"格致者，即天下之物，因其已知之理，而益加以考察，或考之事为之著，或察之念虑之微，或稽之文字之中，或索之讲论之际，事物上无一件不究，一件内无一毫不究，自表而里，自粗而精，里之中又有里，精之中又有精，透得一重，又有一重，必物之表里精粗无不到，然后可以致其知也。"③

所以，花之安认为，格物之学是一个包罗万象的学问，就算是圣人也无法穷尽其理，但是世间有一个上帝，他包罗天地万物，无所不知，无所

① 参阅[德]花之安：《经学不厌精·十三经考理地卷》，上海美华书馆，1898年，第1-3页。
② [德]花之安：《经学不厌精·十三经考理地卷》，上海美华书馆，1898年，第4页。
③ [德]花之安：《经学不厌精·十三经考理地卷》，上海美华书馆，1898年，第4-5页。

不能，他是全知全能的，能够开启人的智慧，尽格物之功。"格物"并不是只有科学、实学这一端，还有另一端，"探求心性之理，穷究天人之奥。如考察生初赋界之性，考察自然之心，考察人之品性，并人之癖性，考察人心之感应，考察人心之疾，亦实有用；考察人心所发动之意念。"①类似于宋明理学所谓"心性之学"。但是这个心性之学不是道德之学，而是上帝之学，上帝之学是格致之始基。"洞明天地万物皆上帝所主宰，考察上帝创造万物俱系为人而设之理，考察创造天地万物，非太极之理，考察无心者不能成物之理，考察造物者非道非理非气之理……考察善恶之理，考察生死祸福之理，考察上帝何为肯容汙浊世界，凡皆性命之精微，天人之妙旨，在西学中为极深之学问。"②

"格物致知"的具体形式，还有"学贵实践""学法宜变""学贵精深""学不可蔑古""学不可泥古"，"格物者，首贵会悟物之原，次贵通达物之性"，③等等。

综上所述，自先秦以来，儒学并不重视自然之理的探究，至南宋朱熹开始有了研究自然的苗头，如果依此前行，也许能朝着追求自然科学的方向前进。比如英国科技史家李约瑟在《中国科学技术史》梳理了宋代的科技成就后，认为理学的世界观和自然科学的观点极其一致，本质上来说，宋代理学是科学性的。但是到了阳明学那里，格物之学又回到了"格去心中之物"和"致良知"，也就是说从科学转向的退回到了探究道德良心。从明中期到清末，儒学发展出了一种新的被称为"中国早期启蒙思想"理论形态——明清实学，这是针对宋明理学空谈心性，脱离现实而分化出来的一个新的进步社会思潮，主张"崇实黜虚"，追求实事求是、独立批判和经世致用的精神。明清实学注重事工，承认物欲，主张考证

---

① ［德］花之安：《经学不厌精·十三经考理地卷》，上海美华书馆，1898 年，第 5 页。

② ［德］花之安：《经学不厌精·十三经考理地卷》，上海美华书馆，1898 年，第 5-6 页。

③ 参阅［德］花之安：《自西徂东》，上海书店出版社，2002 年，第 212 页。

鉴别，试验先行。从西学中吸取科学内容和近代思维方式，与中国传统文化相结合，在哲学上强调发扬人的主体意识和社会价值。封建社会末期的社会危机，资本主义的萌芽，新兴阶层的诞生等是明清实学产生的政治经济条件，而儒学的经世实学传统和"西学东渐"西方科技和耶教思想的进入的共同作用是明清实学的产生的文化思想条件。洋务运动期间，洋务派所重视的西学乃是格致、天文、算式等。晚清谴责小说家吴趼人曾对"格致"有一个总结。"又谓格致之书，已度葱岭而西，故西人拾其绪余，而扩充之。……今西人格致之书，汗万牛而充万栋，无非考察物性，以致物用。由是而声、光、化、电、机器制造出焉。"①可见，此时的格致指的是自然科学。至 19 世纪末—20 世纪初，戊戌变法到辛亥革命期间，改革派对西学有了新的认识。张之洞认为要"中学为体，西学为用"，西学分为"西政"和"西艺"，政就是指地理、官制、学校、财赋、兵制、商务等，而艺指制造、声、光、化、电等。西艺仍是格物之学。而真正让格物的意义产生变化的是甲午中日战争之后的革命党人，如近代翻译家严复在《群学肄言·砭愚》中认为，格物之学，包括"天地人物动植身心"，格物致知之业，有"气质名物、修齐治平"。"观西人名学，则见其于格物致知之事，有内籀之术焉，有外籀之术焉。内籀云者，察其曲而知其全者也，执其微以会其通者也。外籀云者，据公理以断众事者也，设定数以逆未然者也。"②所以，花之安所说的格物之学，不仅包括自然科学，也包括哲学社会科学，花之安从耶教的角度，将格物之学回到了最原初的意义，并将之扩大化，这是适应了晚清的社会现实，对于晚清有志于变法图强来说，有其积极意义。但是要指出的是，在晚清的知识分子中，普遍存在这样的现象，虽然对西方的科学造诣钦佩，但是对耶教还是持鄙弃的态度。如冯桂芬（1809—1874）在《校邠庐抗议》中

① 吴趼人：《吴趼人全集——诗·戏曲·杂文》，北方文艺出版社，1998 年，第 141 页。

② 严复：《中国现代学术经典：严复卷》，河北教育出版社，1996 年，第 7 页。

就说，耶教"率皆猥鄙无足道"①。郑观应（1842—1921）在《盛世危言》中说："天主荒唐牵强之辞，何足与我中土之圣道王言互相比拟？"②

花之安在《自西徂东》里指出，中国自 18 世纪以来学习西方，但只学到了西学的皮毛，并没有学习到西学的精深之理，所以这样的学没有多大益处。曾有中国官员到外邦游历，亦知西国立法之善，欲回中国行之而终不果。还有中国上层之人，决心学习西国的火炮、洋枪、轮船、电报、轮船、航海、开矿，等等，这类想法并非不好，但终究没有得到西国至善之道。这样的学，就像树的寄生，外表虽然好看而内在弊端重重。因为寄生并不是由树根而生，也就是说并无根本，但是它每天吸收树的精华，天长日久，其树必枯。也就是说，花之安认为，中国没有认识到西方真正的精神在于其宗教，而不是科学。在中世纪，科学是宗教的仆人，而文艺复兴之后，西方的教会开始致力于科学和宗教的统一，传教士利用科技来宣传福音。所以，花之安说出了当时中国社会的一个吊诡的事，"传教士本想通过科技以载宗教，但中国人却'买椟还珠'，得了科技以反宗教，并把科技当成宗教来崇拜，然后驱逐了人文主义的真正宗教。这当然是令西方传教士怎么也料想不到并深感遗憾的事"③。

传教士汉学家以科学传播宗教，试图通过科学来克服中国人缺乏科学精神的致命缺点，最终相信科学，走向上帝。中国的科技状况成了西方反观自我的他者之镜，带有强烈的耶教中心主义的倾向。但是文化的诠释是双向的理解和接受。汉学家和中国人对于耶教和科学的认知，也是双向的。明末耶稣会士带来的西方科技和天主教，虽然得到了一部分信徒的支持，但是耶稣会走的是"上层路线"的传教方针，对于普通民众来说，过于遥远。而晚清，对处于水深火热和兵荒马乱的中国人来说，接受西方科技

---

① 冯桂芬：《校邠庐抗议汇校》，上海社会科学院出版社，2015 年，第 123 页。

② 郑观应：《盛世危言》，华夏出版社，2002 年，第 265 页。

③ 刘华：《中国近代科学教育体制形成的认知逻辑基础——重评京师同文馆的创立及 1866—1867 年关于添设天文算学馆的争论》，《浙江大学学报（人文社会科学版）》，2007 年第 11 期。

相对容易，但是想说服中国人相信上帝的召唤来改变中国，对于像花之安这样的传教士汉学家来说无疑是无法逾越的高墙。

从儒学的角度看，自程朱理学被定为官学后，中国的科学成为了经学的附庸，宇宙万物归于性命之学，格物思想都归于与科学相背离的人伦和形而上之道去了，这对于儒学的科学化发展起到了很大的负面作用。传教士汉学家带来了耶教和西方科学，中国却没有被耶教化，但西方科学与"格物"的相遇历史证明了，格物致知与科学可以通约，而且能够充当儒学与科学联结的桥梁，这也是花之安的贡献之一。

第三节 "天"与"人"

一、儒学的"天人合一"

"天人合一"是中国古代哲学关于天人关系的一种观点。古人认为天道与人道、或自然与人事是合一的。《周易·乾卦》："夫大人者，与天地合其德，与日月合其明，与四时合其序，与鬼神合其吉凶。先天而天弗违，后天而奉天时。"孔子说："天何言哉？四时行焉，百物生焉，天何言哉？"（《论语·阳货》）孟子说："上下与天地同流。"（《孟子·尽心上》）天人合一，不仅包括人与自然的和谐统一，还包括人与时间、季节、信仰等的和谐统一。虽然道家也宣传过"天人合一"思想，但是大多数情况下指儒家思想，因为儒家的"天人合一"思想更复杂，对中国传统文化影响更为深远。"天人合一"思想是历代儒家学者在探索"天"与"人"的关系过程中形成的，他们首先是探索"天"的思想，接着阐述与"天"相对的人的思想，最后形成了"天人"关系的思想。"天人合一"中的天被儒家学者赋予了各种含义，包括"天是可以与人发生感应的存在；天是赋予人以吉凶祸福的存在；天是人们敬畏、事奉的对象；天是主宰人、特别是主宰王朝命运的存在（天命之天）；天是赋予仁义礼智本性的存在"①。所以，"天"在儒家思想的发展过程中表现为自然之天、主宰之天、义理之天。对于人的思想，孟子最早把天与人联系起来，"以大事小者，乐天者也；以小事大者，畏天者也"（《孟子·梁惠王下》）。程颢将其发展为"心即是天"，程颐"性即理也"，到朱熹的"天即理也"，到王阳明的"心即理也"。这些思想的表述虽然内涵不同，但是都表达了人的最高理想是掌握宇宙的最高智慧。

儒学认为，人与自然的地位是平等的，无所谓贵贱，两者构成了宇宙完整的有机体；人与自然虽然有差别，但是可以互相感通，通过感通，人能够认识掌握自然最高的规律。孔孟倡导的是一种自然论的"天人合一"模式，尊重自然，顺应自然社会的发展规律。最早提出"天人合一"这一概念的是董仲舒，他在《春秋繁露·阴阳义》中说："天亦有喜怒之气，哀乐之心，与人相副。以类合之，天人一也。"（《春秋繁露·为人者天》）天有喜怒哀乐，能和人感应，能给人吉凶祸福。人间的一切都应符合天意。并且，天人之间还存在着互相感应的关系，"天人之际，合而为一"。把"天"神秘化，成了有意志、有感情、有道德属性的最高主宰，具有了"神"的属性。这是一种有神论的"天人合一"。此后，"天人合一"思想成为儒家思想的核心命题。至北宋，理学家张载也提出了"天人合一"的观念："因明至诚，因诚至明，故天人合一，致学而可以成圣，得天而未始遗人。"（《张载集·正蒙》）这些思想一方面强调了自然对人的决定性，另一方面强调了自然与人的统一性。同时，自然之道也是道德的根据。这是一种心性论的"天人合一"。"天人合一"的根本途径是通过自我完善，知晓天命，完成天命，实现天道与人道合一。如张载所说："大其心，则能体天下之物；物有未体，则心为有外。世人之心，止于闻见之狭；圣人尽性，不以见闻梏其心，其视天下，无一物非我。"（《张载集·正蒙》）从这个意义上说，人

---

① 蒲创国编：《天人合一说：儒教资料类编丛书》第13辑，国家图书馆出版社，2013年，第1页。

不仅可以与自然规律形成统一，还可以达到人心与人性、理论、情感、信仰等人生规律的统一，达到"天人本无二，不必言合"（《二程语录》二上）的境界，这个境界结合了生命之情与宇宙真理，实现了宇宙论、伦理学与人生论的统一。如张载所描述的："乾称父，坤称母；予兹藐焉，乃浑然中处。故天地之塞，吾其体；天地之帅，吾其性。民，吾同胞；物，吾与也。"（《张载集·西铭》）天地之体是我的身体，天地变化的自然本性是我的本性，人民都是我的同胞，万物都是我的朋友。不管是汉儒还是宋儒，对于"天人合一"之说，都将人之性同于宇宙之本根，宇宙本根之理也是人伦之理，在人为性，在物为理，在事为义。

至清初，王夫之论"天人合一"，他认为："天降之衷，人修之道。在天有阴阳，在人有仁义；在天有五辰，在人有五官。形异质离，不可强而合焉。所谓肖子者，安能父步亦步，父趋亦趋哉？父与子异形离质，而所继者惟志。天与人异形离质，而所继者惟道也。"（《尚书引义》）天人形异质离，天人有相通，也有相分，相分与相合是对立统一的。天性与人性合一，根本在于阴阳之气运行。由阴阳发展为天地人性，人之性本善，是天地生生不息表现于人，既本于自然属性，又不完全同于自然属性。王夫之的"天人合一"思想带有唯物主义的色彩，是在肯定物质世界是基础的条件下讲"天人合一"，而宋儒是在肯定超自然观念的前提下讲"天人合一"的。

总之，儒学的"天人合一"思想，秉承着天地万物遵循"天命"运行的核心、理念，这其中自然又孕育着人，人的存在也是在履行"天命"，"天人合一"不仅有自然价值，也有伦理价值。这是一种既超越又内在的观念，表达了天与人、人与人、人与物之间一体同仁的关系，具有本体论的地位。

二、利玛窦与花之安论儒学"天人合一"诠释比较

中国讲天与人的关系，天人合一，而西方讲神与人的关系，即神人合

一。"神人合一"也是消除神与人的对立，变神格为人格，将人的灵魂与上帝合一。如中世纪哲学家神学家埃克哈特(1260—1327)所说："我们应当变成像主一样，完全与他合而为一，属他的就是属我们的，就是我们的一切，我们的心和他的心成为一颗心，我们的身体和他的身体成为一个身体。这样，我们的感觉，我们的意愿和追求，我们的力量和我们的肢体，都应当进到他里面去，在肉体和灵魂的一切力量中都察觉到有他。"①

总的来说，儒学的"天人合一"与西方的"神人合一"都表现了一种人类崇高的超越精神，在某些方面存在共通之处，当然也存在一些不同之处，如"天"与"神"的意义不同，对"天"或"神"与人相合的看法不同。

儒学的"天人合一"和耶教的"神人合一"能否等同？对这个问题，利玛窦认为"天下万物不可谓之一体"②。儒学的万物一体或"天人合一"，是将上帝与人、物等同，是对上帝的矮化。说万物都蕴于心，是模糊了万物之间的本质区别，如果上帝之性与物相比并无特殊之处，那么祭上帝就是祭万物，这是乱"礼"。天主不可能与人为一体。人只是创造物，不是创造者，人无法从无中创造有，人也是有限的，他无法和无限的上帝合一。所以，他认为"天人合一"之意是人类与天帝是同质的，因而是一种错误的僭越的观念，乃是儒学受到佛教影响以后所产生的。③ 他从本体论的角度对"天人合一"的关系进行了否定，一是"主天二分"，有"主"，才有"天"；二是"神主合一"，"主"，就是"神"，而且唯一；三是"神人二分"，有"神"则有人，人又创了"神"，"主"能主宰一切人以及人的一切。④

---

① ［德］埃克哈特：《埃克哈特大师文集》，荣震华译，商务印书馆，2010年，第36页。

② ［意］利玛窦：《天主实义》，载朱维铮主编：《利玛窦中文著译集》，复旦大学出版社，2001年，第33页。

③ 参阅［意］利玛窦：《天主实义》，载朱维铮主编：《利玛窦中文著译集》，复旦大学出版社，2001年，第42页。

④ 参阅［意］利玛窦：《天主实义》，载朱维铮主编：《利玛窦中文著译集》，复旦大学出版社，2001年，第12-13页。

花之安不同于利玛窦对"天人合一"的否定，而是对"天人合一"进行了肯定，并将其引申为"神人合一"。引申即将原义升华或扩展，形成新的意义。

神人为什么可以合一？花之安认为，因为《中庸》云："天命谓性。"人与天，性是相近的，所以，人当努力以圣人为标准全其善。就像人养身需要饮食，养性需要道理，本原与天相连，那么此心就可以被感化。如果心与天相隔，那么就走向了有罪的道路，而失去了本然之善。善一失去，人的各种坏习惯、欲望就会纷至沓来，人就会困于物之中，而无法超越物之外，堕落于物之下，而不能超越物之上。被物欲挟持，就会失去本然之像。①

其次，天命是上帝预定之命。花之安引孟子语："夫道一而已。"宋儒也说，"理一万殊"。所以，先天之道，上帝之德，未造之物，本然之理，都蓄积于基督之身。人如果能体会到这一点，就可以尽性立命。孔子说："知天命。"孟子说："求之有道，得之有命。"人如果能尽其性，就可以从天之命。②

神是神，人是人，神与人不同类，如何能合一？花之安认为，神与人本不同类，神为灵妙，人为血气，神之于人犹人之于物，人为人，神为神，二者不可以混。在中国天子敕封有功之人为神，不识神人之道亦。所谓神者，一无骨肉；二非时物及五官所能限；三自为原始；四自为主宰有知有智有若人之心神，能运动四肢，更能捍驭万物，故其有性体，而无形迹。神如此尊贵，人如此卑微，人如何得邀神的眷顾，而仰仗神的保佑？这也是道。比如君与民，地位悬殊，但是联系君民之情的，有臣子。通过臣子，民的意愿达之于君，君之诏谕，通过臣子而传之于民。上帝与人虽

① 参阅［德］花之安：《经学不厌精·十三经考理天卷》，上海美华书馆，1898年，第24-25页。
② 参阅［德］花之安：《经学不厌精·十三经考理天卷》，上海美华书馆，1898年，第25-26页。

不相通，但是可以通过中保联系，中保者只有神。神与人不同类，不能经历人的艰苦，体恤人的荏弱，只有仁经历这些。因人皆有罪，不能谒神，人自不能救，何能救人。①

所以天与人，神与人合一，必依赖一个圣人。圣人是人非人，但是他有普通人的性情，历经人的艰难，能抵挡各种诱惑。花之安引用儒学典籍关于圣人出生证明圣人与常人不同。"中土儒书，亦言古圣人之生与常人不同，其言帝王之生，则曰：祥光满室，或山川草木呈瑞香立，鸟之卵而生契，履大人之迹而生稷，即释道二教，亦复如此附会，太上老君娠八十载而生，释迦摩尼剖母肋而出。"②

可以看出，中国的"天人合一"包含三种形态：神与人合一、自然与人合一、心性与人合一。"神人合一"的观念最初表现在商周，如《诗经·玄鸟》："天命玄鸟，降而生商。"《诗经·商颂》："帝立子生商。"商周的祖先死后成为神，成为沟通人与"帝"之间的使者，神人相互感应，处于互动之中。春秋时期，孔子不强调天是一种有意志的人格神，主张"尽人事"，另一方面又承认天有类似"命运"的超自然力量。从原来表达神的意志的天道转变为表达宇宙运行法则的天道。所以，在新的天道观中，天人合一观念表达了宇宙秩序与人类社会秩序统一的观念，而且表达的是要以宇宙秩序为依归、准则。儒学的天人合一强调的是人与世界的融合，这是人与自然关系的最高理想。在这个观点的支配下，人们很自然地强调人与世界不可分离，重视人、重视人生，成就天人合一说的必然。其次，儒学的"天人合一"首先在于"天人合德"，"合德"的意思是天德与人德合二为一。天命是否能降衷于人，取决于人是否尽性修德。从道德实践上来说，人能否与天合德，主动权在人，这是一个至高的境界，并不能很容易达到，所以，

---

① 参阅［德］花之安：《马可讲义》，载中国宗教历史文献集成编纂委员会编：《东传福音》第 13 册，黄山书社，2005 年，第 291 页。

② ［德］花之安：《马可讲义》，载中国宗教历史文献集成编纂委员会编：《东传福音》第 13 册，黄山书社，2005 年，第 293-294 页。

人需要学习，教化。而耶教的人因有原罪，不能自救，得依靠神的恩典来拯救。耶教的"神人合一"，人处于被拯救的位置，主动权在神这一边，除非神的恩宠降临，否则人是没有能力与神达到合一的。所以，儒学的"天人合一"与耶教的"神人合一"在意思上也有着根本的差异。

台湾中原大学宗教研究所教授曾庆豹认为"天人合一"与"神人合一"的差异表现在于，"逻辑的不同：同一性与非同一性，以及两种不同的方法：肯定的辩证法与否定的辩证法。存有论的不同引申到人性论、实践论、价值学和文化理念方面也都不同"①。即对"天人合一"予以肯定，同时又强调"神人差异"，"人"与"上帝"合一依赖一个中介（或中保）——"耶稣"。"天人合一"与"神人合一"的相同之处在于，都是人类在自身之外寻求一种权威的依赖力量和归宿，耶教找到了"神"，中国找到了"天"，所以"神道即人道"，"人道即天道"，于是形成了"天人合一"与"神人合一"。② 从这一点看，花之安将"天人合一"引申为"神人合一"，即有神论的"天人合一"，相比较利玛窦否认"天人合一"，花之安虽然承认"天人合一"，但这种"天人合一"是耶稣神性和人性合为一，类似于商周时期的"神人合一"，与儒学的"天人合一"存在着很大差别。

◎ **本章小结**：花之安对儒学的宇宙观进行了诠释，花之安从宇宙的创造-创世；人对宇宙的态度，格物与知识；以及人与宇宙自然的关系，天人合一与神人合一进行了中西对比诠释，诠释方法有否定、有扩大、有引申。总的来说，儒学的宇宙观是一种"非人格化的宇宙功能的包罗万象的和谐"③。花之安的宇宙观是以一种神圣宇宙观，但他将西方近代科学知识

---

① 曾庆豹：《"天人合一"与"神人差异"的对比性批判诠释（下）》，《哲学与文化》，1995 年第 22 期。

② 曾庆豹：《"天人合一"与"神人差异"的对比性批判诠释（下）》，《哲学与文化》，1995 年第 22 期。

③ 杜维明：《儒学思想：以创造转化为自我认》，生活·读书·新知三联书店，2013 年，第 30 页。

与儒学宇宙观进行了融合,以耶教的宇宙观来诠释儒学的宇宙观,在某些方面有其进步的一面。对于晚清知识界来说,可以拓展中国传统宇宙观的哲理根基,推动近代哲学新形态的发展。但另一方面,花之安并没有深刻理解儒学宇宙观的内涵。

第五章　花之安儒学伦理观诠释

人伦即关于人的伦理。伦理是儒学的基本内容和范畴，伦指人与人之间的关系，理即道德规范和原则，伦理就是人与人之间的道德关系和行为规范。仁是儒学伦理思想的核心，儒学仁爱是建立在血缘之亲基础上的，分为五个层次，即儒学的"五伦"思想。而"五伦"思想是根植于人天生的性善而内在形成的品质，是人性的内容本身，是德性与人性的表现。儒学的伦理思想就是在天道与人道总体关联思想下的人性的发展。人需要加以引导才能具备"五伦"，这就体现了教育的作用。

第一节　"性善"与"良善"

一、儒学的"性善"与"性恶"

人性有无善恶？善恶的标准是什么？人如何选择善恶？这是儒释道与耶教都讨论过的问题。

子曰："性相近也，习相远也。"（《论语·阳货》）这是孔子关于人性的最重要言论，他揭示了人的先天本性并无多大差别，但是后天的熏习使之相去甚远，说明了后天环境对人性塑造的重要性。孔子并没有将人性作为一个独立问题来讨论。孟子在孔子人性的观点上提出了性善论，进行了系统的论说。孟子的性善论主要围绕着"心""仁""诚"等的阐释而建立。

在与孟子的辩证中，告子曰："性犹湍水也，决诸东方则东流，决诸西方则西流。人性之无分于善不善也，犹水之无分于东西也。"孟子对此反驳说："水信无分于东西，无分于上下乎？人性之善也，犹水之就下也。人无有不善，水无有不下。今夫水，搏而跃之，可使过颡；激而行之，可使在山。是岂水之性哉？其势则然也。人之可使为不善，其性亦犹是也。"（《孟子·告子上》）告子说，人性如水流，无定向，孟子认为，水可激可缓，这难道是水的本性？是外在形势所然，人性也是一样的，虽然有时做不善之事，但不是本性如此，而是外在环境使然。何为"人性善"？告子曰："生之谓性。"孟子反驳："然则犬之性，犹牛之性；牛之性，犹人之性与？"（《孟子·告子上》）孟子认为，人之本性与动物本性是不能相提并论的。没有恻隐之心、羞恶之心、辞让之心、是非之心，都不是人。恻隐之心是仁之端，羞恶之心是义之端，辞让之心是礼之端，是非之心是智之端。人的这四端也，都是人固有的，就好像人的四肢一样。"在羞恶、怜悯等反应的深处，人可以——通过显露在外的'端'——极其真切地领悟到天生的使命。由于这份'感情'的反应促使人接受了一个超个体存在的逻辑（超越了个人利害关系的算计），所以它足以使人体会到存在是如何生根于世界共通的生生不息的造化之中的。……通过它，人忽然得面对世界之天全本然，不仅可以从中发现自己的本性，自己根本的道德律令，而且还可以由此上通于'天道'，臻临自然之化境。"①也就是说，"仁义礼智"是性善之源，同时也是评判人性善恶的标准。而人性又从何而来？《中庸》谓"天命之谓性"，性是天即大自然赋予的。所以，如果天是善的，人性自然为善，反之亦然。儒家的人性善恶之根要追溯到天。

从本体论上看，孟子认为，人性善来源于天之道。"诚者，天之道"，"诚"是人心的存在方式，可以把"诚"理解为宇宙的本体，这是人与万物共同的善，这种善以最高的形式存在于人身上。"思诚者，人之道也"，思诚

---

① ［法］弗朗索瓦·于连：《道德奠基：孟子与启蒙哲人的对话》，宋刚译，北京大学出版社，2002年，第48页。

是对人的本质要求。所以，人作为宇宙的灵性存在，承担着实现宇宙的善，即"诚"的本体。

孟子认为人心是善的，但是他也不否认恶的存在，那么恶从哪里来，孟子认为来自两方面。一是耳目之欲。"饮食之人，无有失也，则口腹岂适为尺寸之肤哉。"（《孟子·尽心上》）五官与心是连为一体的，"耳目之官不思，不思而蔽于物，则引之而已矣"（《孟子·告子上》）。耳目没有思考的功能，被物所遮蔽，容易被物牵引而去，罪恶由此而来。二是环境使然。"富岁，子弟多赖；凶岁，子弟多暴，非天之降才尔殊也，其所以陷溺其心者然也。今夫麦，播种而耰之，其地同，树之时又同，浡然而生，至于日至之时，皆熟矣。虽有不同，则地有肥硗、雨露之养、人事之不齐也。"（《孟子·告子上》）就像耕种麦田，肥硗、雨露、人事不同，则收成也不同。人也一样，环境不同，成就也会不同。

人心既然为善，那如何才能达到善，孟子主张两方面，一方面求放心，要"无以小害大，无以贱害贵"（《孟子·告子上》）。把仁从以小、以贱的心中解脱出来，回复人的本性。另一方面要重视养。"子曰，尽其心者，知其性也。知其性，则知天矣。存其心养其性。所以事天也。夭寿不贰，修身以俟之，所以立命也。"（《孟子·尽心上》）具体说来，尽心、知性、知天、存心、养性、修身、立命等都是培养善的途径。就像一粒种子一样，使其沐浴阳光雨露，苗壮成长，"拱把之桐梓，人苟欲生之，皆知所以养之者。至于身，而不知所以养之者，岂爱身不若桐梓哉，弗思甚也"（《孟子·告子上》）。

在人性善恶问题上，荀子主张性恶论，认为人的自私自利是天赋的秉性，但是人毕竟不同于动物，人具有社会性，除了具有动物的"性"之外，还具有情。人为了生活，必须行善，利己的同时，还必须利他，这就是人的道德属性。但是总体而言，孟子的性善论还是占了主导地位，并对宋明理学产生了深远的影响。张载主张人有两性，"天地之性"与"气质之性"。"天地之性"是天地万物包括人本身所具有的天性，无不善。"气质之性"是人出生后才具有的，如饮食男女等欲望，有善有不善，会受到不同"习"的影响。习是"习染"，即环境、习惯的影响，包含了正反两方面。人本然的善性会受到个人气质和习染的不良影响和蒙蔽，"性犹有气之恶者为病，气又有习以害之"(《张载集·语录下》)。人的善性与气、习有一个胜负的斗争，"德不胜气，性命于气；德胜于气，性命于德"(《张载集·语录下》)。张载主张改变"气质之性"回到"天地之性"。这就需要通过学习克服外在情欲的诱惑，"使动作皆中礼"，恢复人的本来善性。程颢、程颐则主张"天命之性"与"气禀之性"，"天命之性"与张载的"天地之性"是一样的，性即理，"天命之性"就是"天理"，上天赋予的天性。"气禀之性"即人的情欲，简称"人欲"，所以二程的"存天理，去人欲"对后世儒学产生了重要的影响。

朱熹继承了张载和二程的说法，把人性区分为"天命之性"和"气质之性"。"人之所以生，理与气合而已。"(《张载集·语录下》)"天命之性"是天理在人身上的贯彻，是人本然具有的性质和状态。所以，"性即理也。当然之理，无有不善者"(《张载集·语录下》)。这个理是生物得来的，在天曰命，在地曰性。因此，每个人都具有这种纯粹的"天命之性"。理必须在依托气才能运行，"性非气质，则无所寄；气非天性，则无所成"(《张载集·语录下》)。"天命之性"落在"气质之性"之间，理气相杂，成就"气质之性"。既然天命人性为善，也就是说人的本性是相同的，为什么现实中的人的性格千差万别？朱熹认为这是气质清浊的不同。"人、物性本同，只气禀异""人之所以有善有不善，只缘气质之禀各有清浊"(《张载集·语录下》)。圣人禀的是清气，小人禀的是浊气。禀恶之气，遂成气质之恶。

王阳明继承和发展了陆九渊的"心学"，把"心"作为其学说的最高范畴，心即理、心外无物，心等同于孟子的"不虑而知者"，即良知，王阳明良知解释为："知是心之本体，心自然会知。见父自然知孝，见兄自然知弟，见孺子入井自然知恻隐，此便是良知，不假外求。"(《知行录》)因此，良知有三个概念，心之本体，是非之知，善恶之知。心学的宗旨就是"致良知"。端正人心可以明理，因为人心生来就具有良知，能与万物的应有状态融为一体，良知可以连通心与物。良知的主要内容包括：良知是是非之心；良知就是天理；万事万物皆是"吾心之良知"发育流行的结果。王阳明的良知学说又回到了孟子的性善论。

但是在日常生活中，人难免会被各种私欲遮蔽良知，就像镜子蒙尘，照不到灵魂的本来面目，"良知之在人心，不但圣贤，虽常人亦无不如此。若无有物欲牵蔽，但循着良知发用流行将去，即无不是道。但在常人，多为物欲牵蔽，不能循得良知"（《王阳明全集·答陆元静书》）。因此，"致良知"也需要道德修养与道德教育，这与孟子的"存心养性"也是类似的。

至清初，王夫之系统总结了长久以来的有关性善性恶的争论问题，他既反对性善论，也反对性恶论。他承认人性中有善和不善；人性禀于天，但也受环境的作用，并随着生活实践的变化而变化。王夫之提出了"日生而日成"观点。"夫天之生物，其化不息。初生之顷，非无所命也。何以知其有所命？无所命、则仁义礼智无其根也。……形日以养，气日以滋，理日以成。方生而受之，一日生而一日受之。受之者，有所自授，岂非天哉！故天日命于人，而人日受命于天。故曰：性者，生也，日生而日成之也。"（《尚书引义卷三·太甲二》）

二、利玛窦与花之安儒学"性善"与"性恶"诠释比较

西方并不简单提倡性善或性恶，古罗马哲学家波爱修斯（480—524）认为，人因上帝的存在而善，但是不完全的善，不完美是完美的摹本。恶的本质是求善之人误入歧途以及人性之败坏，因此，恶在本体上缺乏真正的存在。"恶是无，因为这是上帝不能做的，上帝所不能做的事是不存在的。"[1]世人有时以为的发生在自己身上的恶，其实正是引向善的契机，而

---

[1]　［古罗马］波爱修斯：《哲学的慰藉》，杨德友译，译林出版社，2016年，第77页。

恶人作恶最终将自取灭亡。

所以，对于中西方的"性善论"和"性恶论"，人的本性不能简单地说成"善"或"恶"，这样描述无法弄清楚人为什么会这样。因此，最好的办法是将"人"放到特定的范畴中去理解。

在利玛窦时代，关于人性的说法占统治地位的是阿奎那的人论。阿奎那将人性分为两层，底层为一般的自然能力，即上帝的形象。上层为"外加的恩赐"，人凭此恩赐得以认识上帝的奥秘，遵上帝的旨意而得永生。阿奎那认为，人既具有人性也具有神性。这决定了人具有世俗的德性，也具有神性的德性。① 中世纪神学创立了人类有罪的"原罪说"，来源于亚当、夏娃的故事。所以，一般认为，儒学主流主张是"性善论"，耶教主张"原罪论"，利玛窦意识到人性论对儒学是一个十分敏感的问题，所以，利玛窦对原罪的解释是模棱两可、含混不清的，在《天主实义》中没有提及，而只强调性善。利玛窦以人类本质为人性，并且在原初之性的意义上断定，据此推论"性之体及情，均为天主所化生"②。人性是天主所造，因此，性是善的。性本自善，因为它是常存的良能，但情为性之所发，时常有偏差，也就是说后天的因素会产生恶。情有疾病则鲜合其真，但是人性本善不会变化。对于朱熹哲学中关于理与欲对立的问题，利玛窦以人心和兽心来凸显这种对立。"一物之生惟得一心。若人则兼有二心：兽心、人心是也。……从彼，谓之兽心，与禽兽无别；从此，谓之人心，与天神相同也。"③这种欲只有天主才能拯救，天主慈恤人类亲来救世。可以看出，利玛窦在形式上顺应了儒学的性善论，但是在内容上坚持了阿奎那的人性论，同时为了妥协儒学不得不忽略耶教的"原罪论"。

---

① 参阅[古罗马]阿奎那：《基督教箴言隽语录》，周丽萍、薛汉喜编译，百花洲文艺出版社，1995年，第247-249页。

② [意]利玛窦：《天主实义》，载朱维铮主编：《利玛窦中文著译集》，复旦大学出版社，2001年，第73页。

③ [意]利玛窦：《天主实义》，载朱维铮主编：《利玛窦中文著译集》，复旦大学出版社，2001年，第28页。

到晚清，理雅各认为，儒学的人性向善与西方的弃恶从善，两者可以相互会通。向善而不是人性本善。理雅各在翻译《孟子》时，将"人性善"翻译为趋向于善。理雅各不同于宋儒的"性本善"，而类似于清代哲学家焦循的说法，"人之性可引而善，亦可引而恶，惟其可引，故性善也"（《雕菰集》卷一《性善解》），这样避免了与西方原罪说的直接冲突。

花之安的观点与理雅各有类似之处，认为儒学的人性善和西方的人性良善可以会通，并相互验证。"知言性理者，必集众理而会通之，乃能握其原而知无不彻。"①所谓会通，意思是融合、交流、贯通。朱熹说："须就其聚处理会，寻得一个通路行去……会是事之合聚、交加、难分别处。"（《朱子语类·程子易传》）从花之安比较中西来看，会通的意思是"两者的相似点，即形成一致的基础"②。会通有两个基本问题，能否会通，如何会通？能否会通即要找到两者的相似点；如何会通，即要找到会通的方法。花之安提出了会通的途径："尤当深明各物之理，彼物如是，此物亦如是，由吾心之理而会通之，所谓举一隅可以三隅反，无非一理之贯彻耳。"③正如拙安山人为《马可讲义》作序指出的："旁引曲喻之条，牵儒书以证斯道。"④这正是花之安的会通诠释。

人与人之间的人性为什么会有不同？花之安指出这是自知与自主的区别。"同一性也，有己之性，有人之性。人不与己同，是人性。己不与人同，是己性。合人与己而无不同者，则自知与自主也。自知自主为人性之原，所以别夫物性者也。人若无此，与禽兽奚择哉。"⑤儒学的"天命之谓性"是能见我之性，由天而出。

---

① ［德］花之安：《自西徂东》，上海书店出版社，2002年，第162页。

② Ernst Faber, *China in the Light of History*(Shanghai American Presbyterian Mission Press，1897)，p.67.

③ ［德］花之安：《自西徂东》，上海书店出版社，2002年，第165-166页。

④ ［德］花之安：《马可讲义》，载中国宗教历史文献集成编纂委员会编：《东传福音》第13册，黄山书社，2005年，第99页。

⑤ ［德］花之安：《性海渊源》，上海华美书馆，1883年，第75页。

花之安认为，性善论和性恶论两者说法都有道理。儒学诸子言性各异，告子谓性善无不善，性专主知觉运动。韩非子谓，人品有三，分为上中下。但是，主流是孟子的性善说与荀子的性恶说。孟子谓人性本善，不善是因为被私欲所遮蔽。荀子谓人之性恶，其善者伪也。两者所论如冰炭之不容。花之安以上帝作为人之本原，人刚出生时，就有天赋予德，通过人之仁可以显天之仁，通过人之义可显天之义，所以，孟子的性本善之说并没有错。人生之初，虽然性善，但是人类始祖犯罪以来，后人沿习，性于是变为恶。在未犯罪之前，性与理合一同为身之主，情意都是性所主理。自犯罪后，性虽然也能辨是非，但是为情物所牵制，有其愿，无其力，性不足以驾驭情欲。所以，荀子的性恶说是符合犯罪之后之性。所以，参观二说互证，两者都有道理，可以得到性之真谛。外物无善恶，内心有是非。耶教的原罪说，可以补充孟子和荀子之说的不圆满处。

对于宋儒的"气质之恶"的习染之说。花之安认为，恶并不来自习染，而是根植于人心，由内而发。"或云仁义礼智，本于天命，为道心；贪嗔痴妄，本于气质，为人心。试问天性之善，从何而生，曰根于上天；气质之恶，从何而生，曰由于习染。问缘何习染，曰见种种恶人。问此恶人何来，曰见先有恶人，而效尤之。非也。性若本善，应无恶人，既无恶人，何从习染，若无习染，应无气质之恶。盖气质具于生初，自有形骸，即有气质，贤父之子，难保气质不恶，非由习染，乃根于心，若云气质之恶，必有习染，则必有一无习染之人。然自古至今，中外之人，无人不有气质之恶，故知其恶非由于习染，乃自内发也。使孩提之童，其性所发，向恶即思作恶事，如指南针，其性指南，强之使指东西，一释其手，则针仍指南，其性然也。人为恶，虽挽之为善，而仍作恶，岂非性向恶之证乎。"[①]人心之善恶终会显露出来，见于言行，显于性情，形于容貌。言行可以用善果来比喻，必定是发自内心，不假外为，须是渐结实，不能助长，待成

① ［德］安保罗：《花之安遗篇集录》，上海美华书馆，1909年，第8-9页。

熟，始知真味。

对于朱熹的"天命之性"和"气质之性"之说，花之安认为，朱子所说的，在天谓命，在万物谓性，用来论无知觉之物可以，但是不能论人。因为无知觉之物，不能自有主意，即不能识别善恶。其善恶，一依天命，譬如一葡萄树，并不能自立主意，思索如何结果。人则不同，人有知觉，则能自有主张，能自有主张，则能为善，也能为恶。为善，可以说是天之意，为恶，则不可说是天之意也。人作恶事，怎么能说"天命之谓性乎"。比如，有一国的百姓，不孝顺父母，不忠君，从小就有恶念，作恶事，忤逆父母，悖逆君王，不遵国法，那么他的性是善还是恶?

其次，花之安同意孟子的存养之说，要尽性，人的性是相同的，其要旨在于尽其性。要尽其性，在于栽培，栽培之力在于存养之功，就像萌芽长大成华盖一样。孟子将尽性的穋麦比喻之说，耶教也有类似的播种比喻。自世人犯罪以来，上帝所赐予的美德，就像没有缝隙之地，需要畅快其生机，所以救主将其比喻为心田，"如路之坚，如地之硗，如荆之杂，若欲破心之愚顽，艿内之丛杂，非人力所致，必赖上帝之鸿恩，方能去物欲之拘，易硗地为膏腴之所，审是则尽性必当倚赖上帝矣"①。

再次，花之安也认同心学的性居于心之说法。对于心之本，花之安在《马可讲义》中进行了解释。诸儒都借物来形容，"程子以种喻心，朱子以镜喻心，邵子以郛郭喻心，仍是写心皮相，终不若耶稣以田地喻心"②。人的心如田，虽有至美之田，也不能自产稻禾，必先有播种、耕耘，然后期待收获，若放任自产，田里将长满藜草。人心也是一样，如果不用道理制其心，则放僻邪侈。花之安引孟子的不动心之论曰："夫志，气之帅也；气，体之充也。夫志至焉，气次焉。故曰：'持其志，无暴其气。'"（《孟子·公孙丑上》）人要尽性，不可不立其志，也不可不鼓其气。所以，孟子

---

① ［德］花之安：《经学不厌精·十三经考理人卷》，上海美华书馆，1898年，第3页。

② ［德］花之安：《马可讲义》，载中国宗教历史文献集成编纂委员会编：《东传福音》第13册，黄山书社，2005年，第171页。

的以志为帅，以气为兵，是有根据的。但是志必须与性相投才能为帅，然后才能驱使其气，志尤其应该与性之本默契，才能特力为心之帅。性之本是什么？是上帝。世人不能存心养性以事天，所以失去了昭事之本，志不能契合性，所以萎靡不振，失去了帅之权，气因此得以放纵，志反而居于气之下，所以，心中颠倒错乱，拘于气禀之中，所以孟子说："人有鸡犬放，则知求之；有放心，而不知求。"（《孟子·告子上》）花之安表明了这样一个理论态度："人能成存心养性之功，则灵神多归聚于一心，虽在人世，与在天国无异，见上帝之本性，显上帝之荣耀。"①

花之安对中西方的"性善论"和"性恶论"进行了会通诠释，认为它们的内涵是相通的，可以互相印证。

人性的善与恶，在中西方这两种思想中并行不悖地流行着。儒学既有孟子的"性善论"，也有荀子的"性恶论"，不管是古儒还是后来的新儒都认为，人有两面，一面是神圣的善的本质人性，另一面是可善可恶需要通过教育转化的存在人性。耶教中上帝按其"本质"创造了人，是神圣的，是善的，但是从人的存在来看，人受诱惑作恶，事实上也在作恶。所以它们描述的都是处于本质与存在之间的人的基本形态。台湾哲学家庄祖鲲认为，儒学和耶教在"人性论"方面可以会通。"耶教一方面强调所有人类陷溺罪中无法自救的事实，但又同时肯定人类原来是依据神公义和慈爱的形像而造。前者似乎接近'性恶说'而后者又类似'性善说'。人性本来'知'善；人性也可能本会'行'恶。"②耶教所说的"罪"（Sin），并不是为非作歹的"罪行"（Crime），而是偏离了上帝完美形象的"罪性"（Sinful Nature）。事实上，耶教的"罪"，在希伯来文与希腊文中，意思都是"射不中"。意思是罪是普世性的，无人能幸免，与儒学"人非圣贤，孰能无过"（《左传·宣公二年》），即圣贤也难免有过错的看法非常接近。这"圣贤"也就是耶教所说的"像神之人"（Godly Man）。所以，按照这个

---

① ［德］花之安：《性海渊源》，上海华美书馆，1883年，第78页。

② 庄祖鲲：《契合与转化：基督教与中国传统文化之关系》，陕西师范大学出版社，2007年，第164页。

理解，中西方在人性问题上，也会产生交会。花之安在《性海渊源》里也说，"性之一字，包古今天下而言。一时有善，万世仰之；一方有善，四海慕之；如肫然全善之救主出，而万国咸深仰望之心者。是已，要不论何世何地何人，而有所隔阂也，此性善之证也。所愿世人，见善如不及，见不善如探汤，则不失其本善之性矣。"①花之安看到了儒学的性善论和性恶论，他认为二者都有道理，性善来自上天，性恶来自习染，通过上天，是可以为善去恶的。可见，西方的人性观、原罪观与儒学的性善论、性恶论并不冲突，而是如前花之安所说的，补足了其不足，这能帮助人更加全面、深刻、辩证地理解人性。

儒学单从人的方面看问题，虽然没有忽视人性恶的事实，却认为靠人自己可以达至善境。花之安通过将中西方的"性善"和"良善"进行了会通，认识到了儒学所缺乏的罪感文化，如"悔罪在识罪。始儒书六经中鲜言罪字，而先儒解罪字，曰'犯法也'，以作奸犯科为之罪。岂谓之作，未之犯者即无罪乎。先儒解罪字，祇在皮肤，未见微细，故后人茫然不识己罪，此悔罪之道所以不明也。按《福音书》解罪字，根于心术念虑为最先。发于事为，成于人品，为其后也。人苟自心性上用力，则知心离道也远矣。心与道符谓之义，心与道违谓之罪。况离道而远也，所谓人心惟危，道心惟微者此也。"②这是对中国文化一个有深度的观察，也是未来中西文化交会的结合点之一，对中国文化的重塑有着巨大的促进作用。正如中国人民大学古典文明研究中心教授刘小枫所说的，儒学"一味叫人修德，信守宗法伦常，并不能安慰人的受苦。有德性的、善良的人仍然在受苦"③。儒学明哲保身，独善其身的观念也是中华民族苦难的缘由之一，花之安虽然是讨论人性，但是对罪的论述，也是值得我们反省和深思的。

---

① ［德］花之安：《性海渊源》，上海华美书馆，1883 年，第 75 页。
② ［德］花之安：《马可讲义》，载中国宗教历史文献集成编纂委员会编：《东传福音》第 13 册，黄山书社，2005 年，第 129 页。
③ 刘小枫：《拯救与逍遥》，华东师范大学出版社，2007 年，第 117 页。

第二节 "仁爱"与"博爱"

一、儒学的"仁爱"与"博爱"

儒学也叫仁学，一切由仁爱来说明。"爱，仁爱也。"(《广雅·释诂四》)"爱施者，仁之端也。"(《说苑·说丛》)孔子认为仁是爱，爱就是仁。"樊迟问仁。子曰：爱人。"(《论语·颜渊》)"子曰：唯仁者能好人，能恶人。"(《论语·里仁》)"好人"与"爱人"是同样的意思，即爱他人。仁爱最大的是亲亲，也就是爱父母，爱亲人。血缘之爱、自然之情是人性的根本。"孝悌也者，其为人之本与!"(《论语·学而》)当然，孔子并没有把这种爱局限在血缘上，而是推广开去，"泛爱众，而亲仁"(《论语·学而》)。把众人当亲人对待，爱众人。孔子只是说了仁和爱人，并没有解释为什么以及如何可能。孔子之后，关于仁爱思想的发展分成了两派。一派是向外探求的《易传》学派，他们认为，人继天地而生长，仁爱是对天地的效法，天地就是仁爱，"是以立天之道曰阴与阳，立地之道曰柔与刚，立人之道曰仁与义"(《易传·说卦》)。另一派是向内寻求的思孟学派，孟子继承了孔子的思想，直接得出了"仁者爱人"的结论。孟子认为"仁"是人的根本，"仁也者，人也。合而言之，道也"(《孟子·尽心下》)。"仁者爱人，有礼者敬人。爱人者，人恒爱之；敬人者，人恒敬之。"(《孟子·离娄章句下》)仁爱就在人的心中，毋须外求，人的本性就是仁爱的。仁者爱护他人，讲礼义的人尊敬他人。爱护他人的人，人们常常爱戴他，尊敬他人的人，人们常常尊重他。董仲舒认为仁爱以爱别人为根本，不能只爱自己。"仁之法，在爱人，不在爱我……人不被其爱，虽厚自爱，不予为仁。"(《春秋繁露·仁义法》)董仲舒认为，要从天人合一的角度理解仁，他说："仁之美者在于天。天，仁也。天覆育万物，既化而生之，又养而成之；事功无已，终而复始。"(《春秋繁露·王道通三》)"为生不能为人，为人者天也，人之人本于天。天亦人之曾祖父也。"（《春秋繁露·为人者天》）天不仅创造了人类，而且创造了人类精神生活的行为准则，以此类推，"仁"也是天创造的产物。"天之为人性命，使行仁义而羞可耻，非若鸟兽然，苟为生，苟为利而已。"（《春秋繁露·竹林》）天还决定了"仁"是人的性情、本性。所以，董仲舒认为"仁"之根源来源于天，并且根植于人的本性之中。

朱熹认为，仁爱是体用的关系，二者并不能直接画等号。"作为体，仁是心之德；作为用，仁是爱之理。"①而且仁爱是有差等的。"公而以人体之故为仁。只为公则物我兼照。故仁所以能恕，所以能爱。恕则仁之施，爱则仁之用也。"（《朱子语类》卷 95）朱熹将仁与公、爱、恕联系起来，仁的内容是爱，通过爱推己及人，最后达到"仁者与天地万物为一体"的境界。仁来自天地之心，天地之心有四德，"仁，人心也。则四德之体用，亦不待遍举而该。盖仁之为道，乃天地生物之心，即物而在。"所有的美德就像种子一样，只有仁才能使其生长。仁还使人以爱对待万物，仁心就是爱心。万物一体与爱有差等在理论上存在着冲突。

王阳明认为万物一体与爱有差等表面有矛盾，实际上也是理所当然，因为爱的表现会有亲疏厚薄之分，就算是一体，手足头目的分工也有不同。对万物的爱，并不等于对万物怀有同等内容的爱。爱的差等就是义、理、智、信。王阳明还提出了"万物一体之心为仁"，人与万物具有同样的心与同样的仁，所以他们能够合为一体。"大人者，以天地万物为一体者也。其视天下犹一家，中国犹一人焉。若夫间形骸而分尔我者，小人矣。大人之能以天地万物为一体也，非意之也，其心之仁本若是，其与天地万物而为一也。"（《大学问》）所以，王阳明认为，要想解决天下纷争，人与人之间的斗争，只能是践行"万物一体"的宗旨。

至清初，王夫之说："然则勉于爱敬而役之以为德，其为仁也，亦虎

①　朱熹：《仁说》，载陈荣捷编：《中国哲学文献选编》，北京联合出版公司，2018 年，第 398 页。

狼之仁而已。与天下相忘者，不私其亲，其亲亦不私焉。老者自安，少者自育，胥相各得，天下莫知其为谁之赐。仁孝之名不立，奚勉勉于敬爱以扰天下哉？至贵不可以品秩序，至富不可以积聚计，至德不可以仁知名，至仁不可以爱敬言。亲者自亲，长者自长，此无所益，彼无所损，通之天下而无所渝，乃以与天地日月风云之自然者合其德。"（《天运》"商太宰问仁于庄子"解）王夫之认为，儒家以爱为基础的仁，与虎狼之仁无异，难免出现偏私。因此，偏私之仁必须得到改正，才能有普遍的仁。反过来也是一样，人人不私其亲，那么就会有合乎自然之德的普遍的仁。所以，仁爱的规律就是从爱亲人、邻居开始，发展到爱国家、爱民族、爱全人类。"由吾同胞之必友爱，交与之必信睦，则于民必仁，于物必爱之理，亦生心而不容已矣。"（《张学正蒙注·乾称》）

所以，儒学的仁爱实际上包含着两个方面，一是差等之爱，二是一体之仁。如果只强调差等之爱，则无法解释孟子的"今人乍见孺子将入于井，皆有怵倒恻隐之心"（《孟子·公孙丑上》）。如果只强调一体之仁，则与墨子的兼爱无所区别。仁爱的起点是自爱，然后才能推至爱亲、爱民、爱物。仁爱精神就是一种推己及人的精神。提到博爱，一般总会把它与耶教联系起来，但其实博爱也是儒学的观念。孔子说："泛爱众而亲仁。"（《论语·学而》）爱广大人民群众是真正的仁，这就是"博爱"。董仲舒说："先之以博爱，教之以仁也。"（《春秋繁露·为人者天地》）以博爱为仁，后世都是这个意思。三国时期的经学家韦昭在《国语注·周语下》中注"博爱于人为仁"。曹植在《当欲游南山行》云："长者能博爱，天下寄其身。"博爱是一种爱众人之心。唐代韩愈在《原道》论述了博爱的伦理属性和定位。"博爱之谓仁，行而宜之之谓义，由是而之焉之谓道，足乎已无待于外之谓德。仁与义为定名，道与德为虚位。"程颐则认为，仁可以表现为博爱，但直接用博爱来规定仁是不对的。"仁者固博爱，然便以博爱为仁则不可。"（《二程集》卷十八）王阳明对此说得最明白："大人者，以天地万物为一体者也，其视天下犹一家，中国犹一人焉。若夫间形骸而分尔我者，小人矣！……是故见孺子之入井，而必有怵惕恻隐之心焉，是其仁之与孺子而为一体也；孺子犹同类者也，见鸟兽之哀鸣觳觫，而必有不忍之心焉，是其仁之与鸟兽而为一体也；鸟兽犹有知觉者也，见草木之摧折而必有悯恤之心焉，是其仁之与草木而为一体也；草木犹有生意者也，见瓦石之毁坏而必有顾惜之心焉，是其仁之与瓦石而为一体也。是其一体之仁也，虽小人之心亦必有之。"（《大学问》）"一体之仁"或者一视同仁的普遍的爱才是博爱。王夫之也不赞成称博爱就是仁，"仁非博爱之谓也。微言绝，大义隐。以博爱言仁，而儒乱于墨。墨氏之仁，妇姑之仁也"（《春秋家说》）。

二、利玛窦与花之安儒学"仁爱"与"博爱"诠释比较

康德认为西方所讲的爱是出于义务和责任，而不是偏好，"要求爱自己的邻人，甚至爱我们的仇敌的那些经文也应当如此理解。因为作为偏好的爱是不能被要求的……这种爱就在意志之中，而不是在感觉的倾向之中；在行动的原理之中，不是在温存的同情之中；惟有这种爱才是可以要求的。"[1]

如何理解儒学的"仁爱"与西方的"博爱"？理解的基础是精神共鸣。诠释学认为，"在理解中，我可以用我的生命精神与客观化物中所包含的他人精神生命发生共鸣"[2]。花之安对"仁爱"与"博爱"的诠释产生了共鸣的效果。

儒学的差等之爱与西方的平等之博爱显然不对等，对这个问题，利玛窦从三个方面进行了调适。第一，仁爱在爱其人之善。第二，恶人亦有可取之善。第三，恶人可以改恶化善。仁爱在于爱其善性，而不是善的本身。就像爱美酒，并不是爱酒的味道，而是爱其能为我所尝。恶人的本身

---

① ［德］康德：《康德著作全集》第四卷，李秋零译，中国人民大学出版社，2010年，第406页。

② 洪汉鼎：《真理与方法解读》，商务印书馆，2018年，第512页。

虽不可爱，但恶人也有可取之善，也能够改恶化善。① 所以，仁爱不是看善恶的结果，而是看有无向善的可能。利玛窦这样就突破了儒学仁爱的等差意思而与耶教博爱的平等连接起来，赋予了仁爱平等性。

利玛窦认为，不论是仁爱还是博爱，最后指向的都是知天主。要实现仁爱，必须先要爱天主，天主爱己爱人，天主知人可爱，爱人之善，缘在天主之善，并不是在人之善。爱天主才能博爱天下，人如果只爱父母不爱天主，只是一种善，而不是仁爱。② 利玛窦在《天主实义》中更多的是用仁爱，而不是博爱，因为中国人对于仁爱更为熟悉，利玛窦为了宣传耶教义赋予了仁爱新的含义。《天主实义》中，中士从本体论上试图解决万物一体的问题，认为君子之心超越自己与他人的区别，并且君子一体万物非由他意，原因在于吾心仁体本来如此，这是阳明学派的观念，认为是万物一体是以人心之本来确定的，人之心与宇宙是统一的。利玛窦对这个论调采取的态度是，认为前世之儒借万物一体之说，以翼愚民悦从于仁，但这种一体，仅仅是一原，如果真信万物一体将灭仁义之道，因为伦理生活要求人们承认自我与他者的区别。③ 儒学先要有君子之心，在里面没有自我与他人的分别，在此基础上，再推己及人。而耶教首先要求分开自我与他者，然后在他们之间建立某种连接，即"爱"。所以，利玛窦坚持的是西方主客分离的哲学，道德实践必须要有行为主体和受施客体，这样仁爱等道德行为才是可能的；如果以万物为一体，没有主客体，道德责任难以厘清。利玛窦认为万物为天主所造，多种多样，不只有外貌之别、体与类分别，就算是同类也有不同体的分别。不必施仁于物，施仁于物只是兼爱。也就是说，仁爱必须要有主体，这个主体只能是天主。

---

① 参阅［意］利玛窦：《天主实义》，载朱维铮主编：《利玛窦中文著译集》，复旦大学出版社，2001年，第80-81页。

② 参阅［意］利玛窦：《天主实义》，载朱维铮主编：《利玛窦中文著译集》，复旦大学出版社，2001年，第81页。

③ 参阅［意］利玛窦：《天主实义》，载朱维铮主编：《利玛窦中文著译集》，复旦大学出版社，2001年，第45页。

花之安论"仁爱"，首先说明仁为众善之本。孔子曰："人而不仁，如礼何，人而不仁，如乐何?"程颐说："盖仁者天下之正理，失正理则无序而不和。"花之安指出，历代儒学学者言仁不出三端之外，究仁之为体，推仁之为用，致仁之为方。汉儒以爱为仁，韩文公言博爱之为仁，宋儒谓仁者固博爱。① 花之安认为不能直接将博爱当作仁，因为仁是根，爱是苗，不能将苗当作根。程颐说：爱是情，仁是性。朱熹谓：仁者爱之体，爱者仁之用。周敦颐言：爱曰仁，两者并称。所以，仁与爱是体用的关系。人当尽天伦地伦人伦。人要实现这三伦，要实现"三达德"，即西方所说的"信望爱"。爱是什么？花之安引儒学典籍，爱即仁爱之谓，"亲也，恩也，惠也"(《正韵》)。"心乎爱矣，遐不谓矣"(《诗经·小雅》)。"爱之能勿劳乎?"皇《疏》："爱，慕也。"(《论语·宪问》)所以，仁者爱之体，爱者仁之用。仁爱是体用的关系。世上很多人是名浮于行，假借仁义，行沽名钓誉之事，如春秋五霸。②

那么真正的"仁"是什么？花之安引《传》曰：博爱之谓仁。也就是说，博爱就是仁爱。"仁则无所不爱，善者我固爱之，恶者我亦怜而爱之。此推仁爱之极，而无一毫私见参于其间者也。夫恶人本不当爱，而推吾民胞物与之怀，则恶人亦何莫非在吾胞与之中，是则虽为我之仇敌，我亦怜而爱之，非诣之至纯者乎？夫彼为我之仇敌，必有所甚恶乎我，或忌我之才德，或妒我之技能，而多方以害我，我何为亦怜而爱之乎？曰：爱者，爱其与我同为人类；怜者，怜其不明义理也。盖明义理之人，则不肯无端而用其憎恶者，若不以仁德化之，则彼将愈长其凶暴，必至不知悛悔而以恶终矣，我之怜而爱之者，实欲其改恶从善，以同居于坦荡之宇也，岂如墨子兼爱，而并无差等哉。"③仁就是要推己及人，爱就是爱他与我同类，可

---

① 参阅[德]花之安：《经学不厌精·十三经考理人卷》，上海美华书馆，1898年，第19页。

② 参阅[德]花之安：《经学不厌精·十三经考理人卷》，上海美华书馆，1898年，第63-64页。

③ [德]花之安：《自西徂东》，上海书店出版社，2002年，第33-34页。

怜就是可怜他不明义理,可怜但是爱他,就是要让他改恶从善,但这不是墨子的兼爱所认为的无差别之爱。

这样的"仁"从何而来?这一点,才是花之安所认为的儒学与西方讲仁爱最大的不同。董仲舒认为天创造了仁,但是花之安认为,上帝才是仁义之原。花之安有引儒学学者有关仁之原。朱熹说:"天地之心,其德有四,曰元亨利贞,而元无不统……人之为心,其德亦有四,曰仁义礼智,而仁无不包。"张载曰:"虚者仁之原……礼仪者仁之用。"谢上蔡以知觉言仁,杨时以万物与我为一为仁。这些学者虽然说仁颇为透彻,但并没有究仁的本原。就算是孔子也不敢以仁自居,"若圣与仁,则吾岂敢"。

花之安认为,仁爱也是博爱。"耶稣之训曰:'爱人如爱己,亦欲广仁爱于天下也。'独是仁爱之道甚广大,而仁爱之理甚精微。《马太圣经》二十五章曰:'人饥则食之,人渴则饮之,人裸则衣之,人旅则馆之,入病则顾之。'由此心而推之,亲亲而仁民,仁民而爱物,道之广大何如也?《哥林多前书》曰:'无仁则无益,虽罄所有以济贫,舍身自焚,未得以为仁。'盖仁者,宽忍、慈爱、不妒、不夸、不炫、不妄行、不为己、不暴怒、不逆诈、不喜非义,乃喜真理,此乃为仁。"①

仁爱是人伦之根本。"人有仁爱之心,则生平行事,可以宽忍,可以不妒,可以不夸,可以不炫,可以不妄行,可以不为己,可以不暴怒,可以不逆诈,可以不喜非义,可以隐恶信善,可以望人之美,可以忍己之难。若无仁爱之心者,反是。是可见人有仁爱,则众善由此而起,人若失其人,爱则众恶由此而逞,仁爱至于人不亦重乎。"②

中西方伦理道德观的最高表现都是爱人。儒学的"仁"既是人的品质,也是宇宙的主体,而西方伦理中的爱是不能凭自身力量产生,"爱必须由神性灌注到心,人再回应这种灌注,通过这种回应,爱才能在人那里获得自己的表现形式。但是人对上帝爱的回应并不像镜子对于光的反射那样,

① [德]花之安:《自西徂东》,上海书店出版社,2002年,第18页。
② [德]花之安:《经学不厌精・十三经考理天卷》,上海美华书馆,1898年,第65页。

因为镜子反射光并不能使外边的光进入镜子里，而人对于神的召唤的反射则包含有一个积极的接收与调整过程，在这一过程中，神爱被注入人的自我之中，人具有了爱的能力"①。耶教的爱是博爱，爱所有人包括敌人，超越了血与肉的区别。孔汉思认为："耶稣很像中国的圣贤墨子，爱敌人是因为神爱所有的人；因为作为天父的神不分敌人还是朋友，而让阳光雨露普好人和恶人，他还将爱施给不配享有爱的人。"②

利玛窦与花之安对仁爱与博爱的诠释差异在于侧重点不一样。利玛窦重点是改造儒教仁爱连接西方之博爱，而花之安的重点在于用西方之博爱解释儒教仁爱。利玛窦与花之安的相同点在于，都认为仁爱的主体是上帝。武汉大学国学院教授郭齐勇认为，"儒家的爱有差等，其主张是以爱亲人为爱的始端。这是儒学一本论的一贯使然，其实，在耶教那里，她也是一本论。儒家所谓的爱是这样一个理路，'亲亲而仁民，仁民而爱物'。儒家'仁爱'推广的过程是'差等之爱'，其目的是普遍的爱"③。"差等之爱"可以证明"仁爱"的普遍性。"博爱"不是兄弟情谊，而是普遍之爱。这种本真情感作为"一体之仁"，是对"差等之爱"的超越。

在比较仁爱与博爱思想时，大多数人还是潜意识地将仁爱作为儒学思想，即美德之仁爱，将博爱作为耶教的精神主旨，即神爱之博爱，而实际上正如花之安论述的，中西方都有"仁爱"和"博爱"，二者的区别主要在于本体论的不同，儒学的"仁爱"来自人的本性，而西方的"博爱"来自上帝，双方也是可以产生共鸣的。秦家懿认为，"耶教的爱是以人对神的爱的模仿来表达的，但它也在发展澜变，意义引申以至包括恩惠、生命和人对神那爱的生命之参与。总而言之，它包容了同儒学的'仁'相同的两层概念：

---

① ［英］姚新中：《儒教与基督教：仁与爱的比较研究》，赵艳霞译，中国社会科学出版社，2002年，第197页。

② ［加］秦家懿［瑞士］孔汉思：《中国宗教与基督教》，吴华译，生活·读书·新知三联书店，1997年，第103页。

③ 郭齐勇：《道不远人郭齐勇说儒》，孔学堂书局，2014年，第104页。

爱为美德和爱为生命。"①

中西方的"仁爱"与"博爱"的道德体系与特定的社会秩序密切相关，儒学的"仁爱"是与"家国同构"的社会政治体系相适应的，而耶教在罗马时期的欧洲发展起来，但是因为对教义的理解不同，耶教教派林立，这与欧洲的家族制和国家制度、社会经济生活相联系。"仁爱"和"博爱"可以成为中西方思想的一个交汇点。在康有为、梁启超之前，虽然儒家学者也有讲博爱，但大多数并没有将二者等同起来。康有为的《大同书》赋予了"仁"以本体。"仁者，在天为生生之理，在人为博爱之德。"②把耶教的"平等"作为"仁"最重要的含义。"至平无差等，乃太平之礼，至仁之义。"③谭嗣同的《仁学》将"仁"作为万物的本体。"仁以通为第一义""通之象为平等"④。秦家懿也认为虽然儒学和西方都讲博爱，但儒学却比西方更强调改善社会秩序以达到博爱的途径。儒学"理论是一个整体的人性论，因为人性并非藏然的一分而二，不像西方将人分为身和心，身体与灵魂。人永远被看作是一个整体，有其社会性的一面，追求和谐相处，也渴求物质的充裕，同时更追求精神的完美"⑤。从仁爱、博爱再到平等的思想，在19世纪末社会结构变革与革命的环境下和外来思想的刺激下，自然地向政治权利的平等观发展起来。"必能发为自由，必能发为公正，亦必能趋向和谐。这就是以仁为基础、为依据而展开现代社会价值"⑥，这也是花之安的巨大贡献。未来中国走仁爱之路，还是博爱之路，这也是值得思考的问题。

① ［加］秦家懿：《秦家懿自选集》，山东教育出版社，2005年，第5页。

② 康有为：《孟子微 中庸注 礼运注》，中华书局，1987年，第424页。

③ 康有为：《孟子微 中庸注 礼运注》，中华书局，1987年，第554页。

④ 谭嗣同：《仁学》，华夏出版社，2002年，第6页。

⑤ ［加］秦家懿［瑞士］孔汉思：《中国宗教与基督教》，吴华译，生活·读书·新知三联书店，1997年，第73页。

⑥ 陈来：《仁学本体论》，生活·读书·新知三联书店，2014年，第440页，

第三节　"五伦"与"天伦"

一、儒学的"五伦"

儒家的"五伦"指君臣、父子、夫妇、兄弟、朋友这五种基本的人际关系，这是儒家思想中人伦关系的基本方面。儒家思想认为，人类社会就像一张覆盖的网，由这五种关系编织而成，人置于网下，应按部就班地生活，出了这五种关系就是大逆不道，与禽兽无异。孔子提出了"君君臣臣、父父子子"（《论语·颜渊》）的伦理规则，而"五伦"的完整表述由孟子首先提出，"后稷教民稼穑，树艺五谷，五谷熟而民人育。人之有道也，饱食、暖衣、逸居而无教，则近于禽兽。圣人有忧之，使契为司徒，教以人伦：父子有亲，君臣有义，夫妇有别，长幼有叙，朋友有信"（《孟子·滕文公上》）。

到宋明理学时代，"五伦"思想又有了新的发展。在继承了二程的"天理论"，朱熹建立了以"理"为宇宙本体的哲学理论。"理"是先于天地万物的先天存在，是主宰天地万物的形上本体，在宇宙中具有最高的统治地位和最高的权威。朱熹以本体论的形式确立了"三纲五常"的道德权威，"三纲，谓君为臣纲，父为子纲，夫为妻纲；五常，谓仁、义、礼、智、信。"（《论语·为政注》）朱熹将"三纲五常"概括为"理""天理"，"仁莫大于父子，义莫大于君臣，是谓三纲之要，五常之本。人，伦天理之至，无所逃于天地之间"（《朱文公文集·癸未垂拱奏札二》）。"自天之生此民，叙之以君臣、父子、兄弟、夫妇、朋友之伦。则天下之理，固已无不具于一人之身矣。"（《朱文公文集·经筵讲义》）朱熹将"三纲五常"归为天理，是天地万物运行的基本规律，这使得伦理纲常与自然规律一道列为了宇宙本体论的"天理"。"父子君臣，天下之定理，无所逃离于天地之间也。且所谓天理，复是何物？仁义礼智，岂不是天理？君臣、父子、兄弟夫妇、朋友,岂不是天理?"(《朱文公文集·答吴斗南》)。"宇宙之间,一理而已。天得之而为天,地得之而为地,而凡生于天地之间者,又各得之以为性。其张之为三纲,其纪之为五常。盖皆此理之流行,无所适而不在。"(《朱文公文集·经筵讲义》)"五伦"是天所命,人生而固有的,不是后天和人为的。与五伦相应的亲、义、别、序、信,五伦之理。朱熹认为:"五者之理,出于人心之本然,非有强而后能者。"(《朱文公文集·杂著·尚书·舜典》)五伦之理也是人心之本体,人所固有,也不是后天人为。

《礼记·礼运》中对孟子的五伦说作了进一步的阐释,解为"十义",即"父慈、子孝、兄良、弟悌、夫义、妇听、长惠、幼顺、君仁、臣忠"。在五伦中,儒家是以君父为首要的,体现了王权、父权思想。儒家的君臣关系是道义关系,互为条件,"君臣者,何谓也?君,群也,下之所归心;臣,缠坚也,厉志自坚固"(《白虎通德论》)。孝道是儒家仁义的根本,"君子务本,本立而道生。孝悌也者,其为仁之本与"(《论语·学而》)。没有孝道,就谈不上家,也谈不上国。历代统治者都以孝道治国,主张孝、慈并举,讲求父慈子孝。夫妇之伦,主要是关于纳妾的问题,儒家经典中并没有依据,儒家还是主张一夫一妻制的。朱熹说:"夫妻,天理也,三妻四妾,人欲也。"(《朱子语类·卷十三》)"一夫一妇,庶人之职。"(《朱子语类·卷十三》)对于纳妾现象,儒家是最低限度默认。在这五伦中,家庭占三位,剩下两伦,拟君于父,拟朋友于兄弟。五伦发端于家庭,也在家庭中培养,家庭内外的人际关系,均纳入五伦之中。家庭是儒家伦理的根源。儒家认为,人际关系,纷繁复杂,五伦是纲。一纲举,万目张;一本立,万事理。《中庸》称"五伦"为"达道"。"达道"的意思是人与人共同的道理。"五伦"以亲、义、别、序、信为互动的规则,彼此协调。英国人类学家浮斯(R. Firth)称五伦为'社会结合剂',将个人的手段与社会目的结合起来。[①]

---

① 杜维明:《中国文化的危机与展望:当代研究与趋向》,中国台湾时报文化出版事业有限公司,1980年,第401页。

至清初，王夫之认为，道德是治世天下的根本，以三纲五常为基础的五伦是根本中的根本。"夫礼之为教，至矣大矣，天地之所自位也，鬼神之所自绥也，仁义之以为体，孝弟之以为用者也；五伦之所经纬，人禽之所分辨，治乱之所司，贤不肖之所裁也；舍此而道无所丽矣。"(《读通鉴论·梁武帝》)仁义道德是永远不会改变的。

二、利玛窦与花之安儒学"五伦"诠释比较

中国人民大学哲学系教授姚新中认为，"传统儒家关注五伦：父子，君臣，夫妻，兄弟，朋友。在这五个方面，《圣经》中所教导的内容与儒家经典所教授的内容几乎完全相同，基本一致。"[1]

晚清的传教士汉学家对大多数儒学的伦理思想持赞同的态度，认为与耶教伦理是相通的，但他们同时认为儒学的"五伦"存在很大问题。如丁韪良认为："夫中华儒教，言人而不及神，言人有五伦，而不知神与人实为首伦。……神人立为道伦，五伦乃行乎其下而有序。"[2]谢卫楼认为，儒学只谈人伦，不谈天伦："人伦之上，尚有天伦，儒教未尝言及。盖在天之主宰，不远乎人，是天伦为人伦之大本，亦勉人为善之大源。"[3]而耶教的"人伦"大大超越了儒学的"五伦"。

花之安对儒学"五伦"的诠释与利玛窦类似，可称为超越性诠释。超越性诠释在诠释学中指的是遵循某一模式但又超越了这个模式，从而构建一种新的范型，也是对某一模式的修补和发展。如前所述，花之安对"五伦"的超越诠释，即是补足儒学的不足之处。"备各项善德，以显出灵魂之华

---

① 姚新中：《比较视域中的儒学研究》，载《姚新中学术论集》，孔学堂书局，2016年，第274页。

② ［美］丁韪良：《天道溯源》，载中国宗教历史文献集成编纂委员会编：《东传福音》第16册，黄山书社，2005年，第16页。

③ ［美］谢卫楼：《论基督教于中国学术更变之关系》，载朱维铮编：《万国公报文选》，生活·读书·新知三联书店，1998年，第143页。

美，补吾身之缺乏，后来天地转变，新开天地，能除去获罪艰难困苦之事，表出上帝之荣耀。"①

利玛窦把儒教的五伦解释为社会中人的五对不同组合，构成了人与人的全部关系，对儒学五伦进行了超越性的诠释。在《交友论》一书中，利玛窦认为，朋友是人际关系之中最重要的："世无友，如天无日，如身无目矣。"②在宗法时代的中国，君臣、父子、夫妇、兄弟很显然要比朋友更重要。而利玛窦宣扬朋友之爱比血缘之情更珍贵："友于亲，惟此长焉，亲能无相爱亲友者否？盖亲无爱亲，亲伦犹在，除爱乎友其友，理焉存乎？"③朋友之间，互相帮助，平等以待，视友如己——利玛窦在儒学传统道德中引入耶教的平等精神。其次，利玛窦借用儒学的人伦概念，在五伦之上加上一个"大伦"，即人对天主的信仰。利玛窦对"三纲"还是予以肯定的。但是当"天主"之"大伦"与"五伦"产生冲突时，"大伦"便超越了"五伦"。"国主于我相为君臣，家君于我相为父子，若使比乎天主之公父乎，世人虽君臣父子，平为兄弟耳焉。此伦不可不明矣！"④这里包含了对君臣之伦和父子之伦的否定，强调天主面前人人平等的原则。最后，汉学家独身不娶与孟子的"不孝有三无后为大"相冲突，是不是应该被称为不孝？利玛窦以比喻解释：比如有一人，认为无后非孝，有后才是孝，于是娶了数妾，生了很多儿子，但是没有一个是善良之辈，这样的情况能称为孝吗？饱学之士，远游他乡求学，辅君匡国，教化人民，为忠信而没有时间生育子嗣，按前论也该称为不孝吗？所以，利玛窦重新定义了孝的概念：孝在内而不在外，所谓不孝，标准有三——陷亲于罪恶、弑亲之身、脱亲财物。天下万国以这三个标准为不孝，而只有中国以无后为最不孝。耶教认

---

① ［德］花之安：《自西徂东》，上海书店出版社，2002年，第196页。

② ［意］利玛窦：《天主实义》，载朱维铮主编：《利玛窦中文著译集》，复旦大学出版社，2001年，第113页。

③ ［意］利玛窦：《天主实义》，载朱维铮主编：《利玛窦中文著译集》，复旦大学出版社，2001年，第111页。

④ ［意］利玛窦：《天主实义》，载朱维铮主编：《利玛窦中文著译集》，复旦大学出版社，2001年，第91页。

为最大的不孝是逆天主之意。每个人都有三个父亲——天主、国君、家君。天下有道时，三父之旨一致，遵守一父之令都是兼孝其他两父。天下无道时，如果三父之令相矛盾，儿子如果听从了天主的，却冒犯了其他两父，不能说不孝；如果因听从下父而违背天主之旨，则是大不孝。① 这是从孝道上对王权进行否定。

花之安认为在儒学"五伦"之上，也有一个类似于利玛窦所说的"大伦"的东西，花之安称之为"天伦"，五伦只是道理支流。花之安在《马可讲义》中说，儒书之道，不外乎五伦，五伦出于私恩，私恩出于情欲，情欲出于血气，所以五伦不过就是血气之性，并不能成为道理之纯全。有天地然后有万物，有万物然后有男女，有男女然后有夫妇，有夫妇然后有父子，有父子然后有兄弟，有兄弟然后有朋友，有朋友然后有君臣。所以，五伦起于夫妇，夫妇起于情欲，情欲起于血气，五伦之道，就是血气，这是自然之理。父子何以亲，君臣何以义，兄弟何以序，夫妇何以别，朋友何以信，观蝼蚁有君臣之义，虎狼有父子之仁，鸿雁有兄弟之序，鹡鸰有朋友之情，其性分所固有，人若不能，何以称为万物之灵哉？夫道理为天地人物之根本，而五伦为道理之支流。但是人伦和天伦有大小，有先后。五伦之外没有天伦，则是错误的。西方宣传天国之道，也没有背弃五伦之道。西方先立其大伦，则小伦不会倒下。如果人虽然忠实于人伦，不过是尽其私恩，并没有包括天伦。西方并不是只要天伦，不要人伦。因为现在的人伦大多各私其亲，忠实义理之亲必能忠实血气之亲，忠实血气之亲未必能忠实义理之亲，可以见到人情多出忠实于夫妇，而忍于兄弟，忠实于兄弟，而忍于朋友。单纯以血气论亲疏，虽亲亦疏，骨肉亲疏就像秦越之肥瘠，惟有义理为维系，虽疏亦亲。五伦不过是圣道中的一端而已。②

① ［意］利玛窦：《天主实义》，载朱维铮主编：《利玛窦中文著译集》，复旦大学出版社，2001年，第91页。
② 参阅［德］花之安：《马可讲义》，载中国宗教历史文献集成编纂委员会编：《东传福音》第13册，黄山书社，2005年，第168页。

花之安在《经学不厌精·人伦》中对五伦进行了具体分析。与利玛窦将朋友伦放在五伦之首不同，他以儒学的观点来推夫妇之道，认为夫妇伦应该为五伦之首，是最重要之伦，因为伦常之道，人最重要，讲人伦，有夫妇之后才有父子、兄弟、君臣、朋友。太古之时，伏羲制嫁娶，正姓氏，以重人伦之本，有嫁娶，然后有夫妇，阴阳相配，男女相当，所以，伏羲制婚姻之礼是一夫一妻制。《易经》云："一阴一阳之谓道，继之者善也，成之者性也。"一阴一阳，没有偏重，所以能承继不已，能完全尽善，能凝聚成形，得其本性。如果是一夫二妇，或一妇二夫，则打破了阴阳平衡。其次，从"夫妇"二字的字义看，"夫"字从大从一，可见人与天同一，人与天同，当尽为夫之道，从一夫一妻之诚命。"妇"字，从女从帚，意思是妇女洒扫，服事丈夫，既服事丈夫，丈夫亦当爱妇。另外考证"妻"的意思，妻字同齐，意思是妻子与丈夫齐，与丈夫相等，其体与丈夫相敌。《礼记·郊特牲》云："一与之齐，终身不改。"夫妇都应恪守不改，男女都应遵守一夫一妻制度。男女同为上帝所创造，所秉之气一样，所赋之性也一样，所以遵守的道也应相同。男女都应遵守一夫一妻制度，一男不可娶二女，一女不可嫁二男。《礼记》本意虽然专指妇，但是夫者应该像照镜子一样，借镜返观。①

花之安在《马可讲义》推夫妇原始之道，即一夫一妻制。造物主造男女，使之匹配，成为夫妇，这是夫妇之始。夫妇不仅繁衍后代，而且应该相扶相持。"故夫秉刚，而妇秉柔，二气感应以相与。后世祗为燕私之好，从其情欲，大失夫妇之本意。夫阴阳相对，夫妇本为敌体之人。礼非责重于妇，而可宽于夫。乃中国制礼，若祗为防闭妇人而设。妇需守礼，夫可纵情。故中土一男可娶数女，而一女不可配数男，非责重于妇，而宽于夫乎？一女不可配数男，一男不可娶数女，其理一也。"②

---

① 参阅［德］花之安：《经学不厌精·十三经考理天卷》，上海美华书馆，1898年，第48-50页。

② ［德］花之安：《马可讲义》，载中国宗教历史文献集成编纂委员会编：《东传福音》第13册，黄山书社，2005年，第246页。

对于中国的纳妾问题，花之安列举了一系列史实指出夫妇一伦关系着国家兴衰。尧以二女嫁舜，尧之嫁，舜之娶，皆失其道，导致后世效仿。皇宫内三宫六院引发的宫廷生变、国破家亡的例子数不胜数。绅官纳妾、庶民纳妾引起的问题也不在少数。还有其他国家，如土耳其、印度，君民多纳妾，闺门之政，缺而不修，所以不能兴盛。而日本效仿泰西的夫妇制度，国势蒸蒸日上。太平洋上的一些海岛国家，受教化之前，男女不行婚姻之礼，今日欢聚，明日丢弃，与禽兽无异，自男女婚配都能守一夫一妇之伦。① 对于那些引孟子的"不孝有三无后为大"而为纳妾辩护的，花之安在《马可讲义》里指出，无子并不一定是女方的问题，也可能是男方的问题，不见有妻妾满堂而不得一子之事？如果一男因无子就纳妾，那一女可因男无子换丈夫，如果有一女子真这么做，是不是会让人惊讶不已，何故怪这个又不怪那个？所以，孝与不孝并不在于有子无子，生育之权是人不可操控的。伯夷、叔齐无子，没有人称他们不孝，孔子称他们为贤，孟子称他们为圣。至于有人说圣人也纳妾，花之安引晏子语："去老者谓之乱，纳少者谓之淫"②（《晏子春秋》卷七）。中国就算是圣贤也有纳妾之失，所以，少年以轻薄少年以狎妓为无伤，文人以风流自诩，恬不为怪。男女都应安分守法，不可只苛责妇女。遵照这些，就不会有反目之伤，交嫡之患，良夫妇淑，这是家室兴旺之兆。如果只是为了衾枕之乐、产育之繁而纳妾，这是禽兽的行为。花之安认为，应将这几千年来的纳妾陋习扫除尽净，正夫妇伦是修齐治平之基，可以伏诸恶之根。总体来说，夫妇伦就是"夫妇守正，妇人为圣洁女，祖宗亦获显荣，不因乏嗣乱心，不以年衰失爱；夫不弃妻立妾，妇不弃夫改嫁"③。

① 参阅[德]花之安：《经学不厌精·十三经考理人卷》，上海美华书馆，1898年，第60页。

② [德]花之安：《马可讲义》，载中国宗教历史文献集成编纂委员会编：《东传福音》第13册，黄山书社，2005年，第247页。

③ [德]花之安：《路加衍义》，上海圣教书会，1894，第5页。

对于父子伦，主要是孝道问题。花之安认为，人道是以爱人为宜，而人之中由爱父母开始，所以孝是人最要之端。子事父母，尽孝道，以孝为至德要道之精，这是天经地义的事情，古今中外都是如此。《孝经》云："孝也者，天之经也，地之义也，民之行也……居处不庄非孝也……朋友不信非孝也，战阵无勇非孝也。《论语》问孝者多，而孔子答子游之问云："今之孝者，是谓能养。至于犬马皆能有养，不敬何以有别乎。"《礼记·正义》："父召无诺。"《孟子·离娄上》曰："不顺乎亲，不可以为子。"儒学典籍以顺父命为宜。意大利、罗马两国不奉孝为要道，违逆上帝诫命，所以，国祚不长。而中国以孝为要务，暗合上帝之诫命，所以国祚绵长，享国久远。"夫生我者父母也，律我者国法也，而宰生我之权者，天父也。人知爱敬父母，则宜知爱敬天父，天父为万物宰，父母且敬爱之，人徒敬爱父母而不爱敬天父，则犹未体亲心也。"①父母能有子女，皆上天之意，非父母之意能生子女也。所以，看那些艰难求子而不得，想生男反而生女，想生贤子反而得不肖子，如尧为父有子丹朱，舜为父有子商均。还有父恶子贤的，舜子父瞽瞍，禹之父鲧。

其次，父以教子为先，子以孝经有道。花之安引儒学典籍说明。庄子曰："父子以天属。分形同气，属毛离里，盖亲莫于父子矣。拊畜长育，保抱携持，及长而教义义方，悔尔式毅。"常常见世上爱子之人，为子纳田产，结姻亲，争功名，千营百态，为子留下大笔遗产，一旦身故，子孙不能保守，这就是其祖其父教化未善的原因。②

对于儒学的君臣之道，如果出现君王之命与上帝之命相冲突，应该遵循上帝之命。他在《经学不厌精》中指出，儒学的君臣之间，各尽其道，相得益彰，而国家治。四千年来，正统之君，不下数百，秉政之臣，不下数千，君礼臣，臣报君，却不常见，原因在于，君臣之间，不能同德同心，求合于主宰公义之道，这样尊卑倒置，导致了《论语》所说的，不君不臣。

① ［德］花之安：《自西徂东》，上海书店出版社，2002年，第134页。
② 参阅［德］花之安：《经学不厌精·十三经考理人卷》，上海美华书馆，1898年，第66页。

君臣相宜辅牧民，大臣当格君心之非，不臣实开祸变之端，中国君臣之道尚多未敬。而泰西规律条例，君臣互相参订，视从者之多寡为取裁，君不以威权强压群臣，百官不以恃权势逼迫百姓。这合乎孟子所说的，民贵君轻。泰西君臣之举视众从远，王家度支各有定例，国事皆归公议，官员忠贞共励。① 花之安在《马可讲义》中认为，西方不言政之法，而言政之理，即君臣应各尽乃职，虑之以义，有理必有法，有法未必有理。治国在于齐家，齐家在于修身。如果君王之命与上帝之道冲突，花之安再一次超越了儒学的忠君思想，认为应该守上帝之道："苟君王官宦之命，有逆上帝，则守上帝之道，而不可徇王命，以陷不义之罪，宁死勿屈。"中国也有死守善道之人。比干剖心，夷齐饿死，古来忠义之士，粉身碎骨，无他，道命重于君命。犹太国也有很多守道而不从王的例子。媪婆不听法老命，以溺希伯来人之子，未底改不遵王命拜恰慢，摩西之母不畏王命溺子等都是从上帝之命而不从王命。君臣之间要像孟子所说的"手足腹心、草芥寇仇"之喻。这才是君臣之间的伦理。②

对于兄弟伦，花之安将其上升为同为天父之子，都是兄弟；推而广之，四海之内，都是同胞。他认为，兄弟之所以为兄弟，血气使然，少时居则同方，食则同案，衣则同服，所以诗云：凡今之人，莫若兄弟。又曰：岂伊异人，兄弟匪他。手足常被称为孔怀之情，不过为兄弟就是一体之意。兄应该爱弟而且能教，弟应该爱兄而且能敬。花之安认为张载言爱似是而非，张载在《西铭》中曰："民吾同胞，物吾与也。"虽然有爱人如己之道，但是其人物不分，等同于墨子的兼爱，这与上帝的爱人相去甚远。《西铭》中的意思，天下人皆吾兄弟，当以兄弟待之。西方论兄弟之道与朋友之道混而为一，兄弟之谊与朋友之谊，都是出于天性，当以爱为本，信道之人皆为兄弟。花之安将"同父之兄弟能本敬爱之心以敦悌道"上升为

---

① 参阅［德］花之安：《经学不厌精·十三经考理人卷》，上海美华书馆，1898年，第82-83页。

② 参阅［德］花之安：《马可讲义》，载中国宗教历史文献集成编纂委员会编：《东传福音》第13册，黄山书社，2005年，第282页。

"同天父之兄弟也能推爱敬之心以敦友谊",这样民吾同胞将成为四海之内的标准。[①]

对于朋友伦,花之安在《经学不厌精》中引南朝梁刘峻《广绝交论》:"心同琴瑟,言郁郁于兰茝。道叶胶漆,志婉娈于埙篪。"贤达素交能相始终。而"叔世民讹,狙诈飙起"的五种相交,即"利交与起""财赂相交""口才相接""贫困相怜""量度有无与之交接"。这五种相交都是小人之交,符合《礼记·表记》所谓"小人甘以坏"。而泰西重朋友之伦相资学问,道德因友朋而获益。朋友多以兄弟相提并论,因为信道之人,皆为兄弟,得教友就像得真兄弟一样。花之安认为真正的朋友之伦,除了素交、学问、道德,最重要的是朋友之间都有共同的信仰。[②]

"五伦"是中国数千年来道德传统观念和礼教的核心,是维系中华民族群体的纲纪。牟宗三先生指出:"社会则以伦常之道来维系,此道通于上下一切,总名曰五伦。依此,继承孔、孟下来的儒者,向外无可用心,遂仍继承夏、商、周相传的最古的'修己以安百姓'这个观念模型,而向尽心、尽性、尽伦、尽制一路讲说道理,纯从向里用心,发展成圣贤学问,以期成为圣贤人格。在这样一个社会里,他们一眼看定一切问题都系于人民之能安不能安,君相之是否能'正德'。所以他们退而在社会上,即讲圣贤学问,以期成为圣贤人格,进而在政治上即讲圣君贤相。这个文化生命,其讲说道理抒发理想,全幅精神都在此。"[③]伦理道德是儒学全部精神之所在,所以"五伦"的产生、发展,对于维系中国社会的伦常和大一统,发挥了不可磨灭的贡献,有其历史意义。但是从思想解放运动和民主制度的立场去批评"五伦""三纲"之不合理、不符合时代需要、束缚个性、阻碍进步等,也是自然而然的事。在晚清,封建制度礼崩乐坏,民主主义思潮

---

① 参阅[德]花之安:《经学不厌精·十三经考理人卷》,上海美华书馆,1898年,第118-119页。

② 参阅[德]花之安:《经学不厌精·十三经考理人卷》,上海美华书馆,1898年,第131页。

③ 牟宗三:《中国哲学的特质》,上海古籍出版社,2007年,第168页。

以各种形式表现出来，西方因新学而兴盛，而中国动辄援引古制，对现实无动于衷。在这样的强烈对比之下。谭嗣同曾这样批判"五伦"："俗学陋行，动言名教，敬若天命而不敢渝，提若国宪而不敢议……上以制其下，而不能不奉之。则数千年来三纲五伦之惨祸烈毒，由是酷焉矣？"①他认为中国要变法图强，首先就要改变"五伦"。"今中外皆侈谈变法，而五伦不变，则举凡至理要道，悉无从起点，又况于三纲哉。"②近代儒者范袆认为"五伦三纲"让中国没有进步："以陶融中国于专制之国，专制之家。重重积压之下，至成一种有君无民，有长无幼，有男无女，至不平等，至不自由，永无释放，永无进步之教化。"③

儒学伦理中是否有放之四海而皆准的普世道德？严复就认为，儒学传统中至关重要的莫如五伦，五伦的忠、孝、节、爱、信，蕴含着天理人伦的基本法则，具有永恒的伦理价值，"故世界天演，虽极离奇，而不孝、不慈、负君、卖友一切无义男子之所为，终为复载所不容，神人所共疾，此则百世不惑者也"④。汉学家当然也会相信耶教的伦理具有普世的法则，两个普世性的伦理相遇，如何实现对话？对话的原则如孔汉思所认为，共同的人性是总体伦理的基本标准。花之安论述的伦理问题，也是现代中西方伦理所遇到的难题，对于这个问题，武汉大学哲学学院教授段德智认为，"西方伦理思想的中国化或本土化也有某种现实的可能性，也有可能在较大的范围内转化成一种事实性。但是这不仅需要耐心和时间，而且也需要人们在现实生活中处理许多棘手的问题"⑤。笔者认为，花之安与利玛窦都认为耶教的"人伦"超越了儒学的"五伦"，但是花之安的论述更加全面和具体。超越诠释意在新意的创造，超越了主体的历史性和偏见，实现了

① 谭嗣同：《仁学》，华夏出版社，2002年，第23页。
② 谭嗣同：《仁学》，华夏出版社，2002年，第128页。
③ 范袆：《论儒教与基督教之分》，载朱维铮编：《万国公报文选》，生活·读书·新知三联书店，1998年，第150-151页。
④ 严复：《论教育与国家之关系》，载《严复文选》，百花文艺出版社，2006年，第148页。
⑤ 段德智：《哲学的宗教维度》，商务印书馆，2014年，第294页。

不同文化的视域融合。花之安对五伦的论述标准虽然都是来自耶教，如果从人性的角度看，花之安的很多思想，如讲夫妇伦，主张一夫一妻，反对纳妾，男女平等，已超越了以宗法制为源头的"五伦"的狭隘性、封闭性和落后性，即使在今天，也具有积极意义。

第四节 "教化"与"教育"

一、儒学的"教化"

儒学的核心是教化。《说文解字》对教化的解释是："教，上所施，下所效也，化，教行也。"教化合起来的意思是教育感化，以之形成良好的风俗和习惯，包括政教风化和教育感化。"教化"是儒学政治主张的重要内容。孔子说："道之以德，齐之以礼，有耻且格。"（《论语·为政》）只要统治者广施教化，老百姓就能自己遵守社会规范，维护社会秩序。孟子继承了孔子的思想，认为善政才能得民财，善教才能得民心。好的教化能获得百姓拥护，能获得民心。荀子进一步总结教化的思想，荀子认为人性并不善，需要后天学习，用礼仪道德才能服人心。"礼义教化，是齐之也。"（《荀子·议兵》）"政令教化，形下如影。"（《荀子·臣道》）

汉高祖的谋士陆贾在《新语》中提出了"文武并用，长久之术"的观点，也就是说要将教化与刑罚结合起来，才能保证统治的长治久安。"曾、闵之孝，夷、齐之廉，岂畏死而为之哉，教化之所以致也。故曰尧舜之民，可比屋而封，桀纣之民，可比屋而诛者，教化使然也。"（《新语·无为》）董仲舒认为治理国家，应以德教为主，刑罚为辅。"教化不立而万民不正""教化立而奸邪皆止"（《对贤良策》）。圣人之道，必有教化。"圣人之道，不能独以威势成政，必有教化。故曰：先之以博爱，教以仁也；难得者，君子不贵，教以义也。虽天子必有尊也，教以孝也；必有先也，教以弟也……教化之功不大乎?"（《春秋繁露·为人者天》）董仲舒主张兴立学校，培养贤士来，来达到"教化万民"的目的："故养士之大者，莫大乎太学。太学者贤士之所关也，教化之本原也。"(《汉书·董仲舒传》)到北宋，朱熹认为，五伦和五伦之理是天之所命，人心所固有，但由于人的气禀所偏，难免被私欲遮蔽头脑，那么固有的伦理显现不出来，因此需要教化："古先圣王为是之故，立学校以教其民，……必使天下之人，皆有以不失其性，不乱其伦而后已焉。"(《朱文公文集·南剑州尤溪县学记》)王阳明认为："往者新民盖常弃其宗族，畔其乡里，四出而为暴，岂独其性之异，其人之罪哉？亦由我有司治之无道，教之无方。尔父老子弟所以训诲戒饬于家庭者不早，熏陶渐染于里者无素，诱掖奖劝之不行，连属叶和之无具，又或愤怨相激，狡伪相残，故遂使之靡然日流于恶，则我有司与尔父老子弟皆宜分受其责。"(《王阳明全集·南赣乡约》)社会风气、社会风俗的好坏关键在于教化。他认为可以用礼乐教化人民："孔子云：'人而不仁，如礼何！人而不仁，如乐何！'治礼作乐必具中和之德，声为律而身为度者，然后可以语此。若夫器数之末，乐工之事，祝史之守……"(《传习录》上)清初的王夫之认为，礼乐教化是政治治理的一种理想方式："礼所以治政……故或言政，或言礼，其实一也。礼以自正而正人，则政治而君安，不待刑而自服。"(《礼记章句》卷九)。

总体来说，儒家的教化方法包括四个方面。第一，六艺之教。六艺，即礼、乐、射、御、书、数。小学以书、数为主，大学以礼、乐、射、御为主。这六艺，重点并不在于知识，而是身心的教养。第二，礼仪教化。礼仪教化大体主要包括君臣、父子、兄弟、夫妇、朋友五伦关系规定，衣食住行、婚丧嫁娶等行为规范。礼乐教化主要是使人们在道德上自我约束并得到提升，遵循人的行为规范和社会的道德规范，使人与人在情理上相互默契，从而达到社会和谐，其中最重要的是孝道教育。"子曰：夫孝，德之本也，教之所由生也。"(《孝经·开宗明义》)"教民亲爱，莫善于孝。教民礼顺，莫善于悌。"(《孝经·广要道》)孝道是人的德性养成和教化的重要方式。另外，儒家认为，祭祀是教化之本，"祭者，教之本也"(《礼记·祭统》)。祭祀的意义和功能包括社会政治的各种关系，这是教化的主要领域。"夫祭有十伦焉，见事鬼神之道焉，见君臣之义焉，见父子之伦焉，见贵贱之等焉，见亲疏之杀焉，见爵赏之施焉，见夫妇之别焉，见政事之均焉，见长幼之序焉，见上下之际焉。"（《礼记·祭统》）第三，女子教育。中国的女子教育分为女子道德教育和女子学校教育。封建社会的女性除了部分上层阶级会将女子会将女子送入家庭私塾进行礼教教育外，普通家庭的女子是被排除在正规学校之外的，"学校教育对女子来说几乎不存在。妇女不得参与科举考试或担任任何公职"①。因此，中国的女子教育主要是女子道德教育问题，从两汉开始，儒家思想影响着整个封建社会的女子教育，其中最主要的是"三从四德"思想。中国最早的女子教育起始于周，称"妇学"。《周礼·天官·九嫔》："九嫔掌妇学之法，以教九御：妇德、妇言、妇容、妇功。"后来合称"四德"。"三从"一词最早见于《仪礼·丧服》，"妇人有'三从'之义，无专用之道，故未嫁从父，既嫁从夫，夫死从子"。儒家将其合并在一起，成为儒家礼教对古代妇女的道德要求。第四，取士制度。早在夏商周时期，国家就开始设立了官学。"夏曰校，殷曰庠，周曰序。"（《孟子·滕文公上》）"七八十五，阴阳备，故十五成童志明，入太学，学经术。学之为言觉也，悟所不知也。"（《白虎通德论·辟雍》）西汉时期，儒家思想成为官方指导思想，国家更为重视官学。董仲舒倡导"立大学以教于国，设庠序以化于邑"（《汉书·董仲舒传》）。教学内容主要是儒家经典，太学士们熟读经典，成为儒家思想的传人，并用儒家思想评议朝政。从隋唐开始，朝廷开始实行科举考试，儒家经典融入考试中，从十三经取士到四书五经为考试依据。明清时期，从朱元璋开始，"治国以教化为先，教化以学校为本，……宜令郡县皆立学校，延师儒，授生徒，讲论圣道"（《明史》卷六十九）。朱元璋在全国建立了严密的、规模空前的儒学教学网络，在科举考试中一律采用程朱一派理学家对儒家经典的标准注本，后逐步发展为八股文考试内容，成为明清两朝的取士制度。

---

① 杜学元：《中国女子教育通史》，贵州教育出版社，1995 年，第 251 页。

二、利玛窦与花之安儒学"教化"诠释比较

晚清的传教士汉学家对"教化"之功用提出了各种看法。李提摩太在《救世教益》中提出养民、安民、新民、教民之法。教民之法在于设立新学。无论何处书塾。名处立大书院。谢卫楼对儒学教化进行了批判："儒教误于敬拜，疏于考察，杂于虚妄，泥于古圣，昧于物理……儒教之文人，虽自诩其教之尽善尽美，然自古以来，少有变化人心之实效。"①光绪年间的贡生张书绅认为，"而欲成之以大学问，必先施之以大教化。而欲施之以大教化，必先设之大书院"②。总体来说，晚清汉学家施行的教化主要包括两方面，一是宣传西方道德教化，二是设立新学和开办新式学校。

花之安的"教化"思想符合这两个思路。他对儒学教化的内容进行了革新，如李提摩太所说，"欲中国变通古学，新益求新"③。花之安希望西方教化能使中国"除旧更新"，"以振溃发聋，新人耳目也"④。"通其变，使民不倦，神而化之，使民宜之也。"⑤

而明末利玛窦对儒学教化的诠释主要集中在肯定儒学道德教化的理论与实践，并将这些道德教化与信仰联系起来，使之获得一种新的基础。总体来说，就是凸出耶教在伦理道德方面的特征，从而走向道德教化，同时淡化信仰救赎的方面。利玛窦论教化，在于他走进儒学的道德观念中，又从中走出来，并留下信仰的印记。其次，利玛窦虽然没有直接提及女子教

---

① ［美］谢卫楼：《论基督教于中国学术更变之关系》，载朱维铮编：《万国公报文选》，生活·读书·新知三联书店，1998年，第146-147页。
② 张书绅：《论治学治事宜分二途》，载朱维铮编：《万国公报文选》，生活·读书·新知三联书店，1998年，第445页。
③ ［英］李提摩太：《救世教益》，载朱维铮编：《万国公报文选》，生活·读书·新知三联书店，1998年，第108页。
④ ［德］花之安：《自西徂东》，上海书店出版社，2002年，第171页。
⑤ ［德］花之安：《自西徂东》，上海书店出版社，2002年，第84页。

育，但是对于中国女性的地位予以了关注。他对中国的早婚、包办婚姻、男子置妾，以及溺毙女婴等问题进行了批评。最后，利玛窦介绍了中国的学校制度和科举制度，特别是科举制度，利玛窦十分推崇。他将儒生和由科举考试进身的官吏都称为哲学家，把考取的秀才、举人、进士与欧洲的学士、硕士、博士画等号。利玛窦认为中国的科举制度不分身份、门第，凭个人能力考取，做法公平。最重要的是，科举考试与道德哲学结合起来，他认为以四书五经为内容的科举考试是为着国家未来的美好和发展而集道德教化之大成，由儒学文明治理的中国社会如柏拉图构想的"理想国"。①

花之安在其所著《教化议》中赞同施行教化，在序言中指出，人之所以异于禽兽，除了本性之外，最重要的是教化。教化有盛衰之别，有的国家繁荣富强，而有的国家愚昧落后，全在教与不教。中国教化起于周，司徒修礼，司马辨官，上至执德，下至执艺，皆有考核，形上形下之道，贤与能之法详备，可惜后世不能师其法以变化，反昧其法而失传。中国今天所教化的不过是词章之学，全在高谈阔论，无专精之才。"宰教化之权者，既无造就之方，沐教化之泽者，复无专精之学。其或有一二明经致用之士，或足以作盛朝之衣冠，无以作中流之砥柱。设一旦烽烟骤起，兵燹交乘，维时学上、大夫固有谈经济而慄然，即兵戎而梦然者矣。夫欲济时艰而不通时务，庸流之蠢见也；欲修文治而徒恃文章，迂儒之臆论也。"②不讲求德行道艺全，所以中国廉能之士寡，经济之才疏，上不以为教，下不以为学。教化之道关乎国治民生。泰西各国蒸蒸日上，全在教化。有善道以节民性，有善学以治民生，这样，民众才不至陷于左道以害其心，遁于虚学，以误其才。

① 参阅[意]利玛窦：《利玛窦书信集》，文铮译，商务印书馆，2018年，第37页。

② [德]花之安：《自西徂东》，上海书店出版社，2002年，第169-170页。

　　教化的关键在于是得教化之源还是得教化之末。花之安认为，中国之教化，是徒有其表。教化之益，要看如何教。如果是真义理，会裨益人心。但是现在中国的一些教化不过是故事，不是所谓义理。以孝悌第一条为例，讲报应多荒诞之事，耸人听闻；讲圣论，差不多就是讲小说。既然中国推崇六经，何不宣讲六经，相反杂以释老之说，荒诞之说。即使讲六经，也可能是讲者疲于讲，听者倦于听，所以选取一些稗官野史、无稽之谈，来悦人耳目，如此教化无补于心性。而西方得教化之源。教育对于教化的重要性譬如果木，郊野之果与园林内的果，虽然形状相同，但是味道不一样。郊野之果，按其性子生长，而园林内的果，除草、松土、剪枝、嫁接，所以，果实既好看又香甜，所以，有教化之人，温文尔雅，仁慈谦恭；未教化之人，粗鄙不堪，乖戾暴躁。教化与不教化，差别太大了。[①]

　　在《教化议》中，花之安列出了施行教化的方法，有养贤能、正学术、善教训、正学规、端师范。正学术分为命令、身率、赏罚、真理、养正。善家训从三个方面关身、性、学。其身分为饮食、衣服、动静；其性分为嬉戏、则效；其学分为爱上帝、孝父母、友兄弟、待仆婢、结伴侣、兴美德、忠君国、明礼义、条物理、娱心志、专事业、端性情。正学规分为美德之训、学问之训。美德之训有听顺、敬爱、爱国、谨慎、勤勉、次序、善礼、诚实、平和、清洁。学问之训有经学、文字、格致、数学、地舆、音乐、丹青。端师范有职守、强健、容忽、思索、集益、调处、敬上、婉论、游艺、与善、守法。这五端是探本之良言，国家之兴在于人才，人才之盛在于学术，学术之正，在家训，在父母，在院则在于师儒，五者相互为用。花之安还认为，儒学的六艺只是技艺者，为世所适用，而泰西有五艺，建造、雕刻、丹青、律乐、诗歌，此为上艺，上艺不拘于用世，上艺

---

　　① 参阅［德］花之安：《泰西学校与教化议合刻本》，商务印书馆，1897 年，第 6 页。

之华美非技艺能比。①

中国传统重男轻女思想，女子无才便是德。花之安引儒学思想证明男女之学是平等的："周礼九嫔掌妇学之法，以教九御，今虽其书其法不得而复祥，亦可见古人男女并学之证，汉时伏胜之法女，代传父书，班彪之女，续成兄史，其才能有为男子所不及者，他若孟母之断机，欧阳母之画获，教子成贤，尤为千古共仰。"②花之安在《教化议》中介绍了泰西的女学院。他认为，男子学道以明理，通书以增知识，妇女也一样。妇女不能只局限在家庭内，只是围着厨房酒食是议，那样就不知道天地尚有无穷道理。人生活着如果只是为了饮食居处，这与禽兽有何分别。花之安指出，中国数千年来的女学，只有一道，即要求妇女"三从四德"，不要求女子具备才能。而反观德国，也有女学，德国的女学与男学并重，女子八岁，也要入乡塾读书，先学习明伦识彝，知妇女之道，如何循规蹈矩，接着学习人生所必需的，如读书、识写、数学。也有女子入仕学院、太学院的，这些都是需要富而有大才之女才可行的。另外，泰西的商店中，很多是妻子协助丈夫督理各事，以节省开支，书馆也有女子为老师，由女子做抄写、翻译、绘事等工作，如果女子没有学习知识，如何能胜任?③ 中国与泰西的女子教育形成了鲜明对比。此为，花之安还对溺女婴以及女子裹足问题进行了批判。

利玛窦对于祭祀的教化作用的解释，花之安并不赞同，他认为中国人的祭祀礼仪"欲以品物之丰陈，乞灵于偶像"④，"令人心如此之昧昧也"⑤。

---

① 参阅[德]花之安：《泰西学校与教化议合刻本》，商务印书馆，1897年，第7页。

② [德]花之安：《经学不厌精·十三经考理人卷》，上海美华书馆，1898年，第55页。

③ 参阅[德]花之安：《泰西学校与教化议合刻本》，商务印书馆，1897年，第16页。

④ [德]花之安：《自西徂东》，上海书店出版社，2002年，第98页。

⑤ [德]花之安：《自西徂东》，上海书店出版社，2002年，第225页。

祭祀礼仪与孝并不完全联系，也不足以教化人民。在《经学不厌精·天伦》里，花之安指出，儒学之礼五经，最重要的是祭。祭祀和孝道有多大关联？花之安认为，祭祀之事杳渺难凭。孝子之祭祀祖先，齐明盛服，认为祖孙一气也。孙子气通祖先之气，就好像孙子具有了祖先之形，幽明一诚也。以幽之诚触明之诚，有如镜子鉴观的意思。《礼记·檀弓》说："夫丧，不可不深长思也。"此事是否有据可凭。《礼记·祭义》云："于是谕其志意，以其恍惚，以与神明交，庶或飨之。'庶或飨之'，孝子之志也。""庶或飨之"意思是不知是否来吃。"以其恍惚，以与神明交"，再读《檀弓》："唯祭祀之礼，主人自尽焉尔；岂知神之所飨，亦以主人有斋敬之心也。"主人虽然有爱敬之意，但是依《檀弓》的意思，神是否来吃无人知道，所以这不过是主人尽其礼而已。既是恍惚难凭，祖先是否来吃也是缥缈之事。至于"用牲于庭"（《礼记·郊特性》），这是欺骗自己，也是欺骗祖先。所以，花之安认为，孝之实践不在于祭祀。《礼记·祭统》云："祭者，所以追养继孝也。"父母逝世，无法将其孝养，所以祭祀以追养继孝。孝之贵贱不知于徒慕其名。所谓孝者，不亏其体，不辱其身，这才是孝。不孝有哪些，居处不庄，事君不忠，莅官不敬，朋友不信，战阵无勇。始于事亲，中于事君，终于立身，这些都是孝的实践。如果祭从一开始就是虚无的事，这无关于孝。《礼记·内则》云："父母虽没，将为善，思贻父母令名，必果；将为不善，思贻父母羞辱，必不果。"如果做了一些不孝之事，令父母受辱，就算摆上珍馐以自夸，这是孝吗？"今之祀先者，大都倦怠以将，跛倚以临，有僭焉如卜能终者，是其祭也。不过奉行故事，掩饰人之耳目而已。……先王之重祭祀，垂令典，盖以权驭民也。然以权道驭民，实不足以驭民。试观今奉先思孝之人，大都亏体辱亲之人。《礼记·坊记》云：'修宗庙，敬祀事，教民追孝也，以此坊民，民犹忘其亲。'由是观之，凭祀事以驭民，固不足以化民成俗也。"①

———————

① 参阅［德］花之安：《经学不厌精·十三经考理人卷》，上海美华书馆，1898年，第76页。

　　花之安对中国的取士制度进行了批判，他认为，科举之制不能久立，八股之学必变。八股取士成为天下人的独木桥，取的士也不一定全是有才智之人。另外，士农工商各有学问，如果只限于一科，不利于国家人才的培养。各学皆有其用，不容偏废。古代学校有家塾，有序，今日省设学政，州县设训导，重以科目，赏以爵禄，劝学之心可谓深切，但是弊端在于不得法。花之安倡议建立西国学校制度，一是要普及教育，如德国，其国之制，无地无学，无事非学，无人不学，不论男女，孤儿都有学上；二是要专业性，建立专业学校，如京师同文馆教习李善兰在为《教化议》作序时所说，"乡则有乡塾，郡则有郡学，其国境之内，五伦在邑在野无不为之立学焉，曷言乎无事非学也，文则有仕学，武则有武学院，农则有农政院，工则有技艺院，商则有通商院，四民之业，无不有学已，其他欲为师则有师道院，欲传教，则有宣道院，又如实学院，格物院，船政院，丹青院，律乐院，凡有一事，必有一专，学以教之，虽欲不精，不可得矣。曷言乎无人不学也，男固有学，而女亦有学，平人固有学，而疲癃残疾聋瞽瘖哑无不有学，孤子无父母者，童子有罪者，皆设一学以收教之，且其国之公，令八岁以上，不入学者，罪其父母"①。

　　教化的意义在于积学，即积累学问。积学的功能有三种："一、方策传言，古今来籍方策阐明所学者，固难悉数，即若撒加利亚，幼学书法固可以为著述之助，即至老而疴亦可写字以传人，今各方言语不通者，亦多以写字通情节慎，毋不学无术，贻笑大方也。二、礼仪齐家，凡习熟礼仪者，齐家必有法，观撒加利亚，夫唱妇随，效彼自可为法。三、道理养心，孟子云：礼义之悦心，犹刍豢之悦口，故凡有道在心者，虽遇变生不测，亦能居宜以俟命也。"②

　　花之安最后倡导榜样的教化作用，"以身作则胜于言传，这是中国人所公认的，就像在古代和现代西方国家中一样。中国人从他们的圣人身上

① 参阅［德］花之安：《泰西学校与教化议合刻本》，商务印书馆，1897年，序。
② ［德］花之安：《路加衍义》，上海圣教会，1894年，第26-27页。

看到了所有的道德法则和行为准则，这些都是历史经验证明的"①。

黑格尔认为，教化的意思是，"实体给予自己以自我意识，使实体发生转变和自身反映"②，意思是人不能停留在自然状态中，必须从中走出来。孔子说："质胜文则野，文胜质则史。"（《论语·雍也》）中西方的教化都有对人的精神生活产生作用，并影响到人的人格塑成和生命成就，都有从自然状态升华到文明状态，也要从文明层面复归于自然的意思。西方教化主要发生在宗教信仰与世俗教育两个层面。近代西方教育从宗教神学中脱离出来，不仅从科技、人文等各方面展开了研究，而且通过对现代学校的设置建构出一套人类最先进的教育系统。儒学教化主要包括经典传习、礼乐教化和学校、家庭、女性教育。对于儒学的教化意义和功能，花之安也认为儒学教化的中国社会如同柏拉图心中的"理想国"③，看到了儒学教化在历史上曾经发挥过的重要作用。但是随着时代的发展，特别是它的八股考试和取士制度积蔽重生，很多读书之人热衷于功名利禄，把科举考试作为进身之阶，导致晚清缺乏经世致用的实学人才。所以，花之安认为，儒学的教化思想需要革新变化。他为儒学教化树立了另一种理想，如前所述，上帝之国。

花之安的教化思想对晚清各种新式学校的建立、妇女解放运动以及各种女子学校的建立具有重要的推动作用。虽然花之安的教化思想是从耶稣之道，但是他提倡建立新学和西方学校制度，提倡男女平等，建立德国式女学，这是当时社会所急需的。晚清新式学制、学堂的建立和科举制的废除打破了几千年来儒学传统的以意识形态为核心的教化制度，从三个方面建立了现代教化的雏形：首先，教化目标的转变，从传统的培养圣人、选

---

① Ernst Faber, *The Famous men of China* (Shanghai: Society for the Diffusion of Christian and General Knowledge Among the Chinese, 1889), p. 19.

② ［德］黑格尔：《精神现象学》，先刚译，人民出版社，2013年，第19页。

③ Ernst Faber, *China in the Light of History* (Shanghai American Presbyterian Mission Press, 1879), p. 65.

拔少数官宦人才转变为开民智，启民德，培养新国民；其次，教化范围的扩大，将全体国民纳入学校教育中，教育中心也从乡村转移到城市，使中国教育的结构和布局发生了变化；最后，教化内容上，打破了儒学经典一统天下的局面，开设了各种新式课程和专业。这无不符合花之安对教化和学校制度的论述，奠定了中国教育现代化的基本方向，即使是现在也有着重要的借鉴意义。对于儒学祭祀的教化功能，虽然随着儒学祭祀的发展，中国出现了很多迷信因素，但是在中国历史上，祭祀是儒学礼乐的重要部分，同时具有道德教化的功能。通过祭祀，顺应孝子情感的发泄，同时减少社会浮薄的风气，起到了道德归正的作用。礼的意义并不仅仅在于祈神求福，而且达到社会整合、引导文明和自然统一的功能。因此，并不能全盘否定儒学祭祀的教化功能。

花之安对于教化论的意义，诚如安保罗为《经学不厌精遗编》作序时说，"效泰西之善政，当思西国之教化，实圣道之功效。圣道为本，教化为末，如树木善果，不应既欲其果，遂忘其本。又圣道是源，教化是流，如江湖大水，不应既饮其水，不思其源"①。教化是诠释学思想中的重要概念，不管是儒学教化还是耶教教化，它们都构成了一种精神的循环运动，既是生命主体的感知与实践的内在活动，也是人类精神的传递其特殊价值的标尺，是一个永无止境、螺旋上升的过程。

◎ **本章小结**：本章从四个方面对花之安的儒学伦理观中西互释进行了探讨。儒学伦理学以"五伦"为人群之基本结构，一方面阐述了人之所以为人的根本而普遍的意义，另一方面又尊重每一个人与生俱来的一些基本的人际网络，推而广之，从一个人的身心和精神领域的小范围走向富有道德意义的整个世界，最终实现社会人伦关系和天人关系的和谐。花之安从儒学伦理的内容中找到了与之相对应的东西，如果借用物理学的术语说，中

① ［德］安保罗：《经学不厌精遗编》，上海华美书店，1903年，序。

国人的伦理观是"离心的"、由内而外的，西方的伦理观是"向心的"，由外而内的。花之安虽然是从西方的角度来进行论证，但是在对于儒学的教化问题上，花之安提出建立新学和新式学校，对于晚清现代学校的建立提出了很有价值的意见。

第六章 花之安儒学诠释的意义与局限

虽然花之安在当时受到的评价颇高，但是在对晚清传教士汉学家的研究中，花之安相对来说是一个容易被忽视的人物。本书引用的大部分英文著作与部分中文著作也是首次被讨论，对儒学和诠释学有着重大意义。

一、对文明对话的意义

儒学文化是中华民族的精神内核和灵魂。贯穿儒学文化的一个根本精神是：事功倾向和现世意义，以其强大的包容性和吸附力成为一种奇特的亚宗教形态。在强调一切都服务于现实生活的儒学文化精神的笼罩下，任何执着于彼岸世界的外来宗教在进入中国后，或多或少要回到现实生活中来，都在不同程度上被儒学渗透、溶解，成为儒学文化的附庸。

利玛窦的"利玛窦规矩"的核心指允许中国教友保留祭天、祭祖、祭孔的文化习俗。利玛窦调和儒学文化，在诠释儒学时注重保持"中国化"的色彩，这是由耶教进入中国时所处的社会文化环境所决定的。随着全球航路的贯通和世界市场的形成，欧洲一些强国如葡萄牙、西班牙、荷兰等先后使用各种手段与外界主动交往，在美洲对印第安人的剿灭，在非洲对黑人的奴役，但是对中国却无法用惯常的军事征服手段。虽然有传教士汉学家叫嚣要用武力进行传教，如 1583 年 6 月，马尼拉的西班牙主教桑切斯给西班牙国王写信，建议遣派大批军队进入中国，保障传教事业之安全，但耶稣会视察员范礼安强烈反对这一做法。利玛窦也认为："我们是为和平而来的，修身养性，恪守服从原则。而绝不是为战争，或者叛乱来的。"①而利玛窦进入中国时面临的国情是中国虽然当时处于明朝末期，政治动荡，但是数千年的中国文化却是一脉相承，从未因改朝换代而中断过，具有整体性和连续性的鲜明特点，形成了"华夏中心"的文化心态。古代中国人认为自己就是天下、世界的中心，中国之外的国家都被称为蛮夷。虽然明末面临内忧外患，但是明朝的综合国力并不落后于西方，文化上的中心心态并没有减弱。汤因比将文明的传播比喻成一个波浪："如同波浪的同心圆扩散。如同波浪的特性，它的扩散要穿过阻力，从它的原点传播得越远，它就变得越弱越模糊，直至最终在某一个距离之外消逝。"②也就是说两种文化的相遇揭示了文化强弱对比的结果，但是耶教与中国文化的相遇，则是两种强势文化从不同中心向外扩散而相遇，既有可能出现文化对话，也有可能出现文化碰撞。如前所述，西方在一个不同文化地方的思想的交流一样是一种双向的流动，在进入一种文化时，势必需要与之相关的回应，获得一个契合点和一种进入的途径，即所谓"求同存异"。求同是双方得以对话的前提。耶稣会士在求同中运用了很多方法，如索引和考证，这是一种浅层次的"文化披戴"（acculturation）或彼此"形似"，而求同中的对比与融贯，则完成一种深层次的"文化融入"（inculturation）或相互"神似"。前者发生在明清之际，后者则出现在晚清。从利玛窦到花之安，说明了信仰与文化并非必然冲突，是可以和谐相融的。

跨文化的交流是双向互动的结果。可以说，利玛窦追求的是一种文化上的"形似"，而花之安想要的是"神似"。融贯的过程就是要找出二者共同的价值观，虽然人类文化形式各异，但是共同的价值观适用于全人类，不

① ［意］利玛窦：《利玛窦中国书札》，芸娸译，宗教文化出版社，2006年，第131页。

② ［英］汤因比·J. 阿诺德：《文明经受考验》，王毅译，上海人民出版社，2016年，第40页。

会因时间、空间、对象而改变，比如儒学和西方共同强调的"爱""仁""诚""孝""谦""恕"等。正如赵紫宸先生所说："耶稣的人生哲学不过是布帛菽粟的议论，并没有艰深文饰的奇谈。人可以一世不尝人参的滋味，却不可以一日不饮水而饭蔬。孔子的道理与耶稣的道理，所有的同点，即在此平淡实践，重人伦，尊德性的浅显上。……所以先圣与耶稣救主，做的都是本诸身的功夫，都能够'动而世为天下道，行而世为天下法，言而世为天下则'。而人类的需求，正不过是言、行、动而已。"①

费乐仁认为，花之安在诠释儒学术语时，对于术语的选择符合适应主义的立场，这是一种"汉学东方主义"，"是某种形式的基督教话语意图有选择地利用中国精英文化传统来倡导基督教世界观以及随之而来的精神传统"②。同时，其他新教汉学家如林乐知、卫礼贤等，译介西学，著书立作，倡导和推动中西思想的融合与对话，这种对话手段，是对明末以来耶稣会士传教的作风的继承和发展。19 世纪 20 年代，诚静怡、韦卓民、吴雷川、刘廷芳、徐宝谦、赵紫宸、谢扶雅等人都对西方普世性与中国思想文化之独特性的契合进行了探讨。

中西文化的沟通需要一种文化对话交流的模式。近现代以来，中国对于文化对话的模式有本位文化说、全盘西化说、中体西用说、儒学复兴说、西体中用说、综合创新说，大致可以对应美国哲学家保罗·尼特在《宗教对话模式》一书中论证了文明对话的四种模式——置换模式、成全模式、互益模式，以及接受模式。中体西用和西体中用均属于成全模式——用中国文化成全西方文化，或用西方文化成全中国文化。安保罗的观点与花之安的观点一脉相承："救世教必欲成全儒教"，成全的方法是"保守其

---

① 赵紫宸：《赵紫宸文集》第一卷，商务印书馆，2003 年，第 231 页。
② ［美］费乐仁：《翻译研究的跨学科方法：费乐仁汉学要义论纂》，岳峰、刘玮、陈榕烽等译，厦门大学出版社，2016 年，第 70 页。

善道、改革其差谬、弥补其缺憾"。① 这一观点花之安在《儒学汇纂》也有
论述。以儒学复兴说为代表的现代新儒学的梁漱溟先生提出"三期文化
说",西方文化为第一期,中国文化为第二期,印度文化为第三期。"于古
代文明而言,已有希腊、中国、印度三种不同模式出现;于现今,西方化
之后将是中国化的复兴,中国化之后将继之以印度化复兴。"②中国文化是
目前最适宜的文化,可以用中国文化来成全西方文化。互益模式认为,世
界各大文化都是对同一终极实在的回应,各个文化都是同等有效的。其核
心态度是文化是多元的,而且是平等的。各文化之间虽有差异,但是可以
通过对话,从"多元性"走向"互益性",从多元性中去寻找共同性。接受模
式不坚持某种文化的优越性,也不寻找各文化共同的东西,而是接受所有
信仰的真正差异性,只要和平相处互不干涉就好。其核心态度是可以接受
所有文化的真正差异,并且肯定每种文化都有自己的语言,彼此之间不必
去寻求共同基础,更不能用一种文化去判断另一种文化,各文化之间是
"邻居",而非一堵墙。

游斌认为,中西互释学有三个特点。一是个殊性。中西互释学的诠释
对象是特定文化的经典,它通过深入经典中的文本,围绕文本形成诠释传
统,并将此带回来自己文化体系内,产生一种嫁接性产物。二是暂时性。
中西互释学用一个文化的传统对另一个文化文本进行诠释,它不是一个严
密的体系,而是形成了一个诠释的圆环,诠释的结果总是在修正、补充与
完善的过程中。三是奇特性。中西互释学突破了原有的思路框架,将某种
缺失的东西嫁接过来,产生了奇特的效果。③ 从这个角度来看,花之安的
中西互释并不完全是一种成全模式,它有补充,有合作,有学习,是成全

---

① [德]安保罗:《救世教成全儒教说》,载朱维铮编:《万国公报文选》,生活·
读书·新知三联书店,1998年,第130页。

② 景海峰、黎业明:《梁漱溟评传》,百花洲文艺出版社,2015年,第61页。

③ 参阅游斌:《迈向一种互惠的跨宗教诠释学》,载游斌主编:《比较经学诠释学
与中西互释》,宗教文化出版社,2013年,第4-5页。

模式与互益模式的综合。

从我者与他者的理论看，花之安的中西互释，虽然天平偏向西方一方，但是我者与他者之间的界限是不断变化着的，儒学的社会伦理，是一个由己及人、由亲及疏的同心圈，一层一层，"近者悦，远者来"（《论语·子路》），没有绝对的"他者"，只有相对的"我者"，我者可以变成他者，他者可以变成我者，正如历史上华夏秩序逐渐延伸于内外的他者，终于蜕变为中华文化圈。华夏与夷狄从对立到逐渐转变，说明了思想发展的辩证过程。同样，利玛窦到花之安对儒学的诠释差异，儒学与西方思想的界限，也有可能被不断打破，最后都纳入了中华文化圈，形成耶教的中国化，将这些本是圈外的思想也会纳于圈内，儒学思想也因吸收了耶教文化中的现代文明元素而日益进步。

总体来说，花之安的中西互释不仅只关注不同信仰之间的差异，还通过互惠的理念建立了对话的机制，对近代维新思想家康有为、梁启超、张之洞等都起到了深远的影响。如梁启超提出的"仁者通"的哲学命题，在文化上实行"通教"，即中教与西教并行，"通教"也是文化对话的一种尝试。

但是文明对话也可能出现的情况是，"中国传统的大众文化，乃是'我者'的幻灭，中国上下，从此放弃了自己的传统，对西方的'他者'，由畏生敬，崇洋媚外之外，只剩下族群意识的坚持。民族主义情绪化，一方面可以长久维持抵抗外侮的决心，另一方面，也可以导致色厉内荏的虚骄。两者都在中国近代史上不断出现"①。

二、对中西经学研究的意义

儒学的经学为注经之学，是阐释儒学经典的学问，是中国古代学科分类"经史子集"之首。如果按照现在的学科分类，它既不是文学、哲学、史

---

① 许倬云：《我者与他者：中国历史上的内外分际》，生活·读书·新知三联书店，2010年，第146页。

学，也不是政治学、经济学、伦理学等，但是它又包含了这些学科。它是一门包罗万象的学科。作为汉学家，花之安眼中的经学即神学，但是神学也不完全是宗教话语，"它是包括了文化、政治、道德、思想、学术、精神信仰等在内的一种综合性话语"①。花之安在《自西徂东》的《经学体要》中就指出，"经学之为用，系于国家之人材。有经学然后有经济，出而可以利国家；有经学而后有纯儒，处而可以传弟子。且既有经学，则性理、格物、数学、律学、兵学、农学、医学，技艺之学，俱可日有发明，为生民之利用"②。

花之安作《经学不厌精》虽然讨论的是儒学经典。但是正如李提摩太在为《经学不厌精》的跋中所说的中国经学自汉晋六朝唐宋，历元明而至于今，已经盛极而衰，当今中国人心日薄，风俗日坏，政治日衰，中国经学已不足以化人心，不足以致用也。但是究中国经学之根本，与西方经学之根本是相通的。"耶稣之言天道，即尧舜禹汤文武周公孔子之言天道也。东方有圣人，西方有圣人，其心通，其理同也。"③中国贫弱的原因在于不明天道，而要明天道，就要重视经学。花之安谈论的经学类似于晚清思想家所说的"西学"。而"中学"指的是儒学经学。张之洞在《劝学篇》中认为，西学与中学是会通的。"知西学之精意，通于中学，以晓固蔽也。"④

清代经学的发展从清初的考据之学走向了今学经文，清初的经学考据颇为发达，如方豪先生所说："或谓乾嘉考证之风深受西洋科学输入之影响，但反言之，西人之研究我国经籍，或亦受我国考证风气之影响也。"⑤而晚清的社会危机，使思想家们产生了忧患意识和批判意识，龚自珍从文

---

① 时胜勋：《中国文论身份研究：当代文化视野下的中国文论价值探寻》，河南人民出版社，2011年，第219页。

② ［德］花之安：《自西徂东》，上海书店出版社，2002年，第152页。

③ ［英］李提摩太：《经学不厌精跋》，载《万国公报》，1898年，第114页。

④ 张之洞：《劝学篇》，广西师范大学出版社，2008年，第4页。

⑤ 方豪：《中国天主教史论丛》，载吴枫、杜文君主编：《中华现代思想宝库宗教篇》，吉林人民出版社，2008年，第135页。

字训诂转向了今文经学，认为要以"经术为治术"。康有为也舍弃了考据帖括之学，转向了经世致用的今文经学。花之安说儒经"非同圣经为仁所必需，可以救灵，其言治国之法居多，非人人可以执国政，故非人人必读儒经，其中之切于人用者，在圣经已括也。至于圣经已通之后，旁参儒书以相印证亦可"①。花之安对中国经学进行分析与论述，其宗旨在于以经籍证教理，客观上对于中西经学的发展提供了新的思路。如林乐知评论花之安对中国经史学的批评，"花君尝论中国历代之史，其所结之果，皆足表明儒教之力弱，不足以正人心。观其果知其树。故观中国皇家历朝之史乘，即可明证其教化之恶劣矣。花君素具爱华之热肠，其于中国经史，深知熟悉，故能言之亲切而有味也。"②

三、对中国近代社会改良的意义

花之安对当时的中国社会提出了很多有意义的思想。花之安试图把西方的平等思想同社会大公思想结合起来，希望中国建立一个更人道、更完善的社会。

第一，民主制度。花之安在《自西徂东》中对中国君王与西国君王进行了比较，指出中国将生杀荣辱全系在君王身上，君王权力太大必然酿成灾祸，西方的民主制度在于分权："中国之君，其权最重，操生杀黜陟之柄，主荣辱富贵之阶。……西国律例虽为君王所定，然议政国会臣工，首先辩论允协，方能定夺。又分上堂、下堂公议。……至美国之皇则为众民公举，数年则退位，而国政亦美，此可见国君之不揽权也。"③这无疑已经触及了当时中国的政体制度，既体现了传教士敢言的精神，也带有一定的民

---

① ［德］花之安：《泰西学校与教化议合刻本》，商务印书馆，1897 年，第 23 页。

② ［美］林乐知、任保罗：《全地五大洲女俗通考第十集中国与各国比较女俗考》，上海华美书局，1903 年，第 54 页。

③ ［德］花之安：《自西徂东》，上海书店出版社，2002 年，第 85-87 页。

主思想。

第二，社会救济。19 世纪的欧美，随着工业革命的扩大、人口的增加和城市的发展，出现了一系列社会问题，如童工、贫富悬殊。新教也逐渐从关注个人转而关注社会，提出了一系列社会改良思想。来华的新教教会和传教士正是在践行这一思想，开办医院、学校，发展慈善事业等。花之安在《自西徂东》的"仁集"里也提出了一系列救济思想，如周济穷民、善治疾病、赡养老人、抚教孤子、待癫狂、无忘宾旅。这些救济思想如花之安所说，"善事继长增高，正莫可限量"①。

第三，社会正义。花之安对"义"的理解是"义为人之正路，义者出入维均，义为事理之宜"②。花之安以中西对照的方式对中国一些陋习进行了激烈的批判，提出了如惩戒奢侈、劝禁赌博、清除鸦片流弊、严禁买卖奴婢、禁溺女婴等正义思想。这在那个万马齐喑的时代有着不同凡响的意义。

四、对中国近代教育的意义

1875 年，林乐知在《万国公报》上发表《中西关系论略》，认为中国要图强，最根本的在于改革教育。这个结论得到了其他传教士汉学家的呼应，韦廉臣、李提摩太、狄考文等都著文批评科举制度阻碍了中国培育经世致用的人才，中国的前途在于兴办学校，扩充科目，教授时代所需的数理史地等新学科目，这样才能真正为中国未来储备人才。

花之安的《德国学校论略》是继明末耶稣会传教士艾儒略的《职方外纪》和《西学凡》之后第一次比较系统地介绍西方近代教育制度的著作，对中国近代教育具有重要的意义。

第一，论述了义务教育对西方国家发展的重要意义。花之安在书中指

---

① ［德］花之安:《自西徂东》，上海书店出版社，2002 年，第 152 页。
② ［德］花之安:《自西徂东》，上海书店出版社，2002 年，第 2 页。

出，在德国不论男女老少都要读书，从 8 岁到 15 岁，这是国家义务教育，如有抗例，会记录在案，通知地方官，惩戒父母，以警示他人，所以德国男女都会读书写字。义务教育是艾儒略并未提及的。冯桂芬的《校邠庐抗议》虽然提及了西方的义务教育，但是论述得并不详细，《德国学校论略》第一次比较系统地论述了西方的义务教育，为中国的义务教育提出提供了可以参考的典范。

第二，系统论述了西方的高等教育，也就是书中所说的"太学院"。花之安指出了当时的高等教育乃是精英教育。进入"太学院"者，须是才识兼优、有远大志向，欲博古穷经者。太学院格致书籍、学问器具，一应俱全，并且必须是先在实学院和仕学院入读的学生，才可以考"太学院"。太学院有四种专业，经学、法学、智学、医学。智学按照今天的分类指的是人文科学和自然科学，医学包括今天的"医学"和"药学"两大类。花之安对各高等学院的教学宗旨、学级编制、课程设置及教学内容等都进行了介绍，对于中国近代的高等教育具有重要的启示作用。

第三，介绍了西方的职业教育。花之安介绍了实学院，如技艺院、格物院、船政院、武学院，大致相当于今天的各类中等和高等职业院校。以船政院为例，"欲入院者，先必通数国语言文字，娴熟几何、天文、算法、地理之学方可，茫茫大海，渺无涯案，随处可知船之在经纬线若干度，若干分支，各处水路，各国海口，水之深浅，有无礁石，各处风路潮汐若何，遭风雨应何驾驶趋避，万国公法何在，此在院圣徒，朝夕讲求。"① 还有所谓"师道院"，即师范教育机构。学生毕业后可成为乡塾或郡学院的老师，如果想成为实学院或仕学院的教师，则必须进入太学院深造。

第四，女子教育。花之安专门介绍了德国的女学院。女童与男童一样，也是八岁入学，女子可以进实学院、师道院，也有女子考入仕学院、太学院等。另外，还可以学各种女工。总之，大部分学问女子都可以学

① ［德］花之安：《泰西学校与教化议合刻本》，商务印书馆，1897 年，第 8 页。

习。花之安的女学教育观念对于发展晚清女学、促进人们教育观念的变化，以及促进男女平等思想，都起到了巨大的推动作用。

五、花之安儒学诠释的历史局限

明清之际的西学东渐和东学西传相互影响、相互交融，推动了中西文化的交流。西学和中学是采取中西互释的方式进行的。从明清到近代以来，中西互释的方式确实推动了中国思想的发展变化，具有重大的创新和意义。花之安的中西互释与明清之际的中西互释存在一定差别。明清之际的以中释西，是为了证明中学有西学没有企及的地方；以西释中，是为了证明西方的先进性。而花之安的中西互释，都是为了证明西方文明要高于中国文明，从而更好地宣传西方思想。但是，从历史的角度来看，这种中西互释也存在历史的局限。首先，花之安采取中西互释的目的，是证明西方文明要优于中国文明，用西方文化取代儒学文化。西方文化和儒学文化作为人类文明史上的两个重要文明，都是人类精神的宝贵财富，虽然形式不一，但是会通古今，形式相通。两个文化相遇的前提是应该是平等、无私心、谦卑、公开，相互，这样才能共同进步。近代以来，西方的科技、思想与中国的封建制度形成了鲜明对比，但是如果习惯地、不自觉地认为西方文化优于中国文化，则是带有西方文化中心论的立场。这不是成全，而是对真正的西方精神的违背。其次，花之安的中西互释在某种程度上也是为了解决晚清的社会问题，但是仅通过相信上帝能改变中国，这样的思想是无法达到对中国近现代社会的科学认识的，是一种纯学术的理论建构，影响力只局限在学术圈子内和部分知识分子中，虽然他的教育、科技思想得到了推崇，但是其政治、宗教思想无法得到官方的认同。从清政府对社会改革的态度就可以看出，花之安的思想并不能实际作用于当时中国社会的发展。晚清虽然有短暂的同治中兴（1862—1874），但最后也是失败，特别是中学为体，西学为用，"中国人终于发现自己从事一桩无法实现的工作，即试图通过根本改变一种文化的办法来保存这种文化"①。花之安的理想受到了时代的束缚。再次，中国社科院世界宗教研究所教授卓新平认为，西方文化与中国文化的相遇，具有意识性和无意识性，文化性和跨文化性，政治性和非政治性。特别是政治性，"西方文化与中国文化的相遇，尤其自近代以来就是一种政治势力之间的相遇，是一种政治关系的构建。"②从礼仪之争可以看出，在中国的任何外来宗教必须以维护封建王朝政治权威为前提。花之安在《自西徂东》的"明正道权"对中国君王的权力进行了抨击，既提出激进的政治观点，但又远离政治，单分权这一点也必然不能为清廷的保守阶层相容。最后，花之安虽然参与了中国文化、教育、医疗、慈善等事业，但是他的中西文化互释是在政治激荡的大背景下，虽然他自身并没有文化帝国主义的色彩，但是也不免被后来的研究贴上标签。

① ［美］柯文：《在中国发现历史：中国中心观在美国的兴起》，中华书局，2002年，第136页。

② 卓新平：《基督教与中国文化处境》，宗教文化出版社，2013年，第13页。

参 考 文 献

英文著作:

1. Ernst Faber. A Systematical Digest of the Doctrines of Confucius [M]. Shanghai: American Presbyterian Mission Press, 1873.

2. Ernst Faber. Science of Chinese Religion—A Critique of Max Muller and other Authors[M]. Shanghai: American Presbyterian Mission Press, 1879.

3. Ernst Faber. The Mind of Mencius[M]. London: Trubner & CO., Ludgate Hill, 1882.

4. Ernst Faber. The Famous men of China [M]. Shanghai: Society for the Diffusion of Christian and General Knowledge Among the Chinese, 1889.

5. Ernst Faber. Paul the Apostle in Europe—A Guide to our mission work in China[M]. Shanghai: American Presbyterian Mission Press, 1891.

6. Ernst Faber. China in the Light of History [M]. Shanghai: American Presbyterian Mission Press, 1897.

7. Ernst Faber. The doctrine of the philosophic Micius[M]. Shanghai: Missionary of the Methodist Episcopal Church, 1897.

8. Ernst Faber. Problems of Practical Christianity in China[M]. Shanghai: office of the Celestial Empire and The Shanghai Mercury, 1897.

9. Ernst Faber. Chronological Handbook of the History of China[M]. Shanghai：
The American presbyterian Mission Press，1902.

10. Pastor P. Kranz. The Works of Rev. Ernst Faber, Dr. Theol A Champion of
the Faith a Pioneer of Christianity Literature in China [M]. Shanghai：
American Presbyterian Mission Press，1904.

11. A.M. Fairbairn. Studies in the Philosophy of Religion and History[M]. Flint：
Strahan & Co., 1876.

12. James Leege. Confucius the sage and the religion of china, Religious systems
of the world：a contribution to the study of comparative religion[M]. New
York：Macmillan Press,1892.

13. James Legge. Confucianism in Relation to Christianity a Paper[M]. New
York：Nabu Press, 2010.

14. John Ruskin. Lectures on Art[M]. Gloucestershire：Dodo Press, 2007.

英文期刊论文：

15. ALBERT WU, Ernst Faber and the Consequences of Failure：A Study of a
Nineteenth-Century German Missionary in China [J]. Central European
History, 2014(47).

16. Gad C. Isay, Religious Obligation Transformed and into Intercultural Agency：
Ernst Faber's Mission in China[J]. Monumenta Serica, 2016(1).

中文著作：

1. [德]花之安. 性海渊源[M]. 上海：华美书馆，1883.

2. [德]花之安. 路加衍义[M]. 上海：上海圣教书会，1894.

3. [德]花之安. 泰西学校与教化议合刻本[M]. 北京：商务印书馆，1897.

4. ［德］花之安. 经学不厌精·十三经［M］. 上海：美华书馆，1898.

5. ［德］花之安. 玩索圣史卷一［M］. 武汉：武汉圣教书局，1910.

6. ［德］花之安. 自西徂东［M］. 上海：上海书店出版社，2002.

7. ［德］安保罗：经学不厌精遗篇［M］. 上海：华美书馆，1903.

8. ［德］安保罗. 花之安遗篇集录［M］. 上海：华美书馆，1909.

9. ［德］卫礼贤. 中国心灵［M］. 王宇洁，译. 北京：中国国际文化出版公司，1998.

10. ［德］卫礼贤，［瑞士］荣格. 金华养生秘旨与分析心理学［M］. 通山，译. 上海：东方出版社，1993.

11. ［德］埃克哈特. 埃克哈特大师文集［M］. 荣震华，译. 北京：商务印书馆，2010.

12. ［德］黑格尔. 历史哲学［M］. 王造时，译. 上海：上海书店出版社，2006.

13. ［德］黑格尔. 精神现象学［M］. 先刚，译. 北京：人民出版社，2013.

14. ［德］康德. 康德著作全集第四卷［M］. 李秋零，译. 北京：中国人民大学出版社，2010.

15. ［德］康德. 纯粹理性批判［M］. 蓝公武，译. 北京：商务印书馆，1960.

16. ［德］马克斯·韦伯. 儒教与道教［M］. 王容芬，译. 北京：商务印书馆，2004.

17. ［德］马克斯·韦伯. 宗教社会学·宗教与世界［M］. 康乐，简惠美，译. 南宁：广西师范大学出版社，2011.

18. ［德］狄尔泰. 精神科学引论［M］. 艾彦，译. 南京：译林出版社，2012.

19. ［德］狄尔泰. 历史理性批判手稿［M］. 陈锋，译. 上海：上海译文出版社，2012.

20. ［德］海德格尔. 人，诗意地栖居［M］. 郜元宝，译. 南宁：广西师范大学出版社，2000.

21. ［德］海德格尔. 林中路［M］. 孙周兴，译. 上海：上海译文出版社，

2004.

22. ［德］伽达默尔，［法］德里达. 德法之争：伽达默尔与德里达的对话［M］. 北京：商务印书馆，2015.

23. ［德］伽达默尔. 真理与方法·诠释学Ⅰ［M］. 洪汉鼎，译. 北京：商务印书馆，1999.

24. ［德］伽达默尔. 真理与方法·诠释学Ⅱ［M］. 洪汉鼎，译. 北京：商务印书馆，2007.

25. ［德］布尔特曼. 生存神学与末世论［M］. 李哲汇，朱雁冰，译. 上海：生活·读书·新知三联书店，1995.

26. ［英］乔治·马戛尔尼. 马戛尔尼使团使华观感［M］. 何高济，何毓宁，译. 北京：商务印书馆，2013.

27. ［英］苏慧廉. 李提摩太在中国［M］. 关志远，译. 南宁：广西师范大学出版社，2007.

28. ［英］麦克斯·缪勒. 宗教的起源与发展［M］. 金泽，译. 上海：上海人民出版社，2010.

29. ［英］麦克斯·缪勒. 宗教学导论［M］. 陈观胜，李培茱，译. 上海：上海人民出版社，2010.

30. ［英］麦克斯·缪勒. 比较神话学［M］. 金泽，译. 上海：上海文艺出版社，1989.

31. ［英］汤因比·J. 阿诺德. 文明经受考验［M］. 王毅，译. 上海：上海人民出版社，2016.

32. ［英］约·罗伯茨. 十九世纪西方人眼中的中国［M］. 蒋重跃，刘林海，译. 北京：中华书局，1999.

33. ［英］姚新中. 儒教与基督教：仁与爱的比较研究［M］. 赵艳霞，译. 北京：中国社会科学出版社，2002.

34. ［法］卢梭. 论科学与艺术［M］. 何兆武，译. 上海：上海人民出版社，2007.

35. [法]保罗·萨特. 萨特说人的自由[M]. 李凤编, 译. 武汉：华中科技大学出版社, 2018.

36. [法]保罗·利科. 从文本到行动[M]. 夏小燕, 译. 上海：华东师范大学出版社, 2014.

37. [法]保罗·利科. 诠释学与人文科学：语言、行为、解释文集[M]. 孔明安, 张剑, 李西祥, 译. 北京：中国人民大学出版社, 2012.

38. [法]费赖之. 在华耶稣会士列传及书目[M]. 冯承钧, 译. 北京：中华书局, 1995.

39. [法]裴化行. 利玛窦神父传下[M]. 北京：商务印书馆, 1993.

40. [德]莱布尼茨. 中国近事：为了照亮我们这个时代的历史[M]. 郑州：大象出版社, 2005.

41. [法]让·吕克·南希. 天与地：关于神[M]. 简燕宽, 译. 北京：新星出版社, 2013.

42. [古罗马]阿奎那. 基督教箴言隽语录[M]. 周丽萍, 薛汉喜, 编译. 南昌：百花洲文艺出版社, 1995.

43. [古罗马]波爱修斯. 哲学的慰藉[M]. 杨德友, 译. 南京：译林出版社, 2016.

44. [意]利玛窦, [意]金尼阁. 利玛窦中国札记[M]. 何高济, 王遵仲, 李申, 译. 北京：中华书局, 2010.

45. [意]利玛窦. 利玛窦中国书札[M]. 芸娸, 译. 北京：宗教文化出版社, 2006.

46. [意]利玛窦. 利玛窦书信集[M]. 文铮, 译. 北京：商务印书馆, 2018.

47. [美]林乐知 任保罗. 全地五大洲女俗通考第十集中国与各国比较女俗考[M]. 上海：上海华美书局, 1903.

48. [美]丁韪良. 汉学菁华：中国人的精神世界及其影响力[M]. 沈弘, 译. 北京：世界图书出版公司, 2010.

49. [美]爱德华·W·萨义德. 东方学[M]. 王宇根, 译. 上海：生活·读书·新知三联书店，2007.

50. ［美］费乐仁. 翻译研究的跨学科方法：费乐仁汉学要义论纂［M］. 岳峰，刘玮，陈榕烽等，译. 厦门：厦门大学出版社，2016.

51. ［美］安乐哲. 自我的圆成：中西互镜下的古典儒学与道家［M］. 彭国翔，编译. 石家庄：河北人民出版社，2006.

52. ［美］柯文. 在中国发现历史：中国中心观在美国的兴起［M］. 北京：中华书局，2002.

53. ［美］理查德·E. 帕尔默. 诠释学［M］. 北京：商务印书馆，2012.

54. ［加］秦家懿，［瑞士］孔汉思. 中国宗教与基督教［M］. 吴华，译. 上海：生活·读书·新知三联书店，1997.

55. ［加］秦家懿. 秦家懿自选集［M］. 济南：山东教育出版社，2005.

56. ［比］钟鸣旦. 礼仪的交织：明末清初中欧文化交流中的丧葬礼［M］. 张佳，译. 上海：上海古籍出版社，2009.

57. ［西］雷蒙·潘尼卡. 对话经［M］. 王志成，译. 四川人民出版社，2008.

58. ［葡］傅凡际译义，李之藻达辞. 名理探［M］. 北京：商务印书馆，1935.

59. ［葡］艾儒略. 艾儒略汉文著述全集［M］. 南宁：广西师范大学出版社，2011.

60. ［葡］安文思. 中国新史［M］. 何高济，译. 郑州：大象出版社，2004.

61. ［日］丸山高司. 伽达默尔：视野融合［M］. 刁榴，孙彬等，译. 石家庄：河北教育出版社，1990.

62. 辜鸿铭. 中国人的精神［M］. 李晨曦，译. 上海：生活·读书·新知三联书店，2010.

63. 吴趼人. 吴趼人全集——诗·戏曲·杂文［M］. 哈尔滨：北方文艺出版社，1998.

64. 严复. 严复文选［M］. 南昌：百花洲文艺出版社，2006.

65. 冯桂芬. 校邠庐抗议汇校［M］. 上海：上海社会科学院出版社，2015.

66. 郑观应. 盛世危言［M］. 北京：华夏出版社，2002.

67. 康有为. 孟子微 中庸注 礼运注[M]. 北京：中华书局，1987.

68. 谭嗣同. 仁学[M]. 北京：华夏出版社，2002.

69. 钱穆. 中国文化史导论[M]. 北京：商务印书馆，2003.

70. 徐继畲. 瀛环志略[M]. 上海：上海书店出版社，2001.

71. 钱穆. 中国学术思想史论丛卷1[M]. 合肥：安徽教育出版社，2004.

72. 郑安德等标点. 明末清初耶稣会思想文献汇编第三卷[M]. 北京：北京大学出版社，2003.

73. 杜维明. 中国文化的危机与展望：当代研究与趋向[M]. 台北：中国台湾时报文化出版事业有限公司.

74. 杜维明. 儒学思想：以创造转化为自我认同[M]. 上海：生活·读书·新知三联书店，2013.

75. 孙尚扬. 基督教与明末儒学[M]. 上海：东方出版社，1994.

76. 李炽昌. 亚洲处境与圣经诠释[M]. 香港：基督教文艺出版社，1996.

77. 王晓朝. 基督教与帝国文化[M]. 上海：东方出版社，1997.

78. 唐君毅. 中国文化之精神价值[M]. 南宁：广西师范大学出版社，2005.

79. 唐君毅. 哲学概论上[M]. 北京：中国社会科学出版社，2005.

80. 方东美. 中国哲学之精神及其发展[M]. 郑州：中州古籍出版社，2009.

81. 牟宗三. 中国哲学的特质[M]. 上海：上海古籍出版社，2007.

82. 牟宗三. 人文讲习录[M]. 长春：吉林出版集团，2010.

83. 梁漱溟. 中国文化要义[M]. 上海：上海人民出版社，2011.

84. 张岱年. 中国哲学大纲[M]. 南京：江苏教育出版社，2005.

85. 成中英，杨庆中. 从中西会通到本体诠释：成中英教授访谈录[M]. 北京：中国人民大学出版社，2013.

86. 成中英. 从中西互释中挺立：中国哲学与中国文化的新定位[M]. 北京：中国人民大学出版社，2005.

87. 贺麟. 文化与人生[M]. 北京：商务印书馆，2006.

88. 赵紫宸. 赵紫宸文集第一卷[M]. 北京：商务印书馆，2003.

89. 李泽厚. 中国古代思想史论[M]. 上海：生活·读书·新知三联书店，2008.

90. 郭齐勇. 道不远人郭齐勇说儒[M]. 贵阳：孔学堂书局，2014.

91. 段德智. 哲学的宗教维度[M]. 北京：商务印书馆，2014.

92. 卓新平. 基督教与中国文化处境[M]. 北京：宗教文化出版社，2013.

93. 叶隽. 主体的迁变——从德国汉学家到留德学人群[M]. 上海：上海外语教育出版社，2008.

94. 周宁. 域外中国形象研究[M]. 南京：南京大学出版社，2007.

95. 李雪涛. 误解的对话——德国汉学家的中国记忆[M]. 北京：新星出版社，2014.

96. 陈来. 仁学本体论[M]. 上海：生活·读书·新知三联书店，2014.

97. 陈俊伟. 基督教研究方法论[M]. 北京：宗教文化出版社，2014.

98. 陆扬. 文艺复兴诗学[M]. 上海：上海交通大学出版社，2012.

99. 时胜勋. 中国文论身份研究：当代文化视野下的中国文论价值探寻[M]. 郑州：河南人民出版社，2011.

100. 姚新中. 姚新中学术论集[M]. 贵阳：孔学堂书局，2016.

101. 刘宗伟. 案卷里的青岛[M]. 青岛：青岛出版社，2016.

102. 庄祖鲲. 契合与转化：基督教与中国传统文化之关系[M]. 西安：陕西师范大学出版社，2007.

103. 牟宗三. 中国哲学的特质[M]. 上海：上海古籍出版社，2007.

104. 李申. 中国儒教论[M]. 郑州：河南人民出版社，2005.

105. 刘小枫. 拯救与逍遥[M]. 上海：华东师范大学出版社，2007.

106. 景海峰，黎业明. 梁漱溟评传[M]. 南昌：百花洲文艺出版社，2015.

107. 蔡仁厚. 孔子的生命境界：儒学的反思与开展[M]. 长春：吉林出版集团，2010.

108. 许明龙. 欧洲十八世纪中国热[M]. 北京：外语教学与研究出版社，2007.

109. 洪汉鼎. 真理与方法解读[M]. 北京：商务印书馆，2018.

110. 洪汉鼎. 诠释学转向：哲学诠释学导论[M]. 北京：商务印书馆，2010.

111. 熊月之. 西风东渐与近代社会[M]. 上海：上海教育出版社，2019.

112. 张硕. 汉学家花之安(Ernst Faber)思想研究[M]. 北京：知识产权出版社，2013.

113. 胡瑞琴. 晚清汉学家与儒学经典研究[M]. 济南：齐鲁书社，2011.

114. 孙立峰. 近代中德关系史论[M]. 北京：商务印书馆，2014.

115. 黄保罗. 大国学视野中的汉语学术对话神学[M]. 北京：民族出版社，2011.

116. 方豪. 方豪六十自定稿上[M]. 台北：中国台湾学生书局，2008.

117. 林煌天主编. 中国翻译词典[M]. 武汉：湖北教育出版社，1997.

118. 王葆珐. 儒学中宗教学与哲学的混合与分流. 社会—文化遗传基因(S-cDNA)学说[M]. 桂林：漓江出版社，2012.

119. 游斌主编. 比较经学诠释学与中西互释[C]. 北京：宗教文化出版社，2013.

120. 任继愈主编. 儒教问题争论集[C]. 北京：宗教文化出版社，2000.

121. 朱维铮主编. 利玛窦中文著译集[Z]. 上海：复旦大学出版社，2001.

122. 陈谷嘉，邓洪波，主编. 中国书院史资料下[Z]. 杭州：浙江教育出版社，1998.

123. 朱维铮编. 万国公报文选[Z]. 上海：生活·读书·新知三联书店，1998.

124. 蒲创国选编. 天人合一说：儒教资料类编丛书第 13 辑[Z]. 北京：国家图书馆出版社，2013.

125. 洪汉鼎编. 理解与解释——诠释学经典文选[Z]. 上海：东方出版社，2006.

126. 汤开建编. 利玛窦明清中文文献资料汇释[Z]. 上海：上海古籍出版

社，2017.

127. 陈荣捷编. 中国哲学文献选编[Z]. 北京：北京联合出版公司，2018.

128. 本书编委会. 中国基督教年鉴第一册[Z]. 北京：国家图书馆出版社，2013.

129. 中国宗教历史文献集成编纂委员会编. 东传福音[Z]. 合肥：黄山书社，2005.

中文期刊论文

1. 曾庆豹. "天人合一"与"神人差异"的对比性批判诠释下[J]. 哲学与文化，1995：22.

2. 刘华. 中国近代科学教育体制形成的认知逻辑基础——重评京师同文馆的创立及1866—1867年关于添设天文算学馆的争论[J]. 浙江大学学报人文社会科学版，2007：11.

3. 叶隽. 德国视野里的"基督福音与中国心灵"——从花之安到卫礼贤[J]. 国际汉学》，2007.

4. 严锡禹. 花之安及其"马可讲义"一[J]. 天风，2020：5.

5. 严锡禹. 花之安及其"马可讲义"二[J]. 天风，2020：6.

6. 严锡禹. 花之安及其"马可讲义"三[J]. 天风，2020：7.

7. 宫宏宇. 汉学家与晚清时的中西音乐交流——花之安与他的"中国音乐理论"[J]. 黄钟（武汉音乐学院学报），2010：1.

8. 游斌，章颖. 跨宗教对话何以可能——波士顿学院凯瑟琳·柯妮教授访谈[J]. 中国宗教，2014：4.

9. 唐逸. 中国基督信仰本土化之类型[J]. 世界宗教研究，1999：2.

10. 胡健斌. 花之安在华传教活动及其思想研究书评[J]. 汉学研究，2018：4.

11. 孙立新. 评德国新教汉学家花之安的中国研究[J]. 史学月刊，2003：2.

12. 严匡禧. 近代外国汉学家对中国的影响——以花之安和"自西徂东"一书为中心[J]. 历史教学问题，2004：6.

13. 杨远征. "马可讲义"：基督教与中国文化的对立与融合[J]. 西安电子科技大学学报社会科学版，2012：1.

14. 胡瑞琴. "经学不厌精"：中西方经学研究的融汇和交流[J]. 孔子研究，2015：1.

报刊

1. ［英］李理斐. 吊花之安先生词[N]. 中西教会报，1900：6-12.

2. ［美］林乐知. 消变明教论[N]. 中国教会新报，1869：64.

3. 评传花之安先生[N]. 明灯道声非常时期合刊，1939：6.

学位论文

1. 周颖. 花之安传教策略初探[D]. 北京师范大学，2006.

2. 柳英英. 花之安的儒学观初探[D]. 湖南大学，2009.

3. 华俊颖. 从异域学角度看花之安对中国文化的研究——以"自西徂东"、"经学不厌精·十三经考理"和"从历史的角度看中国"China in historischer Beleuchtung 为例[D]. 北京第二外国语学院，2009.

4. 廖峥妍. 利玛窦、花之安对儒学"仁"、"孝"思想的解读——从"天主实义""自西徂东""经学不厌精"展开[D]. 南京大学，2013.

典籍

1. 诗经

2. 论语

3. 大学

4. 中庸

5. 尚书

6. 礼记

7. 列子

8. 周易

9. 易传

10. 墨子

11. 孟子

12. 荀子

13. 春秋繁露

14. 说苑

15. 广雅

16. 司马文正公文集

17. 张载集

18. 张子语录

19. 二程语录

20. 二程集

21. 周子通书

22. 朱子语类

23. 朱文公文集

24. 居业录

25. 胡文敬集

26. 知行录

27. 传习录

28. 春秋家说

29. 大明会典

30. 明史

31. 雕菰集

32. 日知录

33. 黄宗羲全集

34. 物理小识

35. 尚书引义

36. 张子正蒙注

37. 思问录

38. 十驾斋养新录

39. 说文解字

40. 圣经

后　记

本书是 2022 年湖北省社科基金后期资助项目"诠释学视阈下的花之安儒耶互释研究(项目号：HBSK2022YB434)的结项成果，同时也是基于本人博士毕业论文的成果。

自参加工作以来，本人已发表与比较文学、比较文化、比较哲学相关的论文 10 多篇，著作 1 部。此书可谓十年磨一剑。

感恩导师徐弢教授，在论文写作和打磨中，一针见血的指点，使我有醍醐灌顶之感，写作水平有了飞速的提高；在我情绪低落无比的时候，给予安慰和鼓励，论文最终有了一个好的结果。感恩翟志宏教授、桑靖宇教授、黄超教授、曹彦教授、陈江进副教授等从论文开题到答辩整个过程的批评与指正，忠言逆耳是我前进的动力。感恩武汉大学哲学学院四年的教诲。人总离不开"情缘"二字，当年高考差 10 多分与武汉大学失之交臂，武汉大学的梦一直在心中，这个缘终于续上了，缘妙不可言。

感谢我的父母，他们年过七旬。父亲是乡村医生，坚守乡村一生，还在继续为村民看病。母亲，一辈子的家庭主妇，不识字。作为村里唯一读到博士的，坚持，不会停留在字面，将是我永远的追求。

感谢我的爱人王宁芳和女儿罗睿杨，写作的日子，她们的包容是我心灵的港湾。

感谢这无尽的宇宙和浩瀚的星空。读博期间最常做的事，是白天在电脑前敲击着一个个字，夜晚在操场上徒步，在徒步中思考，与中西哲人对话，与星空对话。谁见幽人独往来，缥缈孤鸿影。从少年，青年，到中年，完成人生最后一个学历，读书生涯也许结束，但是学习的生涯永远不会结束。人生到处知何似，应似飞鸿踏雪泥。

　　感谢这世界。人生之意，哲学之理，处世之法，尽在生活之沉浮。